网络空间的
软法治理研究

龙龙 著

人民出版社

序　　言

"软法"这一术语最早出现在国外国际法领域。随着公共治理的兴起，尤其自罗豪才教授倡导"软法之治"以来，国内学术界逐渐重视软法研究，研究领域大为拓展，研究视角也颇为丰富。在中央全面依法治国的战略布局之下，法治国家、法治政府、法治社会一体建设，软法应在其中占据一席之地。这一点，无论是学术界还是实务界，已取得普遍共识。

今年是我国全功能接入国际互联网第30年，互联网早已成为人们的主流活动空间。政府、组织、企业、个人、物体互联互通互动，人们的生产、生活、消费方式被重塑，社会观、价值观、世界观也被影响。另一方面，传统的政治、经济、社会秩序受到冲击，网络空间产生大量的安全、意识形态、犯罪、侵权等问题，亟须得到有效治理。实践证明，法治是互联网治理的基本方式。我国将依法治网作为全面依法治国和网络强国建设的重要内容，深入推进网络空间法治化，有力推动网络法治高质量发展，基本形成以宪法为根本，以法律、行政法规、部门规章和地方性法规、地方政府规章为依托，以传统立法为基础的网络法律体系。在网络法治取得重大成就的同时，我们也应该看到还存在不少需要进一步完善之处。现有网络法治观念和法治手段多以硬法为主导，现有的网络法治研究也多以硬法为中心，而网络空间恰恰是“先有软法，后有硬法”的典型疆域。互联网的架构和技术特点使得软法在不少场景下更为有效。诚如罗豪才教授所言：“互联网时代呼唤软法硬法的协同治理”，软法不能缺席网络法治，网络法治研究也离不开软法治理的研究。这本《网络空间的软法治理研究》即是目前为数不多的代表性成果之一。

龙龙同志曾经在中国社会科学院法学所做访问学者，我得以担任他的指导老师，与他有过多次交流，也邀请他旁听我给研究生的授课。龙龙学习勤奋，肯于钻研，积极参加学术会议，具有国际视野。得知他计划撰写一部有关网络空间软法治理方面的专著，我深感这是一个很有价值且前人较少系统研究的课题，遂勉励他努力完成。由于诸多原因，作者的研究之路颇为艰辛。今专著终于付梓，我也深感欣慰！仔细品读该书，我认为主要有以下特点。

一是创新性。该书在基本理论和治理对策方面提出了一些富有创意的论点。比如，“特区说”。该书将网络空间的法律属性定性为一种国家主权之下的、为适应和促进数字国家发展而施行特殊法律制度和运行特殊法治模式的区域。初读相关文字，我以为“特区说”可能跟网络空间虚实同构的属性以及常见的“线上线下一体化”监管要求不相符合。但审视全篇章节，作者的“特区说”旨在为我国网络主权的主张提供一种观点解释。即使国家为了互联互通的要求而施行一些特殊的互联网法律或政策，但网络空间始终是处于国家主权下的人为设计区域。易言之，即使在强调信息流动的网络空间，国家也有权坚决反对任何形式的霸权主义。相比书中提到的其他几种学术观点，“特区说”更加契合我国的网络主权观。另一方面，“特区说”也强调要尊重互联网规律，重视互联网软硬件结合的层次架构，这为全书软硬法协同治理网络空间的主张奠定了理论基础。综合起来看，“特区说”在一定程度上做到了自圆其说，丰富了我国网络法治的基本理论。

二是实证性。该书既有对网络空间软法理论的一般探讨,也分专题对网络空间软法治理展开具体的对策研究。比如,在“平台规则”一章,作者论证“平台规则为软法”的观点,梳理平台规则的发展历史,分析平台规则的效力来源,概述平台规则的基本特点,并以某企业对数据造假行为的治理为样本考察平台规则之治的实效效果。作者查阅了大量的文献资料,也亲身开展了一些实证研究。正是有这样深入的分析和论证,作者得以在章节末尾提出一些针对性较强的解决对策。

三是时代性。随着数字技术、人工智能技术的飞速发展,我们已经从互联网时代进入到了智能时代。虽然前者是后者的基础,但是智能时代毕竟有着更为新颖、更为复杂甚至于革命性的法律问题有待研究,比如人工智能的治理。网络法治研究若还仅是聚焦互联网时代的传统问题是有些落伍的。作者敏锐地觉察到了人工智能领域存在着大量的软法规范,据此对人工智能的软法治理进行深入研究。通过梳理国内外有关人工智能软法规范,作者论证了人工智能软法治理的正当性,并针对目前我国人工智能软法治理中存在的问题提供了较为可行的解决对策。

当然,网络空间软法治理是一个广阔的研究领域,作者还可以在某些方面继续探索。比如,作者认为代码/算法是一种“类软法”,那么,软法视野对规制代码/算法有无独特作用和意义?这是值得进一步深入思考和论证的问题。另外,作者还可以采用大数据的研究方法,对其学术观点提供一些大样本的数据支撑,以增强说服力。

网络空间打破各种传统边界,形成你中有我、我中有你的多元利益交织格局。各个主体基于共同利益和目标的互动式关系才是主流形态,单靠某一个主体或者某一种治理手段,不可能奏效。网络空间治理既需要依靠传统法律执行机制如刑事制裁、民事责任追究等,又需要充分发挥技术标准、行业自律与社会自治等软法治理机制的作用,构筑多元治理格局。软法在网络空间治理中的应有地位和独有作用不容忽视。在宪法的统领下,软法应与硬法一道承担起网络空间法治化建设的重任，这是该书给读者最重要的启示。我相信该书的出版将对推进网络法治研究以及软法研究产生积极的影响。

是为序。

周汉华

中国社会科学院法学所副所长、研究员、博士生导师

中国法学会网络与信息法学研究会常务副会长

2024年8月16日于北京

目　　录

绪　论

一、研究缘起

互联网的发明为人们开辟了一个崭新的生存空间——网络空间。在此空间内，政府、企业、组织、个人之间相互连接，彼此互动，经济、文化、社会活动空前活跃。电子商务、大数据、物联网、人工智能等对人们生产生活的各个方面产生了深刻的影响，重新塑造着人们的社会观、世界观、价值观。然而，互联网在给人们带来生活便利乃至变革的同时，也产生了不少问题，比如网络泄密、网络攻击、网络谣言、网络金融诈骗、个人隐私侵犯、网络知识产权侵犯等。习近平总书记指出："数字经济、互联网金融、人工智能、大数据、云计算等新技术新应用快速发展，催生一系列新业态新模式，但相关法律制度还存在时间差、空白区。"①互联网的开放性、去中心化等特点，更加大了治理问题的难度。如何有效地进行网络治理，以使互联网健康有序地发展，是党和国家面临的一个重大课题。

网络空间不是法外之地，其治理离不开法治。近几年来，党发布的一系列重要文件均强调了网络空间法治化的重要性。党的十八届四中全会提出要加

① 《习近平法治思想学习纲要》，人民出版社、学习出版社 2021 年版，第 106—107 页。

强互联网领域立法,依法规范网络行为。党的十九大报告提出:“加强互联网内容建设,建立网络综合治理体系,营造清朗的网络空间。”①2020 年党中央印发《法治社会建设实施纲要(2020—2025)》,明确指出要推动社会治理从现实社会向网络空间覆盖,建立健全网络综合治理体系,加强依法管网、依法办网、依法上网,全面推进网络空间法治化。党的二十大报告再次提出:“健全网络综合治理体系,推动形成良好网络生态。”②

然而,在推进网络空间法治化的进程中,我国大多采用的是以“命令—服从”和“违法—制裁”为特征的硬法模式。硬法是指由国家制定并依赖国家强制力保障实施的法规范体系。成型于传统工业社会的硬法,在过往的法治化建设中扮演着绝对主力的角色。但是,硬法在与互联网的碰撞中,逐渐显示出了一些局限性。比如,硬法所秉持的稳定性品质与网络空间急速增长的规则需求之间的供需矛盾;硬法所具备的刚性特点在面对互联网易变性、扁平化特点时的无所适从;等等。凡此种种,都有可能导致硬法治理效果的不佳。以“民主、开放、参与、共享”为基本价值追求的互联网,对现有的治理理念和治理模式均带来了新的要求。法治建设不应是政府管制的“独角戏”,而应是政府与社会组织、互联网企业、广大网民协力共建的“团体舞”。在这种背景下,学界已探索多年的软法理论给网络空间的法治化建设带来了一缕春风。软法指由一定的共同体制定或认可,不依靠国家强制力保障实施但仍有实际法律效力的法规范。软法由社会多元主体共同制定,制定程序灵活,能迅速填补规则空白。软法主要借助自律、社会舆论等柔性手段来实现其治理效果,适应性更强,试错成本更低。尤其是软法所强调的民主协商精神与互联网的基本价值观高度吻合。可以说,软法势必承担着网络空间治理的重要使命。而网络

① 习近平:《决胜全面建成小康社会　夺取新时代中国特色社会主义伟大胜利——在中国共产党第十九次全国代表大会上的报告》,人民出版社 2017 年版,第 42 页。

② 习近平:《高举中国特色社会主义伟大旗帜　为全面建设社会主义现代化国家而团结奋斗——在中国共产党第二十次全国代表大会上的报告》,人民出版社 2022 年版,第 44 页。

空间的软法治理研究也成为了网络空间法治化建设研究中的重要课题。

二、研究现状综述

（一）国内外相关研究的学术史梳理及研究动态

1. 网络治理问题

（1）网络空间的性质

有关网络治理（Internet Governance）研究的逻辑起点在于对网络空间（Cyberspace）的性质认识和把握。网络空间一般指包括互联网、电信网络、计算机等信息终端所组成的信息技术基础设施，以及在此基础上建立的信息互动。对于网络空间，最极端的认识来自于互联网活动家约翰·巴洛（John Barlow）（1996），他认为网络空间应该是独立于实体世界的另一个新世界，网络空间的特性使得政府无力统治它，而且也不应该统治它。因此，政府不能也不该对网络空间主张主权。戴维·约翰逊（David Johnson）和戴维·波斯特（David Post）（1996）也认为，传统法治的可行性和合法性是建立在地理疆界之上的，而互联网却是建立在无国界信息流动之上的，这样的根本差别在网络空间与实体世界之间划出一道新的边界，网络空间应该有其自身的法律制度和法律机构。而以乔尔·雷登伯格（Joel Reidenberg）（1996）为代表的学者则认为网络空间是实体世界的延伸，网络空间不能免于而且实质上处于实体世界的管制之下。随着网络被广泛应用于生活各方面，并随之产生法律后果，以及网络侵权、色情信息泛滥、黑客攻击等不法行为和安全威胁不断涌现，世界上许多国家通过制定各种法律和政策来管制网络空间。学界也逐渐形成了一种主流观点：网络空间不能脱离实体世界，并对实体世界管制网络空间大多持肯定态度。在这一主流观点之下，围绕网络空间的定性，近年来比较有代表性的观点，有“网址管辖论”：网址可替代地址，从而构成新的管辖基础（张海燕，2000）；“管辖相对论”：将网络空间视为新的像海洋一样的战略公共领域（温顿·瑟夫(Vinton Cerf),2012);"网络空间主权论":将网络空间视为继陆、海、空、天之后的一个国家主权的象征(叶征,2015)。

(2)从网络管制到网络治理

基于对网络空间的真实性和可控性的认识,人们最开始采用的是传统的单向命令控制的管制理念来规范网络空间的,比如,劳伦斯·莱斯格(Lawrence Lessig)(1999)支持家长式权威管理模式来控制网络空间,并指出有四种单向控制模式:技术架构、市场、社会规范、法律。然而,网络空间特有的开放性、互动性以及去中心化的特点,又使得管制/规制模式陷入了困境。于是,在反思和修正的传统管制/规制理念基础之上,并结合全球公共治理的兴起背景,一个较为前沿的研究领域——网络治理逐步形成。联合国互联网治理工作组(WGIG,2004)对"网络治理"下的定义:"网络治理是由政府、私营机构和公民社会从他们各自的职责出发,共同形成、发展和运用的原则、规范、章程、决策程序和制度安排,以此影响推进互联网的适用。"学界基本形成了大致的看法:单向性管制观念已不能适应互联网的管理,网络治理更强调主体之间的互动和协作,需要政府、互联网行业组织、互联网企业和广大网民等共同参与(何精华,2006;唐守廉等,2008;郑家昊,2013)。

(3)网络治理的策略或模式

安德鲁·默里(Andrew Murray)(2007)对劳伦斯·莱斯格家长式权威管理模式的观点进行了修正,认为规范网络空间本质上应是诸多要素的对话互动的过程,而非仅为外部的强迫制约。何哲(2013)提出要建立"引导—协商—立法—自治"的网络社会综合体系。胡颖(2013)认为网络治理需要结合多种调控方式,在多种调控方式之上的终极管理者是道德。孟卧杰(2015)认为我国网络社会治理需要政府管理与社会自律结合、立法防控与技术防控结合、国内治理与国际合作结合。

(4)网络治理的法治化

孙午生(2014)对网络社会治理法治化的主体、原则、目标进行了较为全面的阐述,并就立法、执法、司法方面提出了策略。苗国厚和谢霄男(2015)提出从依法办网、依法上网、依法管网三条途径,推动网络空间治理法治化。韩丽(2015)就推进网络立法提出了三点对策建议:搭建互联网领域法律体系架构、加强互联网执法队伍建设、提升网民守法用法意识。郑莹(2015)认为网络治理要有法治思维,法治是网络空间良性发展的秩序保障,并对网络空间的立法体例提出了建议,也强调网络治理的法治化需要社会成员的自律与守法。

2. 软法之治

"软法"是与"硬法"相对应的一个概念。按照传统法理,软法不是严格意义上的法律,但是其独特的实践效用以及对于硬法的补充性而受到法学界的关注。软法概念最早产生于国际法的争议实践中,目前其内涵和外延还存在一定的争议。学者 Francis Snyder(1994)认为软法是:"原则上不具有法律约束力但具有实际效力的行为规则。"罗豪才教授(2006、2009)认为,软法是指那些效力结构未必完整,无需依靠国家强制保障实施,但能够产生社会实效的法律规范,包括宣示性、指导性、鼓励性的法规范,国家机关依法创制的诸如纲要、指南、规划等规范性文件,各类政治组织创制的自律规范,社会共同体创制的自治规范。梁剑兵(2006)曾概括软法的外延为国际法、国际法中那些将要形成但尚未形成的不确定的规则和原则、道德规范、民间机构制定的规范或规则等 12 类。姜明安教授(2006)认为软法是非典型意义的法,软法的研究范围应仅为 6 个方面:(1)社会自治组织的章程、规则、原则;(2)基层群众自治组织的章程、规则、原则;(3)人民政协、社会团体的章程、规则、原则,以及人民政协在代行人民代表大会职能时制定的有外部效力的纲领、规则;(4)国际组织的章程、规则、原则;(5)法律、法规、规章中没有明确法律责任的条款;(6)执政党和参政党的章程、规则、原则。

虽然软法理论上的争议较多,但是大多数学者对于软法的实际作用从环境保护(王晓田等,2009)、国际气候制度(吕江,2010)、国际金融治理(张庆麟等,2011)等都给予了积极的评价。

3. 网络空间的软法之治

一些学者将软法的概念运用到了网络治理的研究中，并认为软法是网络治理法治化的模式之一。钟忠（2010）认为应当坚持软法与硬法兼施，软法为主、硬法为辅的互联网治理模式，因为这种模式符合我国在这一领域立法尚不健全的现状。鲍尔和托宾（Power 和 Tobin）（2011）认为国家、私人、技术的合作有可能继续发展成一种事实上的网络治理模式，国际法领域中软法的治理经验能够在网络治理中对某些问题给予解决之道。伊恩·史密斯（Ian Smith）（2012）研究了美国网络仇恨言论的治理，指出网络言论在美国实际上是受到了较强的软法约束，而网络言论的监管者就是一些人权非政府组织。秦前红和李少文（2014）讨论了网络治理的硬法和软法两种治理工具，认为网络软法具有非常强的约束力，也提供了“标准”，它的认受性强化模式极大发展了软法理论。漆彤（2014）则分析了国际社会关于金融消费者信息保护的软法实践，并指出软法在完善我国金融消费者信息保护制度领域发挥功效。黄振（2014）针对互联网金融这一尚在发展变化的新领域，认为应该采用从软法到硬法的治理思维，即先形成互联网金融企业产品规则和企业规则，而后形成相关行业标准，然后形成社会公约和准则，最后再转化为法律。马长山（2016）指出，互联网软法存在着价值偏好、规则冲突、私人腐败、公信不足等问题，因此，需要完善“软法之治”。陈耿华（2016）研究了软法在互联网不正当竞争行为的规制问题，指出行业自律规范为代表的软法规制有着民主性、灵活性、高效率的特点，契合互联网商业模式，但其独特的作用却未获得足够重视，并强调有软硬法结合的治理模式才能满足网络市场竞争秩序的治理需求。石佑启、陈可翔（2018）也认为软法治理虽然有效弥补了硬法规制的不足，但仍面临正当性欠缺、规范体系不完善等问题，应摆脱传统观念的束缚、改善正当性缺陷、完善规范体系、清除实施阻碍等路径推进互联网公共领域的软法治理。喻少如、陈琳（2019）认为，Web 3.0 时代下的软法契合了治理转型的需求，并通过自我约束、利益激励等机制发挥其独特作用，软法治理应通过明晰目标和定位、规范程序、构建多元纠纷解决机制等方式来实现网络社会的有序发展。沈岿(2020)认为,软法能够符合数据治理的复杂性、技术性等需求,有必要通过软法去引导组织自身的“对数据治理”,以及组织或组织之间的“用数据治理”。王华华(2020)认为,网络空间治理的本质是维护公众共同意志的工具和多元主体合作共治的选择,网络空间软法治理需要坚持共建共治共享的治理理念、推进协同治理、重视文化塑造、完善机制建设,实现硬法与软法之间以及国家治理与网络自治之间的动态平衡。陈荣昌(2020)从多维度对互联网软法治理的生成逻辑进行了解析,指出了互联网软法治理在多方面的问题,并一一提供了解决对策。居梦(2020)通过比较得出,网络空间国际软法与其他领域的国际软法享有一些共同点,而在利益选择因素的影响、所涉问题面、规则来源等方面又有着自己的特点。孟璐(2021)认为,网络社会的结构性特征和运行逻辑为软法的适用奠定了基础,但目前软法规范的治理效果并不理想,建议应当统筹规划软法的调整领域,完善软法的制定程序,探索软法与司法相衔接的纠纷解决机制。

(二)现有研究的不足和空白

通过以上的学术梳理可以发现,学界对网络治理问题和软法之治问题已有了不少的积累,也形成了一些主流观点。自 2014 年以后,国内学界对网络空间软法治理的研究逐渐升温,相比之下,国外学者较少涉及此领域。目前我国学者对于这一领域较多注重一些宏观问题,即大致聚焦在网络空间硬法治理的局限以及软法治理的优势、网络空间软法治理的缺陷及其完善等几个根本性问题之上,已经形成了一些较为主流的观点,比如,软法契合互联网的特征,因此网络空间的治理需要软法的介入;互联网空间的软法治理有着硬法治理所不能比拟的优势;网络空间需要软硬法协同治理;软法也有自己的缺陷,因而还需要进一步完善;等等。但是,现有的研究还存在这样一些不足。在研究内容上,现有的研究缺少对微观问题的重视。从公开的文献来看,学者仅在数据治理和互联网反不正当竞争行为的规制两个具体问题上开展了软法治理研究。这导致目前的学术研究无法在其他很多具体问题上给出建议或对策。在研究方法上，多数学者重理论探讨而轻实证研究，这有可能影响他们研究结论的现实意义。此外，现有的研究中还存在较多的空白之处。比如，目前还鲜有学者对网络空间中行业组织的软法之治进行研究，同时也缺乏对网络空间中新型或者是类似的软法进行深入的探讨，比如平台规则、代码/算法等。现有的成果为本书的研究奠定了非常重要的基础，而现有研究的不足或空白则为本书的研究指明了方向。

三、研究内容、思路、方法

（一）研究内容

1. 主要研究内容、对象、目标

本书主要对网络空间法律属性、软法及软法治理等基本理论进行了探讨，就互联网行业自治、平台规则之治、人工智能软法治理三个具体问题展开了深入研究，并提供了其中问题的解决对策，对网络空间国际软法治理作简略研究，最后从宏观层面上就完善网络空间软法治理的问题提出一点建议。

本书的研究对象是网络空间中的软法规范，包括：国家发布的有关的纲要、指南、规划、指导意见；互联网行业组织的相关章程、标准、自律规范；互联网平台企业制定的平台规则等。

本书的主要研究目标有二：第一，发展适合于网络空间治理的软法理论，为丰富软法基础理论的研究作一点贡献；第二，在若干具体问题上，为完善我国网络空间软法治理提供一些对策建议。

2. 具体内容

第一章“网络空间及其法律属性”。互联网现为全球应用最为广泛的一种信息设备网络。随着通信技术的不断发展，带宽资源不断扩充，互联网也逐

步发展成了一个供人们日常交流、学习、购物、娱乐的“空间”。网络空间是建立在信息技术设施基础之上的、通过数字化信息表现和流动,使用户产生真实社会生活体验或感受的多重场域。网络空间的软法治理研究的逻辑出发点在于网络空间法律属性的界定。有关网络空间法律属性存在很多争议,代表性的有独立主权说、通讯工具说、全球公地说、共用物说。本书对这些学说一一进行了评价,并在此基础上提出了“特区说”,即一种国家主权之下的、为适应和促进数字国家发展而施行特殊法律制度和运行特殊法治模式的区域。

第二章“软法与软法治理”。国内软法研究始于公共治理背景下对传统“法”的定义的反思和修正,以及行政法领域“平衡论”的理论给养。有关软法的内涵和外延,目前国内外学界尚未形成通说。本书将软法定义为:由一定的共同体制定或认可,不直接依靠国家强制力保障实施但仍有法律效力的法规范,包括国家立法中效力结构不完整或者宣示性、倡导性的法律规范、国家机关创制的诸如纲要、指南、标准、规划等未纳入《立法法》调整范围的规范性文件;所有社会共同体创制的自治规范,包括行业组织、高等学校章程和规则、基层群众自治组织的村规民约、政党、人民团体制定的章程或规则等。软法具有反映公共意志、多元制定主体、民主协商、行为规则、不以直接的国家强制力保障实施等特征。软法无论在国际法层面还是国内法层面都有着重要的作用,但它也存在一些缺陷。软法之治与公共治理同构同质,软法治理就是公共治理。

第三章“网络空间治理的软法之维”。网络空间的法治化建设需要以及硬法在其中所暴露出的种种弊端,都在呼唤软法治理介入其中。软法治理符合网络治理在主体多元化、内容广泛性、过程协商性等方面的内生需求,因而具有了现实性。同时软法治理也在程序灵活、内容专业、实施多样化、低成本等方面显示了优越性。网络空间的软法既有传统类型(国家纲要、指南、指导意见;行业自治规范;技术标准等),又有新型的平台规则,以及属性还待进一步讨论的代码/算法。网络空间的软法作用机制包括自律、利益诱导、舆论监督、内部惩罚、间接借助国家强制力等。

第四章“网络空间传统软法之治——互联网行业自治研究”。互联网行业组织在人才、技术等社会资源以及对法律和政策理解、行业发展形势掌握等方面比一般网民更有优势，因此，在网络空间中能更加理性和有序地开展治理工作。互联网行业自治也有经济基础、社会基础、法律基础。行业自治的基本理论有社会契约论、自治理论、多元主义和法团主义理论。互联网行业自治有着软法基因、软法理念和软法特征。以中国互联网协会为对象，展开对自治主体、自治规范、自治实施三个方面的实证研究，发现了存在的一些问题。以这些问题为基础，从根本之道、具体之策、配套举措三个方面，对如何完善我国互联网行业自治进行了思考。

第五章“网络空间新型软法之治——平台规则之治研究”。互联网经济已经进入了平台经济的新阶段，平台在网络空间中占据了重要的地位，拥有制定平台规则的私权力。平台规则指主要由互联网平台企业制定、修改、实施，用以规范平台有序运行和管理用户行为、涉及公共利益的自治准则。平台规则的法律属性存在众多争议。本书主张平台规则是一种软法，因为它在形式上符合软法的定义，也符合实际情况，并且将其视为软法，具有推动平台规则之治遵循法治精神的现实意义。平台规则的效力来源于用户服务协议、国家授权，以及平台自身的中立和支配地位。以阿里集团对数据造假行为的治理为例，对平台规则之治进行了实证考察，指出了平台规则之治的优势和存在的问题。在此基础上，从完善外部硬法规制、优化内部软法机制、加强软硬法之间有机联系三个方面，对完善平台规则之治提供了一些建议。

第六章“面向新兴领域的软法之治——人工智能的软法治理研究”。人工智能是引领新一轮科技革命和产业变革的战略性技术。人工智能领域出现了大量的软法规范，是研究软法治理的绝好样本。人工智能引发了不少的法律风险或法律问题，比如算法规制、知识产权问题、数据问题、负外部性风险等。人工智能现正基本处在软法治理之下。人工智能的软法治理有其正当性。我国人工智能领域内有产业政策、治理原则、伦理规范、行业自律公约等软法规范，它们有各自的特点，但都存在一些问题。为此，本书从准据目标、治理体系、具体措施三个方面，提供了一些完善建议。

第七章“网络空间的国际软法之治”。网络空间是人类共同的生活空间，相互依存，休戚与共。基于网络空间的无国界性，国际软法之治也是网络空间软法治理的重要组成部分。相较于国内软法，国际软法无国家强制力作保障且不具备法律约束力，但同样有着实际规范效果。国际硬法的供给不足、国际网络安全事件的不断发生和多利益攸关方模式是国际软法兴起的主要原因。网络空间国际软法有着适用成本低、推动国际共识凝聚等优势，但也存在受西方国家价值观影响大、缺乏实操性、规则碎片化和分散化的局限。近年来中国积极参与网络空间国际软法治理，取得了明显成效。本书建议持续提升中国在该领域的话语权，并不断夯实我国科技发展的保障基础。

第八章“迈向良法善治的网络空间国内软法治理”。一个简短的总结。通过前面章节的研究，总结归纳出网络空间软法在制定方面、实施方面、软硬法协同方面的三大问题，并指出了建设以良法善治为目标的网络空间软法之治的三条路径：政府发挥更多的基础性作用，互联网社会组织和互联网平台企业等主体积极加强自身建设，提高全民的软法法治观念和素养。

（二）研究思路

本书将遵循“现状透视——理论阐释——实证研究——对策探析”的思路，在透视分析网络空间的法律性质以及传统管制模式不足的前提下，引出软法治理模式并对其类型化、作用机制的理论阐释，再以若干领域的软法之治的实证研究为基础，坚持一般与个别、理论与实际相结合的原则，就如何进行我国网络空间软法治理提供一些建议。

（三）研究方法

本书主要采用文献研究法、实证研究法、比较研究法。简言之，通过搜集、整理网络治理和软法治理等文献资料并进行文献综述，获取这些方面的理论知识和实际经验，汲取前人研究成果的养分；对其他国家和地区的相关软法治理实践进行评鉴，对我国的相关软法治理提供借鉴；对互联网行业组织、互联网平台企业等代表性的软法治理主体及相关的软法治理，进行实证调查和典型个案剖析，在此基础上作出理性的归纳思考。

四、研究的创新点和不足

（一）研究的创新点

1. 内容较新

本书系国内较少见的、系统地从软法的角度来研究网络治理的问题。在学术思想上，摆脱了“国家—控制”法范式的思维定势，以“治理”理念来探讨网络空间的法治化建设。本书还从软法的视角，对互联网行业自治、平台规则之治、人工智能软法治理三个具体问题进行了较为深入的研究。目前公开的文献对这三个问题涉及较少。

2. 观点较新

本书提出了一些有别于现有文献中的观点。比如，“特区说”，即将网络空间的法律属性定性为一国主权之下的、施行特殊法律制度的区域。本书较为深入地论证了“平台规则是一种软法”的观点，也初步探讨了代码/算法与软法之间的关系。在丰富我国软法理论方面，做出了一点尝试。另外，在尾章提出了要提高全民的“软法法治意识”，在现有公开的文献中，这样的表述较少。

3. 研究方法较新

目前学界对网络空间的软法治理研究多进行的是理论研究。本书则在互联网行业自治和平台规则之治两个具体问题上，采用了一定的实证研究。

（二）研究的不足

本书的研究还有一些不足之处。在内容上，本书主要在国内法层面上对网络空间软法治理展开研究，而在国际法层面上着墨偏少。此外，由于人工智能属于新近兴起的领域，软法治理实际效果方面的素材还不多，这影响了本书对人工智能软法治理实践方面的深入研究。在研究方法上，本书的比较研究深度不够，未有就某项具体问题展开全面的中外比较。另外，囿于笔者的资源有限，未能对互联网行业组织和平台企业进行深度访谈，因此对一些问题的分析不能提供深层次的内部原因。网络空间的软法治理研究是一项有重要意义且持续进行的工作，笔者将努力改进这些不足，继续在这一领域进行探索。

第一章　网络空间及其法律属性

对网络空间及其法律属性的认识是本书需要解决的首要问题，是本书诸多观点和主张的逻辑前提和基础。网络空间是建立在信息技术设施基础之上的、通过数字化信息表现和流动，使用户能够从事多种互动活动从而产生现实生活体验或感受的多重场域，有着虚实复合性、技术设计性、开放性等多种特征。“独立主权说”、“通讯工具说”、“全球公地说”、“共用物说”、“新空间说”均有各自的弊端。将网络空间视为一国主权之下、为适应和促进数字社会而施行特殊法律制度和运行特殊法治模式的“特区”，更加契合我国的网络主权观，也能适应数字法治发展的需要，且能从我国“经济特区”、“自由贸易区”等本土法制资源汲取养分。在我国网络主权观的指引下，“特区说”可视为在网络空间治理方面提出中国方案的又一探索。

第一节　网络、互联网及网络空间的界定

一、网络

“网络”一词由“网”和“络”两字组合而成。“网”指一种多孔的、用线或绳子等结成的捕鱼捉鸟的器具。“络”源于中医的“经络”学说，《灵枢·脉

度》云:"经脉为里,支而横者为络",可见,"经络"指人体的组织结构,"经"指组织结构中的主干通路,而"络"是"经"的分支,较为细小,两者纵横交错。据考证,"网"、"络"两字合用最早见于唐朝司马贞所著《补史记序》:"网络古今,叙述惩劝",有列举、罗列之意。在现代汉语中,"网络"主要指由若干结点和连接这些结点的链路构成的、相互联系的系统。

在日常生活用语中,人们多将"网络"指向信息设备网络,即以资源共享为目的、互连起来的信息设备的系统。信息设备网络建立的目的在于实现资源共享。这里的信息设备资源主要指硬件、软件和数据。网络用户可以使用本地资源,也可以通过网络访问联网的远程信息资源,还可以调用网络中若干结点的信息设备共同完成某项任务。网络中分布在不同地理位置的信息设备是通过全网统一的网络协议连接在一起的,相互之间是一种平等关系。换言之,如果互联的信息设备之间存在明确的主从关系,因其不能真正实现资源共享之目的,不能称其为信息网络。

按照网络的覆盖范围与规模,可以将信息网络分为广域网(WAN)、局域网(LAN)、城域网(MAN)。广域网所覆盖的地理范围最大,从几十公里到几万公里不等。广域网覆盖一个国家、地区,或横跨几个洲,是一种国际性的远程网络。局域网是局部地区形成的区域网络,所覆盖的地理范围较小,一般是方圆几千米之内,可以是相邻的楼栋建筑之间连接,也可以是办公室之间的连接,还可以是一个家庭之内的组网。城域网是介于广域网与局域网之间的网络,主要是满足几十公里范围内的机关、企业等多个局域网互连的需求。

二、互联网

互联网,也称因特网(Internet),是信息设备网络的一种类型,指运用客户、服务器(client/server)技术以及传输控制协议和因特网协议(TCP/IP),将全球原本独立的信息设备网络连接为一体,所形成的信息交流和资源共享的系统。互联网中的硬件设备主要由信息终端设备(计算机、平板电脑、手机)、服务器、路由器和网关等构成。各信息设备通过 TCP/IP 协议互联,以电缆、光纤、微波、卫星传输等作为连接介质。现在,人们通常将“互联网”指代“信息设备网络”。事实上,两者并不是完全一致。按照上述有关网络的分类,互联网仅是广域网的一种。

互联网的雏形是 20 世纪 60 年代美国的“阿帕网”(ARPANET)。该网络是美国国防部为支持国防研究项目建立的一个实验网,目的在于研究一种在遭受外国攻击致大部分结点计算机被摧毁的情况下,仍然可以复原的信息网络。最开始阿帕网只有 4 个结点,分布在加州大学洛杉矶分校等几个高校和科研院所。其后,阿帕网发展迅速,到 20 世纪 70 年代,阿帕网已经连入了百台以上的计算机,并结束了网络实验阶段。在总结第一阶段组网实践经验的基础上,研究人员开始了第二代网络协议的设计工作,重点研究如何使不同计算机网络之间的互连问题,这促使了 TCP/IP 协议的诞生。这两个协议定义了一种在计算机网络间传送文件或命令的方法。随后,美国国防部决定向全世界无条件地免费提供 TCP/IP 协议,即向全世界公布解决计算机网络之间通信的核心技术,使得网络可提供不受计算机和操作系统类型限制的通信服务,这促使了阿帕网规模的迅速扩大。到 20 世纪 90 年代,互联网在多个部门得到了广泛应用。万维网(WWW)的诞生,以图文并茂的方式丰富了互联网的应用,推动了互联网向普通民众生活的渗透。随着通信技术的不断发展,带宽资源不断扩充,互联网也逐步发展成了一个供人们日常交流、学习、购物、娱乐的“空间”。

三、网络空间

网络空间在英文中对应“cyberspace”(赛博空间)一词。该词的母词是“cybernetics”(控制论),是一种研究人脑及计算机等机器如何去处理讯息的科学,由诺伯特·维纳(Norbert Wiener)引入。“Cyberspace”最早出现在科幻作家威廉・吉布森(William Gibson)的小说中。[①] 目前对“网络空间”还未形成统一定义,以下列举几个具有代表性的观点。

美国学者迈克尔・海姆(Michael Heim)曾对网络空间有过一段生动描述:“数字信息和人类知觉的结合部,文明的‘基质’,在其中银行交换货币而信息寻访者则在网络空间中存储和再现的数据层中航行……网络空间的建筑物也许比实体的建筑物具有更多的维度,而且它们也许反映出不同的实存规律。虚拟(网络)空间无所不在,你打电话时,到自动取款机取钱时,都能体会到它的存在,电子函件在那里传送……”[②]

美国国家安全总统令 54 号文件将其定义为:“相互依赖的信息技术基础设施,包括互联网、电信网、计算机系统以及关键行业中的嵌入式处理器和控制器。该词还通常用于指信息和人们互动的虚拟环境。”[③]《加拿大网络安全战略》将其定义为:“网络空间是由互联的信息技术网络和其上的信息构成的电子世界。它是一个全球公域,将超过 17 亿人连接在一起交换想法、服务和友谊”。[④] 国际标准化组织将其定义为:“通过连接到因特网上的技术设备和网络,由因特网上人们的互动、软件和服务所形成的不具有任何物理形态的合成环境”。[⑤]

国内有的学者直接将网络空间视为海、陆、空、太空之外的“第五空间”。[⑥]

---

① 谢永江:《网络空间的法律属性》,载《汕头大学学报(人文社会科学版)》2016 年第 4 期。

② [美]迈克尔・海姆:《从界面到网络空间:虚拟实在的形而上学》,金伍伦、刘刚译,上海科技教育出版社 2000 年版,第 163 页。

③ United States, National Security Presidential Directive 54/Homeland Security Presidential Directive 23, 2008, at https://fas.org/irp/offdocs/nspd/nspd-54. pdf, 2016-7-15,转引自谢永江:《网络空间的法律属性》,载《汕头大学学报(人文社会科学版)》2016 年第 4 期。

④ Canada's Cyber Security Strategy: for a Stronger and More Prosperous Canada, 2010, at http://www.publicsafety.gc.ca/cnt/rsrcs/pblctns/cbr-scrt-strtgy/cbrscrt-strtgy-eng.pdf, 2016-7-15,转引自谢永江:《网络空间的法律属性》,载《汕头大学学报(人文社会科学版)》2016 年第 4 期。

⑤ ISO, Information Technology-Security Techniques-Guidelines for Cybersecurity (ISO/IEC 27032:2012),转引自谢永江:《网络空间的法律属性》,载《汕头大学学报(人文社会科学版)》2016 年第 4 期。

⑥ 胡丽、齐爱民:《论“网络疆界”的形成与国家领网主权制度的建立》,载《法学论坛》2016 年第 2 期。

其他学者更多地从网络空间与虚拟空间、物理空间关系的角度来下定义。张康之教授等将网络空间等同于虚拟世界。① 马长山教授认为,网络空间是一种虚实同构的双层空间。② 张新宝教授等将网络空间理解为一种以信息基础设施为基础,以数字化信息为内容的"互联互动空间"。③ 张龑教授认为网络空间是一种嵌入到物理世界中国家法与国际法秩序的、有独特属性的新空间。④

综上所述,虽然国内外官方机构和学者们对"网络空间"的表述各异,但是,我们可以从中提取一些体现网络空间的共同因素:信息技术基础设施、数字化信息、虚实之间复杂的互动关系。需要指出的是,"网络空间"这四个字本身就有着丰富意涵。如果说"网络"二字代表着物理性的信息技术设备与无形性的数字化信息流的结合,那么,"空间"二字则代表着网络用户应用互联网的体验或感受。之所以将"网络"称为"网络空间",是因为网络用户通过应用互联网而产生了虚实之间复杂的互动关系,进而获得了"空间"感:一来相关技术的发展使得网络用户能够获得越来越多直观的沉浸式体验;二来网络用户通过应用互联网能够获得他们在物理空间中各种类似的社会生活体验或感受。如此,"网络空间"的措辞本身就蕴含着物理层面和社会或心理层面的复杂互动关系。本书因此将"网络空间"定义为:建立在信息技术设施基础之上的、通过数字化信息表现和流动,使用户产生真实社会生活体验或感受的多重场域⑤。

---

① 张康之、向玉琼:《网络空间中的政策问题建构》,载《中国社会科学》2015 年第 2 期。

② 马长山:《智能互联网时代的法律变革》,载《法学研究》2018 年第 4 期。

③ 张新宝、许可:《网络空间主权的治理模式及其制度构建》,载《中国社会科学》2016 年第 8 期。

④ 张龑:《网络空间安全立法的双重基础》,载《中国社会科学》2021 年第 10 期。

⑤ "场域"(field)源自法国社会学家布迪厄的"场域理论"。他认为,一个场域可以被定义为在各种位置之间存在的客观关系的一个网络,或一个构型。有别于力场作为一个单一实体而存在,场域是一种结构化的东西,不是对社会的单纯空间分割,而是一定文化特征因素在其中作用的相对独立的具有社会性的存在。场域概念与物理疆界不相互重合,一定程度上模糊了地理位置的重要性,更强调塑造规则的惯习以及资本的重要性。参见[法]皮埃尔·布迪厄、华康德:《实践与反思———反思社会学导论》,李猛、李康译,商务印书馆 2015 年版,第 139—142 页。

第二节　网络空间的层次结构和特征

一、网络空间的层次结构

认识网络空间的层次结构,对于深刻把握网络空间的特征,以及有关的法律规制分析有着重要的意义。网络空间由多个互连的结点组成,各结点之间要不断地交换数据。这就需要网络协议(protocol)为这些结点之间的数据交换行为确定好规则。由此,网络协议就成为了网络空间必不可少的关键部分。一个功能完备的网络空间需要制定一套复杂的协议集,而使复杂协议集组织起来的最好方式就是层次结构。在这样的层次结构下,各层的功能和服务都被精确定义,但各层之间相互独立,各层只需关心该层与其他层之间的接口服务;各层都可以采用最合适的技术来实现其目的,只要接口保持不变,一般情况下,各层的技术变化不会影响其他层。如此,复杂的网络系统就被分解为若干个便于实现和维护的部分,化繁为简。就网络空间的层次结构,代表性的有国际标准化组织发布的七层参考模型(ISO/IEC 7498)和 TCP/IP 的四层参考模型。为简化有关描述之目的,本书采用美国学者约柴·本科勒(Yochai Benkler)的观点,将网络空间划分为三层结构:物理层、逻辑层、内容层。① 物理层由网络基础设施组成,位于网络空间的最底层。物理层之上是逻辑层(即代码层②),由用来发送、传输、存储信息内容的软件构成,比如,TCP/IP 协议、域名系统等。逻辑层之上为内容层,包含了所有通过逻辑层软件存储、传输、访问的数据或信息。由于上一层需要依次依靠下一层的运行才能发挥作用,因此,英国学者安德鲁·默里(Andrew Murray)在约柴·本科勒的"三层结

---

① Yochai Benkler, "From Consumers to Users: Shifting the Deeper Structures of Regulation Toward Sustainable Commons and User Access", 2000, 52 *Federal Communications Law Journal* 561, at p. 562.

② Lawrence Lessig, "Code version 2.0", New York: Basic Books, 2006.

构观"的基础之上，提出了"自下而上的垂直规制说"，即通过调整低一层可以达到规制高一层的效果，但反之不亦然。①

图 1-1　安德鲁·默里的自下而上的垂直规制图

二、网络空间的特征

（一）虚实复合性

网络空间常被人称之为虚拟空间（virtual space），即在于其虚拟性特点。在计算科学领域，虚拟性指的是数字化的表达形式，即比特方式。即使各种技术组合可以在网络空间中生成逼真的各种场景、人物，但这些都是人造出来的数字化存在。本质上，网络空间的一切事物及其关系都是以"0"或者"1"的比特方式表达出来的一串串看不见摸不着的信息数据。而物理世界是以原子方式存在的。这是网络空间与物理空间的最大不同。在中文语境里，"虚拟"常有虚假、不真实之意，而英文单词"virtual"却是"实际上的"、"事实上的"之意思，可见两者差别之大。虽然网络空间通过数字化展现人与人之间的关系，有

① Andrew Murray, The Regulation of Cyberspace: Control in the Online Environment, Oxon: Routledge-Cavendish, 2007, at p.45.

其特有的规则，网络用户在该环境中只是拥有一种非肉体的意识，但是，网络空间的虚拟特征并不代表其没有现实性。两者虽有差异，但事实上却处于一种统一的关系。首先，网络空间的虚拟特征仅表明其是另一种形式的存在。虚拟存在与现实存在都是事物存在的具体形式，都属于“存在”这一范畴。其次，网络空间是在现实世界发展到一定阶段的产物。网络空间诞生在计算机、路由器、网关等硬件设备和 TCP/IP 等软件协议问世之后。它来源于现实世界，并随着计算科学和信息产业的发展而发展。最后，某些虚拟社区也有着与真实物理世界中一样的复杂社会结构和社会关系，有它们自己的等级、官僚、居民、规则、友情、爱情等。这些都是真实的。此外，早已被民众习惯的互联网应用——电子商务明确无误地表明：网络空间中存在着真实的商品和服务的交易关系。因此，网络空间并不等于虚构空间①，更不等于虚幻空间。②

（二）技术性

网络空间是现代科学技术发展的成果，拥有明显的技术性特征。如前所述，网络空间需要有信息技术设施等硬件和 TCP/IP 协议等软件才能得以运行。网络空间的一切活动都是靠硬件技术和软件技术的综合作用才得以实现的。技术规则在网络空间中无处不在，它既像立法者一样，决定了网络用户的行为能力和行为范围，同时，它又像执法者一样，自动、高效、严格地执行着自己所制定的规则，一般情况下，网络用户只能遵守，不能反抗。技术规则保证网络空间秩序的决定性因素。美国法学家劳伦斯·莱斯格（Lawrence Lessig）据此认为，在网络空间，代码就是法律（code is law）。③

---

① 周尚君：《习近平法治思想的数字法治观》，载《法学研究》2023 年第 4 期。

② 齐爱民：《论网络空间的特征及其对法律的影响》，载《贵州大学学报（社会科学版）》2004 年第 2 期。

③ Lawrence Lessig, “Code version 2. 0”, New York: Basic Books, 2006.

（三）开放性、全球性和去中心化性

网络空间对每一个网络用户开放。在这个环境中，无论年龄、性别、肤色、宗教信仰、身份、职业，只要某人具备连接互联网的信息终端设备即可进入网络空间，成为“网民”。在这个环境中，大多数情况下，网民可以自由通行于任何他想去的地方（网址），无限使用、查阅任何他想要的信息。开放性是网络空间最本质的特征，也是其力量之源泉。与开放性特征联系在一起的，是网络空间的全球性。网络技术突破了物理世界的时空限制，网络空间中的数字化信息的传递速度和成本几乎与地理位置无关。网络空间的“地点”是IP地址以及与之相对应的域名，与地理位置没有必然联系，因此，它让国家的物理疆界失去了意义。网络空间俨然让世界成了一个“地球村”：网民触及屏幕，就可以瞬间实现出国“旅游”，与外国人自由交流，开放性和全球性还派生出了网络空间的去中心化性。为了高效、迅捷地实现资源共享，网络空间被设计成了一个无中心点，却分布有众多结点的系统。在这样一个扁平化的环境里，每个结点都具有高度自治的特征，结点之间可以自由连接，形成新的连接单元。传统的中心化社会里，当某人或某集团居于中心地位时，其他的众人就相应地处在边缘的位置。而在网络空间中，每一个结点都有可能成为某一阶段的中心，形成了所谓“处处皆中心”的局面。“处处皆中心就是处处无中心”。①

第三节　有关网络空间法律属性的几种学说及评价

此节将围绕有关网络空间法律属性的几种学说进行阐述和评价。需要指

---

① ［美］保罗·莱文森：《数字麦克卢汉：信息化新纪元指南》，何道宽译，社会科学文献出版社2001年版，第124页，转引自夏燕：《网络空间的法理分析》，西南政法大学博士论文，2010年。

出的是，有关网络空间法律属性的定性，虽然也涉及对网络空间的定义，但这种法律层面上的定义与事实层面上的定义（即上一节中本书将网络空间定义为“建立在信息技术设施基础之上的、通过数字化信息表现和流动，使用户产生真实社会生活体验或感受的多重场域”）是有区别的。某事物的法律属性，即从法律角度来看待某事物的性质，往往意味着法律该怎样对待该事物以及该事物涉及的法律规范是哪些的问题。而事实层面上对某事物的定义，只需要把握该事物的客观特征即可，无需考虑其在法律上的意义。在现实生活中，对同一事物的法律定义和事实定义是有可能存在差别的。比如，同样对“财产”下定义，从事实层面上，“财产”只需具备使用价值和价值即可；而从法律层面上，“财产”意味着怎样规范财产的归属、使用、处分过程中形成的人与人之间的关系。

一、独立主权说

持“独立主权说”的学者认为，网络空间是属于人类的自由领地，有其自有的独立主权，拒绝现实世界政府和公权力的介入。持这一观点的著名代表人物为美国“电子前线基金会”的创始人约翰·巴洛（John Barlow）。在其著名的《网络空间独立宣言》（*Declaration of the Independence of Cyberspace*）中，约翰·巴洛向世界发出宣告：“工业世界的政府……我来自网络空间，思维的新家园。以未来的名义，我要求属于过去的你们，不要干涉我们的自由……你们不享有主权……网络空间不在你们的疆界之内……我们正在形成我们自己的社会契约。治理将出现，但根据的是我们世界的情况，不是你们的。我们的世界，是不同的……你们关于财产、表达、身份、迁徙的法律概念及其关联对我们不适用。这些概念建立在物质的基础上，我们这里没有物质……”①除此之外，美国戴维·约翰逊（David Johnson）和戴维·波斯特（David Post）则采取了一种相

① ［美］约翰·巴洛：《网络空间独立宣言》，李旭、李小武译，高鸿钧校，载高鸿钧：《清华法治论衡》（第四辑），清华大学出版社2004年版，第10页。

对务实的态度分析了为何网络空间需要被认定为一个独立空间。他们认为，物理世界的政府无法阻止电子通信途经他们的边界，也不能因为所谓的本地危害而令人信服地规制网络。某个国家的法律机构不应垄断整个互联网的规则制定。网络空间中有更为负责和更有能力的立法机构，比如网络经营者。有着自律结构的网络空间比物理世界的政府更适合解决有关网络的法律问题。①

"独立主权说"主要流行于网络空间崛起的早期。在网络刚兴起的年代，网络空间所呈现出的开放、平等、自由等特征，契合了很多人内心追求自由的美好愿望，他们有些一厢情愿地认为网络空间应该是一片净土，无需外界法律的介入，网络空间可以实现自我管理。然而，这种"乌托邦"似的观点已不为国内外主流所认可。首先，该观点仅建立在网络空间逻辑层或内容层中体现的数据或信息自由流动的基础之上，但却忽视了网络空间的底层——物理层中的信息技术设施始终处在某个或某几个国家的管辖之内。就这一点而言，网络空间不可能完全独立于物理世界。其次，互联网的后续发展历史告诉我们，网络空间早已不是伊甸园，它跟物理世界有着无法割裂的复杂关系。在互联网不断渗入民众生活，改变民众生活方式的同时，它也给物理世界造成了诸多的治理难题：大国在网络空间里角逐霸权，间谍在这里窃取情报，黑客在这里开展网络攻击，罪犯在这里从事网络犯罪，施害者在这里进行网络暴力……这可以是一片信息交流、资源共享的美好净土，也可以是一座传播恐怖主义和色情、宣扬仇恨、泄露隐私、谣言四起的"罪恶之城"。即使是"独立主权说"学者最为倚重的"靠网络自身的技术力量治理好网络"的理由，也因为技术本身的缺陷和被规避的可能性，而不得不寻求外界法律的帮助。尤其在私权力兴起的平台时代，算法歧视、算法黑箱等治理难题更迫使普通民众转而向物理世界的政府寻求帮助和支持。因此，这种混淆了法律应然和实然状态的"独立主权说"，已经不适合当今网络治理的需求。

---

① David R.Johnson and David G.Post, "Law and Borders—The Rise of Law in Cyberspace", *Stanford Law Review*, 1996, Vol.48, 1367, 1378-9, 1390-1.

二、通讯工具说

在互联网发展的早期，有一部分学者将网络空间视为一种通讯工具或者通讯媒介，主张网络空间并没有给法律界带来新的问题，不需要对其额外对待。持这一观点的著名人物非美国弗兰克·伊斯特布鲁克（Frank Easterbrook）莫属。在1996年，时任美国联邦上诉法院法官的弗兰克·伊斯特布鲁克，在参加一次有关网络法的研讨会时，抛出了轰动性的言论——“马法非法”。他认为，网络法的意义就如同在谈论“马法”，即有关“马”的法律。“马法”不是一个必要的法律部门。马的所有权问题由财产法解决，马的买卖问题由合同法来约束，马踢伤人分清责任要找侵权法……如果有人企图将之汇集成为一部“马法”，那将极大地损害法律体系的统一性。他进而指出，网络空间引起的法律问题具有同样的性质，网络空间的许多行为可以通过变通解释而被纳入传统法律体系。① 弗兰克·伊斯特布鲁克的“马法非法”的观点常被用来审视网络法的独立地位。这一观点实质上是将互联网具体物化为某种商品或工具，体现了“网络空间并非新奇之物”的思想。

诚然，弗兰克·伊斯特布鲁克的“工具说”有其合理的一面，它提醒人们在面对新生法律问题时，首先应该是要仔细分析其中的实质内涵和涉及的法律关系，尽量在现有的法律制度内予以解决。然而，该观点也有它的局限性。首先，该观点似乎只注意到了网络空间的物理层，而忽视了逻辑层和内容层。而后两者正是互联网给物理世界带来冲击的地方，也是需要法律共同体认真对待和思考之处。按劳伦斯·莱斯格的观点，构架（architecture），即主要是逻辑层，对于人们行为的规制能力正是网络法需要解决的新问题，也是核心问题。② 其次，该

① Frank Easterbrook，“Cyberspace and the Law of the Horse”，*University of Chicago Law Forum*，207，1996，at p.207.

② Lawrence Lessig，“The Law of Horse：What Cyberlaw Might Teach”，113 *Harvard Law Review*，501（1999），at pp.509-510.

观点仅将互联网视为一种工具，有以偏概全之嫌。对于一些不常使用互联网的人而言，互联网或许仅仅是一种通讯工具。但对于那些深度应用互联网的用户而言，网络空间就是他们不可替代的家园。事实上，随着互联网对民众生活渗透程度的持续加深，网络空间早已具备了明显的社会属性，并且它还改变或重塑着人类的行为方式和生存方式，对人类社会的法律制度也产生了深刻的影响。因此，我们需要以一种更加"内部"的视角去看待网络空间，去寻找法律问题的解决之道。在网络空间中，对网络用户违规行为进行约束，采用"取关"、禁言、扣减积分显然比传统的罚款、吊销许可证或营业执照更为合适。① 在大数据和人工智能时代，数据已经成为了一种重要的生产要素，但是，我们不能将其随便比照土地、资本之类的其他生产要素进行一般的法律规制，因为它还有复杂的人身属性。假设马的身体内部机能有足够的独特性，且会对其工具和商品属性产生重大影响，或许，人类社会真的需要一部"内部"视角的"马法"来单独对其进行规制。这时，"马法非法"就不再合适，而是应该"马法亦法"了。

三、全球公地说

该学说主要来自于美国政府的主张。2010 年，美国国防部发布的《四年防务评估报告》将网络空间与海洋、天空、太空并列为四大公地(global commons)。"公地"(commons)是英国曾经的一种封建土地制度，具体指封建主在自己的领地中划出一片尚未开垦的土地，无偿向民众开放。公地不属于任何人，属于全体民众共有的资产。② "全球公地"是公地概念在全球层面上的延伸，指超越国家主权和管辖范围之外，为使人类共同受益而存在的区域。③

① 周汉华：《论互联网法》，载《中国法学》2015 年第 3 期。

② 谢永江：《网络空间的法律属性》，载《汕头大学学报(人文社会科学版)》2016 年第 4 期。

③ 谢永江：《网络空间的法律属性》，载《汕头大学学报(人文社会科学版)》2016 年第 4 期。

美国政府所鼓吹的"全球公地说"看似倡导网络空间的公平和自由,其实带有强烈的霸权色彩。虽然理论上全球公地属于人类共有,任何国家不能对其主张权利,但实质上,只有具备技术优势的国家才能够自由进出公地,并加以开发和利用。比如,南极洲虽然被视为一片全球公地,但只有科技强国才能到南极洲科考。作为互联网策源地的美国,在网络技术上具有全球领先的优势地位,如果将网络空间也视为全球公地,则相当于确保美国将其网络技术优势转化成了在网络空间中的霸主地位。此外,由于网络信息的自由流动与美式言论自由观在形式上的相似,"全球公地说"更利于美国输出其美式价值观。希拉里·克林顿在2010年的一次演说中鼓吹,人人都有权通过各种媒体不受疆界限制地寻求、接收和传播信息和思想,鼓励对全球网络公地的尊重。① 更有甚者,美国还运用"全球公地说"为其全球军事安全战略服务。2011年,奥巴马政府颁布的《网络空间国际战略》,以全球网络公地观为基础,宣称将保留通过军事手段应对任何人对美国网络空间安全带来的任何威胁。② 2015年,美国参联会联合参谋部主任大卫·高德费恩签发备忘录,将"空海一体战"作战概念更名为"全球公地介入与机动联合"概念,③其借助"全球公地"说为军事霸权铺路的意图显露无疑。

美国的"全球公地说"是经不起推敲的。首先,无论是公海、南极洲,还是外太空都是先于人类存在的自然资源。自然资源是稀缺性的,如若没有明确的产权界定,公地很容易被竞争性地过度使用而导致资源枯竭,这就是学者哈

---

① Hillary Rodham Clinton, "Remarks on Internet Freedom", at https://www.ait.org.tw/remarks-on-internet-freedom-hillary-rodham-clinton-secretary-of-state/ last visited on October 8th 2021,转引自谢永江:《网络空间的法律属性》,载《汕头大学学报(人文社会科学版)》2016年第4期。

② The White House:"International Strategy for Cyberspace—Prosperity, Security, and Openness in a Networked World", May 2011, at p.14,转引自胡丽、齐爱民:《论"网络疆界"的形成与国家领网主权制度的建立》,载《法学论坛》2016年第2期。

③ 朱莉欣、闫倩:《网络空间的法律属性困境与信息安全立法》,载《中国信息安全》2015年第5期。

丁所揭示的“公地的悲剧”。而网络空间是20世纪60年代的人造之物，网络空间的数据资源几乎是无限的，非稀缺的。其次，公海、南极洲等之所以能够被认定为全球公地，是因为它们本就人迹罕至，即使人类因为交通工具的进步可以抵达它们并开发其中的资源，但是由于这些地方并不适合人类生活，无法形成稳定的社会、权威的国家，由于其“无主”，将这些地方宣布为人类共同财富的公地，不会受到当地人的抵抗。而网络空间中每天都有大量的网民参与互动，早已形成了一个个有着自身鲜明特色的社区或者社会，有其较为稳定的社会关系。将其认定为全球公地相当于无视其中网络社会的存在，有可能遭致网络社会的强烈抵触。最后，“全球公地说”有意忽视了网络空间物理层向来就处在各国主权管辖之下。除开位于公海的通信线缆，组建网络空间的各种信息技术设施以及设备大多都是存在于各个国家主权控制的物理疆界之内，各国自然对其享有管辖的权力，这是毋庸置疑的。而“全球公地说”把各国的主权排除在外，势必遭到国际社会的强烈排斥，这在2013年“棱镜门事件”后，更加凸显。事实上，美国国内亦有官员反对将网络空间视为全球公地。帕特里克·弗兰泽斯(Patrick Franzese)认为全球公地应该满足五项特征：有管辖的国际公约、该公约含有涉及公地的使用和禁止的规定、全球公地有边界且能被定义、各国都同意放弃对公地的任何部分的排他性主权、不能够被某个国家所控制，而网络空间无一具备这五项特征。①

四、共用物说

网络空间的“共用物说”源自我国学者王国语。共用物是罗马法上的概念，一般指不特定多数人可以非排他性地使用的物或共享的物，包括财产、环境要素和自然资源。② 在《外空、网络法律属性与主权法律关系的比较分析》

① Patrick Franzese, Sovereignty in Cyberspace: Can it Exist? *Air Force Law Review*, Vol.64, 2009, at pp.14-17.

② 蔡守秋:《公众共用物的治理模式》，载《现代法学》2017年第5期。

一文中，王国语教授建议将网络空间定义为“共用物”，他进一步认为在国际法语境下，应赋予网络空间以下含义：第一，任何主体都不对网络享有所有权，但可以对网络的基础设施享有所有权；第二，任何主体对网络都享有无须征得他方同意的公用权或共用权，即可以自由进入、共同使用、开发和利用网络，但不意味着没有限制；第三，“共用”还意味着自我限制；第四，共用权利的内容是动态、可更新的。[①] 王国语教授的“共用物说”，目的在于构建以国家为主要主体的网络国际法治的基础权利义务的出发点和归宿，不但体现了物尽其用的效率观点，而且也蕴含着宽容相待的人文情怀。

这种观点较为新颖，也确有不少可取之处。但因其主要是从国际法层面上提出的观点，重在建议如何调整国际主体之间的关系，而对于面向国内法层面的网络治理，则指导意义不大。此外，与上述“通讯工具说”一样，该观点也是将网络空间予以物化，忽视了网络空间本身的社会属性。网络空间不仅是法律调整的对象，也应是法律运行所依赖的空间。该观点或许也会因为缺乏内部视角，在面临诸多网络空间内生性问题时，力有不逮。

五、总结

通过上述对几种学说的讨论，可以总结出一些经验，以便更好地把握网络空间的法律属性。第一，要分清网络空间的应然和实然状态。网络空间的虚拟性给人营造出一种“异域”感，再加上其体现的开放性、去中心化等特点，容易使人将其理想化。“独立主权说”即是只看网络空间应然状态的典型代表。然而，法律毕竟要回应现实需求。无论是立法机关、执法机关，还是司法机关，都必选就网络空间涉及的法律问题或者法律纠纷提供现实的解决方案。因此，我们只能更多地从实然状态去理解网络空间的法律属性。我们应该充分尊重网络空间的特性，但这并不意味着我们要转变现实立场。一言以蔽之，在

① 王国语：《外空、网络法律属性与主权法律关系的比较分析》，载《法学评论》2019 年第5 期。

法律人的眼里,网络空间可以是异托邦,但绝不是乌托邦。第二,网络空间是人造之物。网络空间不是源于自然界的馈赠,而是出自人类工程师之手,也必将在人类命运共同体的努力下不断改进和完善。或许,就像劳伦斯·莱斯格教授所揭示的那样,一切有关网络空间的问题都可以归结为设计方面的问题。只要技术上可行,网络空间完全可以在"公地"和"私地"之间任意转换。就这一点而言,"全球公地说"完全站不住脚。第三,要以内部和外部相结合的视角来分析网络空间的法律属性。网络空间的多层结构,要求我们不但要从外部视角观察其现实性,还要从内部视角深入空间把握其社会性。只有这样,我们才能避免将网络空间简单物化的做法,提出更符合网络空间自身发展规律的法律对策。

第四节　网络空间法律属性的新阐释
——"特区说"

一、"特区说"的阐释

上一节有关网络空间法律属性的各种学说都有其不足,那么,网络空间的法律属性到底应该是什么呢?网络及其相关的技术以出乎意料的发展速度改变着人们的生活方式、思维方式,以至于我们还未来得及仔细思考它的法律参照对象,就已经在不知不觉中欣然接受了它。或许,最好的办法就是将其定义为一种法律调整的新型空间,即"新空间说":该空间的法律并非颠覆物理世界的法律,但却又坚守自我的特性且积极进行创新,同时法律在这样的空间中逐渐成长、自我提升和进化。[①] 然而,人类在遇到新生事物时,本能反应往往不是马上围绕它构建新制度,而是从人类过往的经验中找寻一个最接近的参

① 夏燕:《网络空间的法理分析》,西南政法大学博士论文,2010年。

照对象，以此为基础对其开展研究和实践。这是一种较为稳妥的做法，能够充分利用人类过往的智慧结晶。只有在过往的成功经验仍不足以解决新问题时，才“另起炉灶”，推陈出新。因此，找寻网络空间的法律参照物，以此来帮助法律人确定其合适的法律制度，仍然有着重要的现实意义。

（一）“特区说”的基本主张和依据

本书主张将网络空间的法律属性表述为一种国家主权之下的、为适应和促进数字国家发展而施行特殊法律制度和运行特殊法治模式的区域，即“特区”。

一般而言，“特区”是一国主权之下实施特殊政策或者制度的区域。特区的设立或存在有着丰富的理论基础和历史资源。按照主权分级管理与政策空间分异理论，在经济全球化的背景下，国家间的政治经济文化流动增加，国家内部的历史、社会、经济因素以及这些因素区域组合的差异性及动态变化性影响着国家对自身领土的管理方式和内容，为实现政治稳定以及特定的发展目标，依据前述因素的分异现状，国家对主权范围内的不同地域、不同社会阶层、利益集团等，赋予不同的权力，实施空间差异化管理。① 特区的核心因素是制度创新，因而经济学的制度创新理论也能为特区设立提供理论支撑。在该理论下，制度是经济发展的根本性要素。所谓制度创新，是指“创新者或创新集团通过制度的调整与变革取得潜在利益的一种活动”②。之所以出现制度创新，是因为人们能够预期创新的净收益大于创新的成本，而现有制度下的这些收益是无法实现的，唯有通过主动、人为地改变现有制度中阻碍创新的因素，才能获得未来的收益。③ 从法律制度发展史的角度来看，主权国家为了特殊

① 孟广文：《建立中国自由贸易区的政治地理学理论基础及模式选择》，载《地理科学》2015 年第 1 期。

② 厉以宁：《宏观经济学的产生和发展》，湖南出版社 1997 年版，第 448 页。

③ L. E. Davis, Douglass C. North, *Constitutional Change and American Economic Growth*, Cambridge University Press, 1971, at p.10.

目的而施行特殊法律制度的例子不胜枚举:为了能更好地结合众人之力抵御外界风险,主权国家施行了特殊的法律制度——法人制度,即将组织拟制为法律意义上的"人";为了能更好地从经济上激励作者,主权国家施行了特殊的法律制度——版权制度,即将作者创作的作品拟制为法律意义上的"财产"。

数字国家的发展对变革现有法律制度和法治模式提出了迫切需求。数字技术对人类产生了全方位、深层次的变革。在经济领域,数据成为了新的生产要素,数据+算法+算力与生产活动的深度融合形成了智能化生产力,数字化赋智的劳动者成为了新劳动者,数字平台成为了重要市场,区块链成为了信任机制。在社会领域,接入网络的数字终端和传感器无处不在,人类逐渐形成了"万物可互联,一切可计算"的数字生态,呈现出"虚实同构、人机交互"的日常生活特征。① 数字经济和数字社会的出现势必要求变革根植于传统农工业时代的现有法律制度和法治模式。易言之,作为数字国家的重要载体——网络空间应施行特殊的法律制度和运行特殊的法治模式。网络空间法律制度的特殊性至少体现在两点之上。第一,网络空间要实施实现和保证信息流动和分享的基础法律制度。信息的流动和分享是实现网络空间特有价值——开放和共享的根本保证。习近平总书记深刻指出,"网络的本质在于互联,信息的价值在于互通"。② 即使互联网的雏形——"阿帕网"最初的目的在于军事防御,但这其中也蕴含着信息要流动和分享的原理。根据信息奠基人香农(Shannon)的经典定义,"信息是用来消除随机不确定性的东西"。可见,对于人类而言,信息有着巨大的价值。信息产生于人类不断、反复地适应和反作用于外部世界过程中的认识和总结。每个人都是信息的生产者、消费者、受益者。但是,每个人生产和掌握的信息量毕竟有限,唯有加强合作,进行信息流动和分享,才能使信息发挥最大的作用,并且,在进行信息交流和分享的过程中还会产生新的信息。在人类进入数字化生存状态后,信息更是成为了数字

① 马长山:《智能互联网时代的法律变革》,载《法学研究》2018 年第 4 期。

② 《习近平谈治国理政》第二卷,外文出版社 2017 年版,第 534 页。

公民呼吸的“空气”:“一旦我们脱离信息圈,我们就会像离水的鱼……总有那么一天,成为信息体是如此自然,以至于我们的正常信息流一旦出现任何中断,就会使我们陷入病状”①。于国家而言,应该要推动和保证信息的流动和分享,作为保障公民数字人权的基础。第二,网络空间要实施能够与代码进行复杂互动的法律制度。“代码即法律”(Code is law)是美国学者劳伦斯·莱斯格(Lawrence Lessig)在网络法领域提出的著名命题。② 代码是构筑网络空间的整体和具体样态、约束网络用户行为的信息技术及其组合。进一步地说,代码是网络空间的规则,对网络用户的行为具有强大乃至决定性约束作用,发挥着类似法律的规范性作用。即使在“算法统治”的今天,算法仍然需要通过运行代码这一基本单位来实现其具体功能。虽然代码被形象性地称为“法律”,但是代码之治与法律之治却有着许多不同。代码是技术强制,具有高度的准确性和确定性,对网络行为采用事先和事中规制的方式。而法律是国家强制,其准确性和确定性不及代码,对网络行为一般采用事后规制的方式。考虑到网络空间代码之治的不可替代性,以及法律与代码治理方式的显著不同,要使两者进行复杂互动,以实现两者之间的协同,是网络法治的基本命题。第一,代码编写者在设计某项具体规则之时要将涉及的法律内容转化为能被计算机识别的代码;第二,法治工作者要对“代码非法”现象予以规制,以保证网络用户在网络空间仍可追求公平、自由、平等、秩序等恒定价值;第三,数字生活的虚实同构对两者的互相转化产生了更多的需求,即“代码法律化”和“法律的代码化”。

其次,在网络空间运行特殊法治模式的主要原因在于网络空间的层次架构。如前所述,为了能够信息资源共享,就必须建立网络进行互联互通。为了更好地实现网络互联互通的功能,主权国家设计了多层结构的网络空间。每一层结构的功能和作用各不相同。物理层主要起基础支撑作用;逻辑层主要

---

① [英]卢恰诺·弗洛里迪:《信息伦理学》,薛平译,上海译文出版社 2018 年版,第 33 页。

② Lawrence Lessig, Code Version 2.0, Basic Books, 2006.

起交换信息的作用;内容层则让用户最终实现信息交流和分享。一国对建立在其领域内的信息基础设施(物理层)拥有完整主权,这是毋庸置疑的。一国也可对逻辑层和内容层进行管辖,这也是合法、合理的。按照前述英国学者安德鲁·默里(Andrew Murray)的"自下而上的垂直规制"的观点,主权国家因对物理层的控制进而可以对逻辑层和内容层进行规制。易言之,主权国家因对物理层享有最先权力和最基本权力,而有权对逻辑层和内容层上的相关主体和相关行为进行规制。但是,这并不意味着主权国家要在网络空间采取单边主义、封闭主义,毕竟信息流动和分享的目的才是人们联网的初衷。同时,这也不意味着网络空间仅有单一的法律治理模式。劳伦斯·莱斯格在提出"代码即法律"命题之时就曾指出,无论是在物理空间还是在网络空间,法律、市场、社会规范和架构(architecture)这四种规制手段都在影响着社会主体的行为,而网络空间中的架构即是代码。① 从网络空间的层次结构来看,物理层主要通过法律和市场手段规制;逻辑层主要通过代码和社会规范规制;内容层主要通过法律、代码、社会规范规制。不同的规制工具背后有着不同的实施主体,因此,网络空间的治理应该是国家主导之下、多元主体参与的混合治理模式。习近平总书记强调:"国际网络空间治理有其自身特点,不仅主权国家发挥重要作用,非国家行为体作用也很突出,很多标准协议、技术规范、基础资源掌握在国际组织、互联网企业、技术社群等手中。"②如果把物理层概括为硬件,而把逻辑层和内容层概括为软件,那么网络空间则是在硬件和软件共同作用下的多层结构。仅就这一点而言,网络空间的多层架构(软硬件混合结构)与学者主张的网络空间软硬法协同共治③,有着异曲同工之妙。综上所述,网络空间的特性决定了主权国家需要在网络空间施行特殊的法律制度和运行特

① Lawrence Lessig, Code Version 2.0, Basic Books, 2006.

② 《习近平关于网络强国论述摘编》,中央文献出版社 2021 年版,第 163 页。

③ 罗豪才:《为了权利与权力的平衡——法治中国建设与软法之治》,五洲传播出版社 2016 年版,第 225 页。

殊的法治模式。

需要指出的是，主权国家追求的价值多样化，在追求某种价值的同时，也要注意该价值与其他价值之间的平衡。所谓，法人有“揭开面纱”的例外，作品有“合理使用”的例外，“网络空间”也有“国家安全”的例外。因此，当信息的流动和分享或者代码对国家主权利益产生冲突或者损害且不能调和时，国家主权利益位阶优先。国家有权力对面向本国民众的各种网络乱象予以取缔或制裁，也有权力对他国的网络霸权、网络攻击、网络窃听、长臂管辖等行为予以抵制或反击。毕竟，“特区”处于一国主权之下。同时，网络空间的虚实复合性也决定了“特区”并非只有特殊的法律制度，也包含了来自物理空间但能够兼容网络空间的一般（传统）法律精神、法律原则、法律制度。就这一点而言，“特殊”只是一种强调，而非限定。

（二）“特区说”的本土法制资源

从字面意义上来理解，“特区”仅是表明一种有别于普通的区域，与“新空间”之类的表述差别不大，就“适用有别于以往法律制度”的意义层面上来讲，两者的作用几乎相同。但是，“特区说”相比前述的“新空间说”，有两点优势。第一，从措辞上而言，“新空间说”暗含着“新”与“旧”的区别，有可能会引起人们的误解：一切诞生在网络空间之前的法律制度都是旧的，不合时宜的。就这一点来讲，“新空间说”难免有重蹈“独立主权说”覆辙之风险。而“特区说”仅强调“一般”与“特殊”的区别，措辞上对立的色彩相对较淡。第二，“特区说”的一大优势在于可以充分借用我国本土的法制资源。在我国，“特区”有着特别的内涵。很长一段时间里，“特区”多指代在我国经济体制改革中发挥过重大作用的“经济特区”，即一国设立的，在对外经济贸易活动中实行特殊的开放政策，采用减免税收等优惠和灵活的措施，吸引外资，引进技术，以发展经济、促进贸易的经济性区域。1997 年香港回归祖国后，“特区”有了新的内涵——“特别行政区”：根据宪法和法律的规定而设立的具有特殊法律地位,实行特殊的社会制度、政治制度、经济制度和文化制度等的行政区域。最近几年,党中央和国务院在新形势下统筹国内国际两个大局,深入推进改革开放,又顺势提出了建设自贸区、自贸港等战略。这些也同样是"特区",指在一国或地区境内关外设立的,以优惠税收和海关特殊监管政策为手段,以贸易自由化、便利化为主要目的的多功能经济性特定区域。需要强调的是,本书并不主张网络空间完全等同于这些服务于特定目的的区域,而是认为网络空间在"形"和"神"两个方面都与这些"特区"有一定程度的相似。

在形式上,首先,"特区"与网络空间都有"人造外观"。经济特区或是特别行政区都是主权国家依一定的目的自主创立的特殊区域。20 世纪 80 年代,我国设立以深圳为代表的经济特区的主要目标是为了引进境外资金、先进的科学技术和企业管理经验,发展社会主义生产力,为经济体制改革承担"试验田"的功能,为国内外经济交流扮演"窗口"角色。我国设立香港、澳门特别行政区的目的在于以和平方式解决历史遗留问题,并在"一国两制"的原则下保障香港和澳门的长期繁荣稳定和发展。而网络空间主要是以信息资源共享为目的被设计出来,并发展至今。虽然两者之具体目的不一,但是,网络空间与"特区"都是国家为一定的目的而设计、创立出来的。换言之,两者都是人造的产物。两者的区别仅在于制造的途径不同:"特区"是通过制度来构建;而网络空间则是通过技术和相应规则来构建。其次,"特区"与网络空间有着相似的权力外观。"特区"享有一定的特殊权力。根据我国立法法的规定,经济特区所在地的省、市的人民代表大会及其常委会根据全国人民代表大会的授权,制定在本区域范围内实施的法规。并且,经济特区授权立法主体还可以对法律、行政法规和地方性法规作出变通性规定。当然,经济特区授权立法主体制定的法规应当报授权决定规定的机关备案。而经济特区的行政主体被允许制定特殊的经济政策和实行特殊的管理体制。相比之下,特别行政区更是享有高度的自治权:除外交权和国防事务权外,享有立法权、行政管理权、独立的司法权和终审权,还可以经中央人民政府授权自行处理某些有关的对外事务。网络空间中虽未有类似的地方立法主体和行政主体,但是近年来逐渐兴起了一种私权力主体——平台,并由其实质调整大部分的网民行为。平台所享有的私权力,即制定和执行平台规则的权力,不但源于其在技术、信息方面的优势,也有法律授权和公权力委托的因素。① 比如,《电子商务法》第 32 条规定,电子商务平台经营者应当遵循公开、公平、公正的原则,制定平台服务协议和交易规则。并且,平台规则也被要求报请备案。② 最后,"特区"与网络空间都有着类似的非物理疆界。全球范围内的自贸区,虽然目的、功能等不一,但它们共享一个最大的特征,即"境内关外"。"境"为"国境",是一个国家行使主权的领域空间,是国家边界之内的范围。"关"为"关境",亦称"关税领土",指一个国家的海关法得以全部实施的区域。所谓"境内关外",其实表达的是一种比喻,即特区虽然在一国的国境之内,但却被视为在关税领土或者常规海关监管之外。③ 如此,"特区"是建立在拟制、观念上的关境线之上,并非一国物理上的国境线。而就网络空间而言,根据本书的定义,它是一个多重场域,有其自身复杂的结构。我们可以对最底层的物理层划分具体的物理疆界。而其上逻辑层和内容层的物理疆界是不存在的。有学者认为,可通过国家专属的互联网域名与域内,以及其他通过网络技术设立的技术屏障对这两层划分疆界。④ 但即使技术上可行,这种疆界也是一种非物理性的、观念上的疆界。

在精神内核方面,"特区"与网络空间也有着一些相似之处。建立自贸区或自贸港的核心就是加快资本、技术、人才等生产要素的自由流动。这是价值

① 周辉:《技术、平台与信息:网络空间中私权力的崛起》,载《网络信息法学研究》2017 年第 2 期。

② 《网络零售第三方平台交易规则制定程序规定(试行)》第六条。

③ 龚柏华:《上海自由贸易港"境内关外"概念和机制辨析》,载《海关与经贸研究》2018 年第 2 期。

④ 胡丽、齐爱民:《论"网络疆界"的形成与国家领网主权制度的建立》,载《法学论坛》2016 年第 2 期。

规律发挥作用的前提。正是在生产要素自由流动中,全球范围实现了资源的优化配置。而网络空间的主要目的是为了信息资源的交流和分享。其逻辑层的设计,无论是 TCP/IP 协议还是域名系统,还是互联网工程任务小组(IETF)和万维网联盟(W3C)等负责的互联网标准,都是为了实现信息的自由流动。因此,两者都具有推动某种要素自由流动的精神内核。至 2020 年,《中共中央、国务院关于构建更加完善的要素市场化配置体制机制的意见》明确指出,数据也是一种生产要素。如此,两者在推动生产要素自由流动方面达到了完全一致。除此之外,我国在建设经济特区过程中形成的"敢闯"、"肯干"、"容错"等宝贵精神财富也能在网络空间中找到对应的价值观。比如,网络平台推行的"七天无理由退货"规则,就是在我国彼时未有相关法律和政策规定的背景下,由网络平台自己"杀出来的一条血路"。而近年来,国家对主要基于互联网的新业态、新模式实施的"包容审慎"监管理念,也可视为是对经济特区"容错"精神的遥相呼应。

二、"特区说"的意义

(一)更加契合我国网络主权观

"网络主权"或"网络空间主权"的提法,最早源自美国网络法学者吴修铭(Timothy Wu)。[①] 网络空间是否存在国家主权?自 21 世纪以来,这一问题就始终存在争议。前述的"独立主权说"和"全球公地说"均可视为对网络主权的反对。自 2010 年以来,我国一直倡导网络主权。当年发布的《中国互联网状况》就指出,网络空间具有主权,应当受到尊重。互联网是国家重要的基础设施,中国境内的互联网属于中国主权管辖范围,中国互联网主权应受尊重和维护。2011 年,中俄等国在《信息安全国际行为准则》中,提出"重申与互联网

① Timothy Wu,"Cyberspace Sovereignty? The Internet and the International System", *Harvard Journal of Law & Technology*, Vol.10, No.3, 1997, at pp.647–666.

有关的公共政策问题的决策权是各国的主权”。2012 年，我国代表在参加布达佩斯“网络空间国际会议”中发言，并强调网络空间应该遵守“网络主权”、“国际合作”、“平衡”、“和平利用网络”、“公平发展”五项原则。2015 年，我国新通过的《国家安全法》中规定，国家加强网络管理，防范、制止和依法惩治网络攻击、网络入侵、网络窃密、散布违法有害信息等网络违法犯罪行为，维护国家网络空间主权、安全和发展利益。这是我国首次以法律形式明确宣示我国网络主权的立场。同一年，习近平总书记出席第二届世界互联网大会开幕式并发表讲话，他指出：“网络空间是人类共同的活动空间，网络空间前途命运应由世界各国共同掌握。各国应该加强沟通、扩大共识、深化合作，共同构建网络空间命运共同体。”并提出尊重网络主权的原则：“《联合国宪章》确立的主权平等原则是当代国际关系的基本准则，覆盖国与国交往各个领域，其原则和精神也应该适用于网络空间。”[①]2016 年，我国通过的《网络安全法》，也以立法的形式确立了网络空间主权原则。同一年发布的《国家网络空间安全战略》，也明确提出“国家主权拓展延伸到网络空间”，并将网络空间主权作为国家主权的重要组成部分。此外，我国还在多种场合明确主张主权原则适用于网络空间。

我国所主张的网络主权，是一国基于国家主权对本国境内的信息基础设施、网络主体、网络行为及相关网络数据或信息等享有的最高权和对外独立权，包括独立权、平等权、管辖权、防卫权。当然，主权还意味着权利和义务的统一。各国在享有网络主权所衍生权利的同时，还应遵守国际法基本原则和一般规则，切实履行国际法所规定的相关义务，包括：不侵犯他国关键网络基础设施、与主权安全密切联系的网络系统，不干涉其他国家在网络空间享有的生存、安全与发展的权利，不得蓄意允许其领土或网络设施、数据等被用于实施损害他国国家安全和利益的网络活动，保障其管辖范围内相关网络主体的

① 习近平：《在第二届世界互联网大会开幕式上的讲话》，载《人民日报》2015 年 12 月 17 日。

合法权益等。①

时至今日，不少重要的国际会议或国际文件都已经确认了网络主权原则，不少国家也通过各种实践活动行使网络主权。② 本书完全赞同和支持我国的网络主权主张，并认为“特区说”可以更好地契合该主张。我国的《国家网络空间安全战略》将网络空间视为一种与陆地、海洋、天空、太空同等重要的人类活动的新领域，并主张“国家主权拓展延伸到网络空间，网络空间主权成为国家主权的重要组成部分”③。无独有偶，北约卓越合作网络防御中心指定的网络战规则——《塔林手册 2.0 版》也认为，国家主权延伸至网络空间。④ 这种“国家主权延伸新领域”是网络主权由来的逻辑前提。然而，这种逻辑同样也适用于领海主权、领空主权的论证：伴随着主权国家活动能力拓展至海洋、天空，国家主权也自然延伸至海洋、天空。如此，网络主权的主张似乎在暗和“全球公地说”中对网络空间的认识：网络空间是自在自为之物。而这一点，本书已在上一节中对其予以批判，因为网络空间实为人造之物。而如果将网络空间视为“特区”，则无论是经济特区，还是特别行政区，都是主权国家自主设计下的产物，都是隶属于一国主权的产物，主权本就在那里，不存在一个主权延伸的问题。因此，主权国家对网络空间享有主权是本就有之，并不需要依靠“自然延伸”。在互联网发展早期，之所以难见“网络主权”之类观点的踪影，那只是因为网络技术对社会的影响还未完全显现，主权国家并未发声而已，并不代表网络主权的不存在。而一旦网络空间的某些行为对主权国家产生了实质损害，主权国家一定会对此主张管辖进而予以规制。2000 年发生在

① 《网络主权：理论与实践（2.0 版）》，中国网信网，2020 年 11 月 25 日，http://www.cac.gov.cn/2020-11/25/c_1607869924931855.htm，2021 年 10 月 8 日登录。

② 《网络主权：理论与实践（2.0 版）》，中国网信网，2020 年 11 月 25 日，http://www.cac.gov.cn/2020-11/25/c_1607869924931855.htm，2021 年 10 月 8 日登录。

③ 《国家网络空间安全战略》，中国网信网，2016 年 12 月 27 日，http://www.cac.gov.cn/2016-12/27/c_1120195926.htm，2021 年 10 月 8 日登录。

④ 《塔林手册 2.0 版》规则 1：国家主权原则适用于网络空间。

法国的“雅虎案”即是如此。总之，在“特区说”下，国家在网络空间的主权不是国家主权在这一空间的自然延伸，而是传统国家主权在这一空间的应有之义。

当然，也需要认识到，我国主张的网络主权并非排他性的绝对主权。我国提倡进行网络交流合作，与世界各国共享文化、经济领域等方面的成果，并与世界各国一道制定国际通用的网络空间治理准则。对这一点，“特区说”也有着较强的解释力。主权国家设立自贸区、自贸港等特区是为了促使生产要素在世界范围内自由流动。世界范围内各主权国家就自由贸易早就达成过多项共识，制定过多项公约，比如，关贸总协定、京都公约等。在“特区说”视角下，在网络空间开展国际合作也是题中之义。即使“特区”是处在主权国家管辖之下，这并不意味着国家要在网络空间实行深沟坚壁、闭关锁国之策，各主权国家完全可以为便利数据或信息自由流动的需要而让渡部分主权，施行一些特殊的法律制度。因此，“特区说”有助于为我国网络主权的主张提供自洽、有效的法理基础。

（二）适合数字法治的发展

人类社会已在加速步入数字时代。运用数字技术推动经济发展、完善社会治理已是世界潮流。习近平总书记指出：“数字技术正以新理念、新业态、新模式全面融入人类经济、政治、文化、社会、生态文明建设各领域和全过程，给人类生产生活带来广泛而深刻的影响。”①数字社会呼唤数字治理，而数字治理催生数字法治。“网络是数字技术的基础和底层架构，是数据运行的环境，同时也是各类数字和数字治理活动的整体生态。”②因此，数字法治的建设离不开网络法治的同步进行。在传统法律体系如何回应新技术引发的法律问题这一点上，网络法学界和实务界有过不少的积累。比如，当网络诈骗、网络

① 《习近平书信选集》第一卷，中央文献出版社 2022 年版，第 362 页。

② 姜伟、裴炜：《数字治理亟待构建数字法学学科》，载《民主与法制》2021 年第 43 期。

色情、网络赌博、网络洗钱等违法或者犯罪行为在网络空间初现时，学者和法律实务工作者往往通过法教义学解释寻找规制路径，这是因为此类违法、犯罪行为仅以网络空间为其活动场所或其手段，具有明显的网络空间工具化特征，与传统物理空间的相应行为本质上差别不大。在此种背景下，“特区说”或有悖于法律稳定性之价值，甚至有“哗众取宠”之嫌。然而，当大数据生态和泛在算法等数字时代的法律难题涌现时，仅靠传统法学的扩张重释恐难以胜任。① 当传统正义观发展成数字正义观时，当自然人主体地位被数字化、客体化时，当智能机器人能够成为法律主体时，当“不适合所有权”的数据被作为法律关系的客体时，当大数据将因果关系理论转为基于数理逻辑的关联性理论时，当国家/社会（公权力/私权力）的二元框架发展成国家/平台/社会（公权力/私权力/私权利）的三元框架时，根植于物理空间的传统法学赖以生成和发展的条件和基础发生了重大转变，甚至被颠覆，因而传统法律制度和体系被重构的可能性徒增。也只有通过对传统法学概念和理论体系的改造和创新，才能将数字法治的理念有效地纳入统一的国家法律治理结构中。② 如此一来，“特区说”所主张的——在网络空间施行特殊的（有别于一般的物理空间）法律制度、运行特殊的法治模式也就成了数字法治的应有之义。当然，需要再次强调的是，“特区说”并不意味着否认网络空间运行一般（传统）法律制度的可行性。

三、“特区说”的优缺点

“特区说”吸收了上一节总结的相关经验。它避免了“独立主权说”乌托邦似的不切实际，注重把握网络空间的实然状态。“特区说”下的网络空间最多只能被视为一个异托邦。它以网络空间的人造属性为出发点，避免了“全球公地说”的荒谬，为网络主权的主张铺平了道路。它同时还注重以内部视

---

① 何邦武：《数字法学视野下的网络空间治理》，载《中国法学》2022 年第 4 期。

② 莫纪宏：《数字法治困境与数字法学回应》，载《华东政法大学学报》2023 年第 4 期。

角看待网络空间,尊重网络空间的特殊性和社会性,有助于避免“通讯工具说”的缺点,而且,还有利于借鉴特区建设中的有益经验。比如,上海自贸区建设中的“负面清单制”、日本“国际战略综合特区”建设中的“国家与地方协议会”政策协商机制①等,有可能为网络空间的治理提供一些有益借鉴。

当然,任何一种学说都存在不足之处,“特区说”也同样不能幸免。在“特区说”下,国家与网络空间之间有可能会被误认为是一种“中央与地方”的关系,进而被国际上其他国家误认为是网络霸权的另一种包装。这就需要我们从一开始就特别强调“特区说”在促进国际合作和交流方面的天然优势。其次,“特区说”也存在用固有的物理空间思维定义网络空间之嫌。这就需要我们努力澄清特区的疆界性质,并注意在分析问题时,需要结合网络空间自身复杂的结构。比如,在解释网络主权时,需要确认这一概念可以适用于网络空间的所有层面,而非只在物理层。

德国哲学家卡尔·施密特曾言:“哪怕是新时代势不可挡的科技的发展,也必须嵌入某种具体的体制之中才是对世界历史的变迁和人类天命的法变真正的回应,而单单只靠科技手段的成功,绝不意味着新时代的到来。”②“特区说”可算是对这一深刻见解的理论尝试,虽然它并非无懈可击,但是至少可为网络空间法律属性的学术探讨提供一块“砖”,以期引出后来更多的“玉”。

① 刘平、陈建勋:《日本“国际战略综合特区”及其制度政策创新》,载《现代日本经济》2016年第2期。

② [德]卡尔·施密特:《陆地与海洋——古今之“法”变》,林国基、周敏译,华东师范大学出版社2006年版,转引自夏燕:《网络空间的法理分析》,西南政法大学博士论文,2010年。

第二章　软法与软法治理

第一节　软法兴起的基础

早在 1947 年,我国学者康永仁就在《硬性管制不如软法疏导》一文中使用过"软法"一词,将其视为一种更加灵活的监管手段。但国内兴起软法的研究却是近十几年的事。在谈及软法之前,有必要先了解其兴起的基础。

一、公共治理背景下对传统"法"的定义的反思和修正

传统法理学教材中,法一般被定义为:"法是由国家制定、认可并由国家保证实施的,反映由特定物质生活条件所决定的统治阶级(或人民)意志,以权利和义务为内容,以确认、保护和发展统治阶级(或人民)所期望的社会关系、社会秩序和社会发展目标为目的的行为规范"。① 法的重要特征在于,它是国家制定的、具有国家意志的社会规范,具有高度的统一性、普遍适用性,同时也具有国家强制性。衡量一项规则是否是法的决定性标准在于其是否具有国家强制性。② 而在一些分析法学派的学者那里,"法"代表着国家命令。约翰·奥斯丁主张,"每一条法律或规则,是一个命令,或者,恰当指称的法律或

① 张文显:《法理学》,高等教育出版社 2003 年版,第 58 页。
② 张文显:《法理学》,高等教育出版社 2003 年版,第 65 页。

规则,是一种命令"。[①] 何为"命令"? 在奥斯丁看来:"如果你表达或宣布一个要求,意思是我应当做什么,或者不得做什么,而且当我没有服从你的要求的时候,你会用对我不利的后果来处罚我,那么你所表达的或宣布的要求,就是一个命令"[②]。他甚至以国际法无制裁为后盾而将其排除在法律之外。[③] 无独有偶,英国哲学家霍布斯也认为:"法是国家对人民的命令,用口头说明,或用书面文字,或用其他方法所表示的规则或意志,用以辨别是非、指示从违"。[④] 德国法学家耶林也认为,国家强制力是法的绝对标准,没有强制力的法律规范是一种自我矛盾。[⑤] 可见,不管是马克思主义法学,还是非马克思主义法学,传统的法学理论多将"法"与"国家强制力"紧密联系在一起。这种观点在学界长期占据了主导地位,逐渐形成了一种"国家—控制"的法范式。

然而,单一元素的公域之治模式在复杂的现代社会注定是不会成功的。尤其在公共治理[⑥]崛起之后,传统的国家管理模式愈加显得力不从心。公共治理的主要特征在于公共权力主体、法律规范、运作方式、纠纷解决机制等均呈现多样化的特点。国家管理模式因为主体单一、管理方式机械、管理程序繁杂、激励机制缺失等种种弊端,无法适应公共治理带来的多样化,逐渐暴露出了许多国家管理失灵的问题。[⑦] 面对这些问题,自 20 世纪以来,全球范围内的许多学者开始反思"国家—控制"法范式,修正传统"法"的定义。尤根·埃利希提出"活法"的概念,即社会组织内在的秩序(经由日常生活中为各种社会团体中的成员所认可并在实际上支配社会成员之间行为的规则所形成),

---

① [英]约翰·奥斯丁:《法理学的范围》,刘星译,中国法制出版社 2003 年版,第 56 页。

② [英]约翰·奥斯丁:《法理学的范围》,刘星译,中国法制出版社 2003 年版,第 56 页。

③ [英]约翰·奥斯丁:《法理学的范围》,刘星译,中国法制出版社 2003 年版,第 20 页。

④ Thomas Hobbes, Leviathan, *from Jurisprudence-Text and Reading on the Philosophy of Law*, edited by G.C.Christie, West Publishing Company, 1973, at pp.336-337.

⑤ [德]伯恩·魏德士:《法理学》,丁小春、吴越译,法律出版社 2003 年版,第 32 页。

⑥ 有关"公共治理"的详细阐述,参见本章第四节。

⑦ 罗豪才、宋功德:《软法亦法——公共治理呼唤软法之治》,法律出版社 2009 年版,第 32—35 页。

并认为法的发展重心不在立法、法学或判决，而在社会本身。[①] 美国学者诺内特和塞尔兹尼克运用社会科学的工具，构建了“回应法”的观念，旨在使法律更多地回应社会需要，建立一种对社会问题承担肯定责任的法律秩序。[②] 在主要是社会法学派的努力下，人们对于“法”的理解开始逐步脱离出“国家”情节。于是，罗豪才教授等尝试着把法的定义修正为：“法是体现公共意志的、由国家制定或认可、依靠公共强制或自律机制保证实施的规范体系”。此定义将法体现的国家意志拓展为公共意志，包括社会组织和社会共同体意志；将法的制定方式由国家直接认可或明示拓展至间接认可或默示；将法的实施方式从依靠国家强制力保证实施修正为依靠公共强制力（包括国家强制力与社会强制力）与自愿服从两种类型。[③] 经此概念的修正，软法得以被纳入“法”的范畴。

二、“平衡论”奠定理论基础

“平衡论”是我国行政法基础理论中非常有影响力的一种学说。在罗豪才教授等发表的《现代行政法的理论基础：论行政机关与相对一方的权利义务平衡》中，他们明确提出，现代行政法不应是管理法或者控权法，而应当是平衡法。在平衡论的观点下，行政权力与公民权利的设置应当是平衡的，运用制约、激励与协调机制充分发挥行政主体与相对方的能动性，维护法律制度、社会价值的结构均衡，促进社会整体利益的最大化。[④] 平衡论为我国软法理论的诞生和发展奠定了基础。平衡论强调行政法中要贯彻主体尊严、平等、合

---

① ［奥］尤根·埃利希：《法律社会学基本原理》，叶名怡、袁震译，九州出版社 2007 年版，第 62 页。

② ［美］诺内特、塞尔兹尼克：《转变中的法律与社会》，张志铭译，中国政法大学出版社 1994 年版，第 81—82 页。

③ 罗豪才、宋功德：《软法亦法——公共治理呼唤软法之治》，法律出版社 2009 年版，第 202 页。

④ 罗豪才：《中国行政法的平衡理论》，载罗豪才等著：《行政法平衡论讲演录》，北京大学出版社 2011 年，第 6 页。

作等价值要素，要正视与行政权相对一方的私营企业、社会组织等其他主体有可能在公共治理中扮演重要角色。[①] 这些主体均可为软法的制定主体。平衡论强调行政权与公民权的平衡，主张行政法各主体都可进入行政过程之中，表达各自利益诉求，进行平等博弈。而为了使不同主体之间协商、沟通，需要更有灵活性和回应性的规则，这些规则多为软法。平衡论还强调权利与义务在制度设计上的平衡，这就必须改变以往"控制—命令"式的管理方式，增加多样化的、柔性的行政手段以增加公民权利的保障。而这些手段多以软法形式来实现。[②]

需要指出的是，以上关于软法兴起基础的分析是从国内软法的角度来展开的。事实上，软法起源于国际法，最早出现在环境保护领域。随着全球经济一体化的发展，全球性的环境问题日益突出。而环境问题往往跟各国工业发展水平、民众的生活方式等密切相关，涉及的利益纷繁复杂。要在各国之间达成共识形成具有强制力的国际公约，必然涉及到各国之间的综合博弈，往往耗时耗力。针对这种情况，国际法主体退而求其次，先以不具备法律强制力的软形式通过各种决议、宣言，以求尽快凝聚各国的共识。国际软法一般由此而来。

第二节 软法的内涵、外延和特征

一、软法的内涵

软法（soft law）概念最早产生于国际法的实践中，至今还未形成较为统一的通说。在国际法语境下，软法通常是指国际法主体间达成的不具有严格意义上法律约束力的国际协议，包括非条约义务（non-treaty obligations）、国际组

① 王瑞雪：《我国软法理论的溯源、建构与发展》，载《学习与实践》2017年第9期。

② 王瑞雪：《我国软法理论的溯源、建构与发展》，载《学习与实践》2017年第9期。

织决议(international organization resolution)、行为守则(code of conduct)、指南(guideline)等。在国际文献中,有多种相近的表述,比如,软规则(soft rule)、软规制(soft regulation)、软治理(soft governance)等。弗朗西斯·施耐德(Francis Snyder)教授将软法定义为"原则上没有法律约束力(legally binding force),但可能产生实际效果(practical effects)的行为规则"①。埃里克·波斯纳(Eric Posner)教授认为,"软法是一套没有中央的权威加以创设、解释和执行的规则"②。奥利·洛贝尔(Orly Lobel)教授则认为,软法是在私域内确立和实施的混杂交织的行为规则。③ 学者洛美·索辛(Lome Sossin)认为,软法是行政主体发布的"非法律性的指导原则、规则和行政政策,包括诸如非正式的指导方针、信函、操作备忘录、指令、守则和口头指示等形式"。④ 在国外学者眼里,大致可以将软法归纳为没有国家权威加持,但是却有实际效力的非法律性行为规则。需要指出的是,国外学者多持实用主义立场,倾向于将软法视为一种治理手段或是一种争端解决机制,⑤因此,似乎更重视"软法"中"软"的一面的应用,而对其"法"的属性讨论不多。

在国内,软法的内涵也是在与硬法的比较中展开的。硬法(hard law)一般指由专门的国家机关制定且依靠国家强制力保障实施的法律规范,即上文中所述的传统理论中的"法"。作为软法的权威学者,罗豪才教授认为,软法是指那些效力结构未必完整、无需依靠国家强制保障实施,但能够产生社会实效的法律规范。⑥ 姜明安教授认为软法是非典型意义上的法。在他看来,软

---

① Francis Snyder, Soft Law and Institutional Practice in the European Community, in Steve Martin(ed.), *The Construction of Europe: Essays in Honour of Emile Noel*, Kluwer Academic Publishers.

② [美] 埃里克·波斯纳:《法律与社会规范》,沈明译,中国政法大学出版社 2004 年版,第 46 页。

③ Orly Lobel, "The Renew Deal: The Fall of Regulation and the Rise of Governance in Contemporary Legal Thoughts", in *Minnesota Law Review*, Vol.89, 2004, at p.389.

④ Lome Sossin, The Rule of Policy: Baker and the Impact of Judicial Review on Administrative Discretion, in David Dyzenhaus(ed.), *The Unity of Public Law*, Oxford: Hart Publishing, 2004, at p.89.

⑤ 黄学贤、黄睿嘉:《软法研究:现状、问题、趋势》,载《公法研究》2012 年第 1 期。

⑥ 罗豪才、宋功德:《认真对待软法》,载《中国法学》2006 年第 2 期。

法首先是法，因为软法规范人们的行为和社会关系，且具有民主性、公开性、普遍性和规范性。其次，软法是非典型的法，因其制定主体是非国家的人类共同体，并且不由国家强制力保障实施，其争议一般由民间调解、仲裁机构处理或争议当事人自行协商解决。① 梁剑兵教授认为，软法主要是指被国家制定、接纳和默认的、以非正式的柔性强制手段实现其功能和效力的法规范及其原则与理论的制度体系。② 程迈在将“法”定义为“由一定人类共同体制定的行为规范”的基础上，进而认为软法是指共同体成员协商一致同意制定的，由成员的自我约束来保证实施的行为规范。③ 可以看到，国内学者不但从制定主体、实施手段等方面阐述了“软法”中“软”的一面，但最终落脚点却都归于“法”，即软法亦法。当然，这必须要建立在修正传统“法”定义的基础之上。

本书认为，在对软法的界定上，西方学者似乎重视软法的实际效果，而中国学者似更热衷于讨论软法的属性。软法的界定，应该各取中西所长，既要体现软法最突出的实用特点，以便于人们把握软法的主要作用或功能，又要揭示“软法属于法”的这一本质，以便于人们能够将其与其他具备类似作用或功能的规则相区分。同时，软法的内涵还要尽量精练，以便于人们的记忆。但是，由于中西方学者的定义路径不一，简单地将两边有代表性的要素拼接起来，有可能会产生逻辑上的混乱。比如，在国际法领域比较公认的上述施耐德教授的定义，突出了软法的“实际效果”，但其逻辑前提是实际效果有别于法律效果。倘若直接将其“没有法律约束力但有实际效果”的特征要素与我国学者语境中的“软法亦法”直接嫁接，则会出现“软法没有法律效果，但却是一种法规范”的逻辑混乱，因为法规范应该是有法律效果的。而要采用我国学者的“软法亦法”的定义模式，也必须要接受“法”定义的修正：“法”不再是国家的

① 姜明安：《软法的兴起与软法之治》，载《中国法学》2006 年第 2 期。

② 梁剑兵：《认识软法》，《检察日报》2014 年 4 月 3 日。

③ 程迈：《软法概念的构造与功能》，载《金陵法律评论》2009 年春季卷，第 111—112 页。

垄断之物。这里，本书赞同毕洪海学者的观点："法是体现公共意志的，由公共机构制定或认可、依靠公共强制或自律机制保证实施的规范体系"。① 因为该观点较之前述程迈学者的"法是一定人类共同体制定的行为规范"的观点，更有利于区别法与其他社会规范，同时也因为不再将软法制定局限在国内主体，较之前述罗豪才教授的"法体现公共意志且由国家制定或认可"的观点，显得更有包容性。但本书在毕洪海学者观点的基础上，将"法"的创制主体修正为"一定的共同体"，这样较之原观点中的"公共机构"，包容性更强，也更适合本书主题的研究。此外，为避免"法律约束力"与"实际效力"产生的含混，本书赞同江必新教授的观点，软法效力是一种法律上的作用力，而非现实或道德上之力。一个有生命的法规范既有效力，这种效力必然是法律效力，并可统摄和衍生"实际效力"或"道德效力"。② 如此，本书界定下的软法内涵为：软法是由一定的共同体制定或认可，不直接依靠国家强制力保障实施但仍有法律效力的法规范。

二、软法的外延

国内学者就软法的外延有不同的观点。罗豪才教授认为，软法包括四大类制度安排：一是法律、法规和规章中那些逻辑结构不完整，旨在描述法律实施或者具有宣示性、号召性、鼓励性、促进性、协商性、指导性的法规范；二是国家机关创制的诸如纲要、指南、标准、规划等未纳入《立法法》调整范围的规范性文件；三是各类政治组织创制的旨在解决执政、参政、议政等政治问题的自律规范；四是社会共同体创制的自治规范。③ 宋功德教授认为公域软法的主

---

① 毕洪海：《软法的类型化》，载罗豪才、宋功德编：《软法与治理评论》（第一辑），法律出版社 2013 年版，第 123 页。

② 江必新：《论软法效力——兼论法律效力之本源》，载罗豪才、宋功德编：《软法与治理评论》（第一辑），法律出版社 2013 年版，第 35—36 页。

③ 罗豪才、宋功德：《软法亦法——公共治理呼唤软法之治》，法律出版社 2009 年版，第 3—4 页。

要渊源包括五类:政法惯例、公共政策、自律规范、专业标准以及弹性法条。①姜明安教授认为软法包括六大类型:(1)行业协会、高等学校等社会自治组织的章程、规则、原则;(2)基层群众自治组织的村规民约;(3)人民政协、社会团体章程、规则、原则、纲领等;(4)国际组织的章程、规则、原则;(5)法律、法规、规章中没有明确法律责任的条款;(6)执政党和参政党的党规。学界对软法类型数量讨论最多的当属梁剑兵教授在其论文中列举的12类:(1)国际法;(2)国际法中那些将要形成但尚未形成的不确定的规则和原则;(3)法律的半成品,即正起草但尚未公布的法律、法规;(4)法律意识与法律文化;(5)道德规范;(6)民间机构制定的法律,如高等学校、国有企业制定的规范、规则;(7)"两办(即中共中央办公厅和国务院办公厅)"的联合文件;(8)程序法;(9)法律责任缺失的法条或法律;(10)仅有实体性权利宣言而无相应程序保障的法条或法律;(11)法律责任难以追究的法律;(12)执政党的政策等柔性规范。②需要指出的是,梁剑兵教授只是综合了多家学者之言,列举了上述12类软法,但并不代表其本人完全认同其中所有的类型。

本书认为,对软法的类型不宜列举过多,否则会给人以一种软法泛化的印象,可能危害法律规则的统一。可根据一定标准,将软法进行划分之后再列举分类为宜。本书首先将软法分为国际软法和国内软法。国际软法包括各种国家之间、国际组织之间以及国家和国际组织之间制定的没有强制约束力的法规范,包括宣言、原则、框架、建议、标准、准则、指南等。③ 国内软法又可以分为国家软法和社会软法两大类。国家软法包括上述国家立法中效力结构不完整或者宣示性、倡导性的法律规范,以及国家机关创制的诸如纲要、指南、标

① 宋功德:《公域软法规范的主要渊源》,载罗豪才等:《软法与公共治理》,北京大学出版社2006年版,第189—203页。

② 梁剑兵:《软法律论纲——对中国法治本土资源的一种界分》,载罗豪才等:《软法与公共治理》,北京大学出版社2006年版,第331页。

③ 有关国际软法的概念,参见本书第七章第一节之内容。

准、规划等未纳入《立法法》调整范围的规范性文件。社会软法则指所有社会共同体创制的自治规范,包括行业组织、高等学校章程和规则、基层群众自治组织的村规民约、政党或人民团体制定的章程或规则等。

三、软法的特征

软法虽然规范形态各异,但作为一种法规范,具有一些共性特征。第一,软法反映公共意志,这其中包括国家意志,以及其他共同体的公共意志,当然两者之间不能冲突。第二,软法的制定主体具有多样性。从以上对软法的界定来看,软法的制定主体包括国家、政治组织、社会组织等多个共同体。第三,软法的制定与实施具有较高程度的民主协商性。软法在制定和实施的过程中实行较为彻底的开放:向公众开放,向相关利益群体开放,向各种利益诉求开放,并且在开放过程中注重对话与沟通,强调共识与认同,最大限度地基于合意作出公共决策。同时,商谈也是软法概念正当性获得证立的途径。[①] 第四,软法的适用范围具有不确定性。国家软法可以在全国范围内被普遍遵守,而社会软法一般只对其成员适用。第五,软法是行为规则,其规范性更侧重于为相关主体提供行为导向。软法主要是通过描述背景,宣示立场,确立框架、原则,明确配套措施等各种方式,正面要求相关主体为或者不为某种行为,通过为其提供行为导向的方式施加影响,促使软法目标的实现。第六,软法的实施不以直接的国家强制力作为保障。软法的法律效力主要依靠人们内心的自律或内部监督和外在的社会舆论、同行监督等保证,以及借助激励机制,因势利导。软法也可以动用社会公权力来实现规范目标,比如社会组织依据的管理权力对违反内部自治规范的会员施加处分。在一定情形下,软法也仰赖间接的国家强制力来保障其实施。比如,产业政策往往依靠背后的国家权威、国家

① 沈岿:《"软法"概念正当性之新辩——以法律沟通论为视角》,载《法商研究》2014 年第 1 期。

强制力的某种暗示或影响来实现。① 一些学者还论证了软法的其他特征。比如,张龑认为,软法的核心特征在于常规性,即法规范义务成为国家成员的生活常态。软法是规范性和常规性的结合,以使现代人的自由意志及其立法经过世代积淀成为共同体的文化和生活方式。②

需要指出的是,软法虽然也是一种社会规范,但区别于道德和习惯。软法是一种法规范,含有权利和义务的配置,有一定的制定程序和实施机制,具有外在约束力。道德主要确定人们的义务,通过影响人们行为的内在目的、动机,依靠内心自律和社会舆论来规范人们的行为。而习惯则是一种长期养成的行为倾向或社会风向,并非行为规则,是人们自然而为所致,无需外在约束。当然,习惯经过一定共同体认可后可形成"习惯法",具有外在约束力,则另当别论。

第三节　软法的作用及缺陷

一、软法的作用

无论在国际法层面,还是在国内法层面,软法都发挥了积极的、独特的作用。

（一）国际法层面的作用

1. 国际软法的示范作用

国际软法形成的原因,大多是因为国际法主体尚未能就制定相关国际公约达成共识,转而退而求其次的结果。这其中多数情况是国际法主体在某些重要事项上的相关利益尚不明确,导致在制定有约束力的国际公约时

① 罗豪才、宋功德:《认真对待软法》,载《中国法学》2006 年第 2 期。
② 张龑:《软法与常态化的国家治理》,载《中外法学》2016 年第 2 期。

显得犹豫不决。而国际软法因没有强制约束力，一般无须立法机关批准，具备更大的灵活性和自由度。因此，许多国际法主体对于加入某项国际软法不会显得犹疑不决。一旦国际软法在实施过程中显示出了良好的效果，相关的利益越来越明确，这会促使更多的国际法主体愿意参与到软法的实践中来，进而形成国际共识，推动国际硬法的创建。国际软法中的《巴塞尔协议》所创立的规则和标准，虽没有强制约束力，但在长期的实践中起到了很好的示范和协调作用，获得了全球范围内多数国家的认同和遵守，推动了各国金融监管机构的合作，一些国家已将其转化为国内硬法。尤其就某些敏感领域，一时尚难以满足制定国际条约的条件，但又形势所迫需要一定的国际规范进行调整时，国际软法更是能起到填补空白的作用。比如，国际人权领域。①

2. 国际软法的辅助和补充作用

当今世界，全球范围内都存在法律制度供给不足的情况。一方面，这是由于国际硬法制定周期较长，从时间上难以匹配制度需求的步伐。另一方面，也是因为各国有着不同的政治、经济、文化差异，加大了制定统一国际硬法的难度。国际软法因其灵活性和专业性，能够弥补传统国际硬法的不足，起到辅助和补充的作用。比如，国际金融硬法调整的领域较为有限，仅涉及国际货币体系安排以及金融服务贸易多边纪律等有限事项。而在有关银行业、证券业、保险业、反洗钱等领域，国际金融硬法存在大量的空白，需要国际金融软法辅助和补充。② 因此，如果说国际硬法是国际法律秩序大厦的主架，那么国际软法就是这座大厦的支架，两者相得益彰，共同支撑起了整个国际法律秩序。③

① 何志鹏、尚杰：《国际软法作用探析》，载《河北法学》2015 年第 8 期。

② 漆彤：《2020 年的国际法：国际金融软法的效力及其趋势展望》，载《环球法律评论》2012 年第 2 期。

③ 陈海明：《国际软法在国际秩序中的作用》，载《新疆社科论坛》2010 年第 1 期。

（二）国内法层面的作用

1. 软法有助于全面依法治国的实现

党的十八大以来，以习近平同志为核心的党中央提出了全面依法治国的新战略。全面依法治国是坚持和发展中国特色社会主义的本质要求和重要保障，在协调推进"四个全面"战略布局中，全面依法治国具有基础性、保障性作用。党的十九大把"法治国家、法治政府、法治社会三位一体的建设"确立为基本实现社会主义现代化的重要目标。在这"三位一体"建设中，软法对于法治社会的实现有着尤为重要的助推作用。长期以来，我国公民主体意识较为淡薄，更习惯于作为法律实施的对象而存在，缺少在法律制定和实施过程中的积极参与。软法的核心理念，在于其强调规则的合法性来自于共同体通过协商和沟通形成的认可。因此，在软法实践的推动下，共同体成员能够增加其在体系内部规则制定方面的主动性，进而培养他们在社会法治领域中的主体意识。软法的实践还有助于培养公民的规则意识。再者，传统的硬法观念下，公民一般仅有守法意识，而对法律之外的规则的遵守程度不高。"软法亦法"的定性，让那些社会共同体所创制的行为规则从以前的边缘角色一跃成为与硬法一样的"法治主角"，有助于完善并强化我国公民的规则意识，也有助于"自我约束、自我管理、自我发展"等法治社会理念的普及。① 此外，"软法亦法"的定性，有助于指导和促使一些社会规范的改进和完善。传统硬法观念下，一切社会规范皆非"法"。这种观念阻碍了社会规范以"良法善治"为目标的自我完善。而"软法亦法"的定性，让一部分曾经的社会规范有了"法"的地位，不但能够让这些规范以"法"的身份从严要求自己，还能起到一定的示范作用，辐射其他非软法的社会规范，促使其也以法治精神和法的理论为指导加强自身的建设。

2. 软法能够弥补硬法的不足

国内软法在弥补硬法不足的这一点上与国际软法有着相同的作用。一方

① 石佑启、黄喆：《论法治社会建设中的软法之治》，载《法治社会》2016 年第 1 期。

面，软法能够起到硬法所不具备或不擅长的作用。作为社会关系的调节器，法律有着诸多的基本功能，法律不但要惩恶，也要扬善。一般而言，硬法更侧重于制裁与惩罚，更重视命令与规制。而软法更侧重于宣示与评价，更重视教育与引导。因此，软法刚好弥补了硬法功能的欠缺，能够与硬法互相配合，相得益彰，共同承担法律的基本功能。另一方面，软法能够给硬法提供全流程的辅助服务。首先，软法可以充当硬法的试验田。针对纷繁复杂的社会关系，实践中需要大量的法律规范予以调整。然而，硬法有其严格的立法程序，也有其固有的保守品质，不可能对新兴事物做到迅速回应。而软法因其灵活性和回应性的特点，可以在硬法出台之前对新兴事物形成规范，为硬法的创制积累经验，具有试验立法的意义。其次，软法可为硬法"搭支架"。硬法因其全面的普适性，往往只能就全局性的、一般性的事项予以规制。因此，硬法多设置一般性、抽象性的法律条款，尤其在涉及科学技术等专业领域，硬法多作原则性规定。而软法因为其专业性，可以在硬法所触及不到或者不便触及的领域发挥重要的规范作用。软法还因为注重指标和细节，可增强硬法的可操作性。这样，硬法作为骨干基础，软法作为旁系支架，两者共同撑起了整个法律规范体系。最后，软法可以为硬法充当调试员。在硬法颁布之后，软法可以通过法律原则、司法判例等，对硬法的适用施加影响，以避免硬法适用中可能的偏离风险。并且，软法所推行的多元纠纷化解机制，还有助于节约国家司法资源，降低法治成本。

二、软法的缺陷

软法虽然具备较多优点，但同时也存在一些缺陷。在理论上，有学者认为，软法作为一种规制现象并非为概念所塑造，而仅是被概念所描述。软法的称谓本是经验的产物，其概念定义充满争议。① "软法亦法"的观点在学界仍然存在较多的争议。有学者认为，软法论者以能否运用国家强制力保障实施

① 邢鸿飞、韩轶：《中国语境下的软法治理的内涵解读》，载《行政法学研究》2012 年第 3 期。

为标准将法范畴分为软法和硬法，其实质是从保证法实效实现中的认同与强制二要素进行的机械分离，有可能引发软法理论与既有的国家法理论之间的冲突。在我国法治环境质量还不够好的情况下，不适当地提倡软法可能会减损硬法的正当性，给法治建设造成负面影响，可能会导致民众诉讼权利的剥夺等。① 还有学者认为，软法概念的宽泛，将硬法以外所有社会规则都归于其中，法律是否有这样的能力担负如此重任？且软法概念过于宽泛会导致将软法等同于社会规范，从而混淆不同社会规则之间的本质差异。② 在实践中，软法也有可能存在创制和实施过程中理性的不足。由于软法长期以来未获得"法"的身份，导致它既得不到法治精神的熏陶，也不受法治原则的约束，而普遍存在于软法创制与运行过程中的各种非理性因素得以乘虚而入，使得原本期望能助力解决硬法难题的软法自身也有可能出现新的合法性、公平性难题，比如，创制动机不纯、创制依据不足、创制主体越位、创制过程封闭、权责不对称、监督救济缺位等。③

本书认为，在"法是什么?"——这样根本的命题仍然存在争议的今天，"软法亦法"因修正了传统"法"的概念而导致较多的学术争议，这不足为奇。在概念上，软法确实要注意与其他社会规范相区别，否则将严重影响自身的科学性。至于软法会给法治建设造成负面影响的问题，比如，"……使得国家法分割为部分软法和部分硬法，这就完全可能使得民众对国家法的整体敬畏变成了仅对硬法的敬畏……硬法法治尚未实现，更遑论'软法法治'"这样的观点，④这似乎仍是"国家—控制"法范式思维下对软法不信任的结果。事实上，在推动中国法治建设的进程上，软法论者大多都主张要软硬法混合协同治理。软法与硬法之间

---

① 杨海坤、张开俊:《软法国内化的演变及其存在的问题——对"软法亦法"观点的商榷》，载《法制与社会发展》2012 年第 6 期。

② 王学辉、邵长茂:《"软法"是这样的一个童话吗?》，载于中国宪法行政法法律网，转引自黄学贤、黄睿嘉:《软法研究:现状、问题、趋势》，载《公法评论》2016 年第 1 期。

③ 罗豪才、宋功德:《认真对待软法》，载《中国法学》2006 年第 2 期。

④ 杨海坤、张开俊:《软法国内化的演变及其存在的问题——对"软法亦法"观点的商榷》，载《法制与社会发展》2012 年第 6 期。

不是“非此即彼”的竞争关系。在两者互相配合、有效衔接的前提下,应该不会出现某一方严重影响对方的情况。对于软法在实践中可能存在的理性不足,这确实是需要软法努力改进和完善的地方,这本身也说明了软法精神内核所追求的民主协商、自律与他律相结合的重要性。软法并不能因其灵活性而放松其合法性要求,仍然需要在法治的轨道上,接受硬法、道德等方面的约束。然而,这也只能归结为软法的应然和实然之间的差距,就此类问题而言,硬法也“同病相怜”。

第四节 软法治理

一、公共治理及其兴起

(一)“治理”的含义

公共治理是由开放的公共管理与广泛的公众参与二者整合而成的公域之治模式,具有治理主体多元化、治理依据多样化、治理方式多样化等典型特征。① “治理”一词源于英语词汇“governance”。英语中的“governance”一词可以追溯到中世纪,长期与“government”(统治)一词交替使用,用以表达与国家公共事务有关的活动。20 世纪 90 年代以来,西方学者赋予“治理”新的含义,该词在政界和学界开始得到广泛使用。詹姆斯・罗西瑙(James Rosenau)将“治理”定义为:“一系列活动领域内的管理机制,它们虽未得到正式授权,却能有效发挥作用。与统治不同,治理指的是一种由共同目标支持的活动,这些管理活动的主体未必是政府,也无须靠国家的强制力量来实现;治理既包括政府机制,但同时也包括非正式、非政府的机制,随着治理范围的扩大,各色人和各类组织得以借助这些机制满足各自的需要,并实现各自的愿望。”②另一

① 罗豪才:《公共治理的崛起呼唤软法之治》,载《政府法制》2009 年第 5 期。

② [美] 詹姆斯・罗西瑙:《没有政府统治的治理》,剑桥大学出版社 1995 年版,第 5 页,转引自俞可平:《全球治理引论》,载《马克思主义与现实》2002 年第 1 期。

位权威学者格里·斯托克在总结各家之言之后，提出了五种主要观点：(1)治理意味着一系列来自政府，但又不限于政府的社会公共机构和行为者。此概念下，政府不是国家唯一的权力中心，各种公共和私人机构都有可能成为不同层面上的权力中心，只要它们获得了公众的认可。(2)治理意味着在为社会和经济问题寻求解决方案的过程中，存在着界线和责任方面的模糊性。它表明，现代社会国家正在把原先由它独自承担的责任转移给公民社会，即各种私人部门和公民自愿性团体，后者正在承担越来越多的原先由国家承担的责任，以至于国家与社会、国家与这些部门之间日益模糊的界线。(3)治理明确肯定了在涉及集体行为的各个社会公共机构之间存在着权利依赖，即致力于集体行动的组织必须依靠其他组织；为此目的，各个组织必须交换资源、谈判共同的目标；交换的结果不仅取决于各个参与者的资源，也取决于游戏规则以及进行交换的环境。(4)治理意味着参与者最终将形成一个自主的网络，在某个特定的领域中拥有发号施令的权威，它与政府在特定的领域中进行合作，分担政府的行政管理责任。(5)治理意味着办好事情的能力并不限于政府的权力，不限于政府的发号施令或运用权威。政府可以使用新的方法和技术更好地对公共事务进行控制和引导。①

许多国际组织或地区组织也对“治理”有过描述。这其中有代表性的定义来自联合国全球治理委员会：治理是各种公共的或私人的个人和机构管理其共同事务的诸多方式的总和。它是使相互冲突或不同的利益得以调和并采取联合行动的持续的过程。这既包括有权迫使人们服从的正式制度和规则，也包括各种人们同意或以为符合其利益的非正式的制度安排。②

我国学者俞可平教授对治理的研究最有影响力。他认为“治理”的基本

① [英]格里·斯托克：《作为理论的治理：五个论点》，华夏风译，载《国际社会科学杂志》(中文版)1999年第1期。

② [瑞]英瓦尔·卡尔松、[圭]什里达特·拉法尔编：《天涯若比邻——全球治理委员会报告》，中国对外翻译出版公司1995年版，第2页。

含义是官方的或民间的公共管理组织在一个既定的范围内运用公共权威维持秩序，满足公众的需要。治理的目的是在各种不同制度关系中运用权力去引导、控制和规范公民的各种活动，以最大限度地增进公共利益。① 他同时归纳了治理的四个特征：(1)治理是过程；(2)治理过程的基础不是控制，而是协调；(3)治理既涉及公共部门，也包括私人部门；(4)治理不是一种正式的制度，而是持续的互动。②

综合中外权威学者的各种定义，本书将“治理”总结为：多元化主体在以追求社会整体利益最大化的目标统领下，协调各方利益，并采取合作的方式进行公共事务管理的持续性过程。

（二）公共治理兴起的原因

公共治理兴起的主要原因有二：一是西方福利国家出现的“政府失灵”。二战以后，各国政府为重建国计民生，振兴经济，改善人们生活，朝着涵盖人们“从摇篮到坟墓”大部分生活的“超级保姆”方向发展，这势必导致国家权力的无限膨胀。至20世纪70年代，西方国家开始普遍面临福利国家危机：机构臃肿不堪，服务低质恶劣，工作效率低下，公共财政入不敷出，同时还引发了诸多的社会问题和文化问题。与此同时，非政府组织崛起，社会自治力量增强，自发社会活动愈加增多。西方民众开始逐渐反思政府在公共管理中的作用，对其认同感降低。在此背景下，西方国家公共行政领域兴起了一场大变革，即“新公共管理运动”。完全由政府部门垄断的公共事务逐步转向政府主导、社会共同参与的公共事务治理。二是全球化公共问题的产生。随着全球化的加速发展，国家与国家之间的联系日益密切，一国的问题不再局限于国内，而有可能成为全球性的问题，比如，人口老龄化、金融危机、恐怖活动、环境恶化等。面对着这些不断涌现的全球化公共问题，人类和人类赖于生存的地球，正面临

① 俞可平：《全球治理引论》，载《马克思主义与现实》2002年第1期。
② 俞可平：《全球治理引论》，载《马克思主义与现实》2002年第1期。

着前所未有的威胁和挑战。在全球化的背景下，任何一国都难以独善其身，只能通过相互间的协商、合作、互助、共赢，才能有效解决全球化公共问题。在这两种主要原因的促使下，公共治理应运而生。

二、软法之治与公共治理的耦合

公共治理的兴起为软法之治提供了可能。第一，软法符合公共治理的内在要求。公共治理模式有两个基本原则：辅助原则和比例原则。① 前者是一种规范社会组织的基本原则，即在一个社会里直接影响人们生活的决定，应由最接近个人的小主体（个人、社会或地方）来作，只有在其不能胜任时，才由大主体（政府或中央）来接手。后者是德国行政法首创的基本原则，即政府若有必要采取行动，其行动手段尽可能适度，其程度应与其目标相符合。这两项基本原则表明公共治理对软法有着内生需求。前者意味着在个人或者社会组织能够自治的领域，政府无须介入。而这种自治注定只能由软法之治来完成。后者意味着，在硬法和软法手段皆能达到目的的情况下，公共治理的主体应该优先采用柔性的、激励的软法手段。

第二，软法符合公共治理的外在要求。现代社会是个崇尚法治的社会，公共治理也必须依法进行。如果说国家统治或公共管理模式主要仰仗硬法，那么，在公共治理模式下，软法将发挥更重要的作用。软法为公共治理保证了足够的规范供给。软法的创制主体更为多元，不但包括了有关国家机关，还包括其他的政治组织、社会组织等。软法的创制方式更为民主和灵活，包括协商一致、多数决定、公共参与等。软法创制的这些特点满足了公共治理对多重法律规范的大量需求。在方式和手段方面，罗豪才教授认为，公共治理的主体开放性决定了治理是一种公私合力的治理，不可能由政府部门垄断。因此，公共治理在方式和手段上，不宜再采用原先那种“命令—服从”式的硬性管理方式，

① 翟小波：《“软法”及其概念之证成——以公共治理为背景》，载《法律科学》2007 年第 2 期。

且必将随着非国家主体的介入使得治理手段发生软化。其次，公共治理的协商性意味着在治理过程中不但是私人部门的治理要依靠协调和商谈，而且在政府主导的管理方式和手段中，原有的国家强制力色彩也在逐渐淡化。[①] 可见，公共治理本身需要软法作为主要依据和方式、手段。软法之治与公共治理是同构同质的。就这一点而言，软法治理就是公共治理。

① 罗豪才、周强：《软法研究的多维思考》，载《中国法学》2013 年第 5 期。

第三章　网络空间治理的软法之维

网络空间并非远离现实世界的乌托邦。网络空间是建立在国家主权之下的“特区”。国家按其意志在“特区”内对网络设施、网络主体和网络行为拥有“最先权力”、“最终权力”、“普遍权力”，同时国家也有向其他国家主张对这三类对象享有的“单边权利”和“共治权利”以及相应的合作义务。① 网络空间的治理亦是在国家主权之下的治理。需要指出的是，网络空间主权并不损害网络空间治理的实施。网络空间主权衍生出的立法权、行政权和司法权贯穿了权力有限性和内容明确性的法治原则，而网络空间单边权利和共治权利也契合国际法。网络空间的治理离不开法治。因此，网络空间主权与网络空间治理并不相悖，反而为网络空间治理的开展提供法治秩序。

第一节　网络空间呼唤软法治理

一、网络空间法治化的根本要求

互联网的发明为人们开辟了一个崭新的生存空间——网络空间。在此

① 张新宝、许可：《网络空间主权的治理模式及其制度构建》，载《中国社会科学》2016 年第 8 期。

空间内，政府、企业、组织、个人之间相互连接，彼此互动，经济、文化、社会活动空前活跃。电子商务、大数据、物联网、人工智能等对人们生活的各个方面产生了深刻的影响。互联网在给人们带来生活便利乃至变革的同时，也产生了不少问题，比如，网络泄密、网络攻击、网络谣言、网络金融诈骗、个人隐私侵犯、网络知识产权侵犯等。互联网的开放性、去中心化等特点，更加大了治理这些问题的难度。如何有效地解决这些问题，以使互联网健康有序地发展，是党和国家面临的一个重大课题。网络空间不是法外之地，其治理离不开法治。党的十八届四中全会、党的十九大均提出了要加强网络空间法治化建设的要求。2020年中共中央印发《法治社会建设实施纲要（2020—2025）》，明确指出要推动社会治理从现实社会向网络空间覆盖，建立健全网络综合治理体系，加强依法管网、依法办网、依法上网，全面推进网络空间法治化。

随着互联网在人们生产生活渗透程度的不断加深，社会结构有朝着扁平化网状结构发展的趋势。在这种网状结构中，人与组织、人与社会的关系都将焕然一新。传统社会下那种单一的政府主导模式将会弱化，在网络空间中，政府与其他主体的关系不再是简单的主导和被主导的关系。基于共同利益和目标的互动式关系将成为主流形态。这些变化对治理理念和治理模式均带来了冲击。互联网思维强调“民主、开放、参与、共享”，网络空间的法治化，不应是简单的政府管制，不应仅靠硬法单行，而应是政府与社会、市场沟通互动、协作共建的秩序，实现政府、市场、社会的建设性合作。软法和硬法互相配合的混合治理模式应是网络空间法治化的新常态。

二、网络空间硬法治理的弊端

时至今日，我国主要还是采用硬法模式来治理互联网，虽然确有不少的成就，但也显露了以下一些弊端。

（一）立法上国家主义倾向较重，对互联网新业态、新模式回应性不够

近年来，我国在互联网领域的立法建设明显加快，一些互联网基础性的法律法规先后出台：《网络安全法》、《电子商务法》、《数据安全法》、《关键信息基础设施安全保护条例》、《个人信息保护法》等。一些互联网的法律、法规、规章和司法解释也修订或颁布，比如，《反不正当竞争法》、《著作权法》、《未成年人保护法》、《互联网信息搜索服务管理规定》、《互联网广告管理暂行办法》、《网络信息内容生态治理规定》、《关于审理利用信息网络侵害人身权益民事纠纷案件适用法律若干问题的规定》等。整体上看，我国已经基本上形成了涵盖网络安全立法、网络基础设施立法、网络服务立法、电子政务立法、电子商务立法以及网络刑事立法等多方面的网络空间硬法体系，对比若干年之前我国互联网重要立法近乎空白的局面，这已经算是一个不小的成就。然而，由于硬法通常是国家意志的体现，其制定具有明显的自上而下的国家建构主义色彩，即使立法过程中有向社会征求意见的环节，但因深度参与的程度有限，公共意志较为容易被国家意志所忽视或排斥，公众意见中的合理成分容易被遮蔽。① 这就导致目前我国互联网立法中管制型法律偏多，禁止性规范较多，更多地强调互联网企业和网民的相关义务及法律责任，而对这些网络主体的相关权益相对重视不够，权利保护方面的规范相对偏少。比如，有关个人信息保护的法律规定，虽然在《网络安全法》中已有设置，但因其更注重维护网络空间主权和国家安全，导致我国公民直到 5 年后的《个人信息保护法》出台，才算是有了真正意义上的第一部保护自身个人信息的法律。

此外，硬法存在着立法成本高和滞后性的"顽疾"，在面对互联网新业态、新模式时，往往不能迅速、灵活地作出回应，也就难以及时、有效地规制好这些

① 喻少如、陈琳：《Web 3.0 时代下网络社会的软法治理》，载《哈尔滨工业大学学报（社会科学版）》2019 年第 3 期。

领域出现的新问题。2016 年交通运输部等出台了《网络预约出租汽车经营服务管理暂行办法》,在当年,世界范围内由国家正式承认网约车地位的做法尚属罕见,但其实,自 2012 年起,各种打车软件早已席卷全国各大城市,相关平台公司争相抢夺市场份额,产生了不少的矛盾纠纷。面对网约车对传统出租车行业的"创造性破坏",政府部门一度仅是禁止了事,后又出现反复摇摆不定的态度,让平台和公众陷入无奈和等待。①

(二)执法上单向管制思维严重,激励创新不够

我国执法机关与其他社会主体的双向协商合作意识不强。一直以来,我国行政管理部门对待互联网大多套用传统管制的模式,即以事前许可加事后处罚为主要管理手段。比如,以互联网门户网站为例,想要获准经营,就必须申请增值电信业务经营许可证、网络文化经营许可证、信息网络传播视听节目许可证、互联网新闻信息服务许可证、广播电视节目制作经营许可证、互联网出版许可证等多达 10 余种许可证。这样传统的许可审批手段对于互联网企业的经营行为固然可以起到一定的规范效果,但同时也加重了互联网企业的经营负担,在互联网这一极度强调创新的领域里,繁重的行政审批有可能束缚互联网企业的手脚,压缩他们的创新空间。除此之外,行政管理部门在互联网执法过程中,过于强调自己的主导作用,缺乏与其他主体协商合作的意识。比如,就规范个人网店经营的问题,曾经国家工商总局主管的《中国工商报》发表过含有"自然人网店应办理工商登记"观点的文章。② 虽然之后国家工商总局局长表示不强制要求网店进行工商登记,但这至少在某种程度上可以反映出我国行政管理机关在面对互联网这一新兴事物时的传统惯性思维——倾向

---

① 《卸载打车软件,不如打个"政府补丁"》,人民网,2013 年 5 月 24 日,http://media.people.com.cn/BIG5/n/2013/0524/c40733-21599989.html,2021 年 10 月 8 日登录。

② 《工商总局:自然人网店应办理工商登记》,2016 年 1 月 26 日,https://www.maijia.com/news/article/89729,2021 年 10 月 8 日登录。

于将互联网的有关问题以自己熟悉的传统硬法机制予以单向解决，而忽视与其他主体协商合作。

（三）长期的硬法熏陶，使得网民缺乏软法的法治观念

网民的法治观念的形成是网络空间法治建设的重要内容，也是检验网络空间法治化水平的重要标准之一。应该看到，随着近年来我国互联网立法进程的加快，全民普法教育力度的加大，广大网民的法治意识相较以前还是有了一定的提升。虽然目前网络违法现象仍然猖獗，但是不少网民还是能做到自觉守法，并且在面临网购纠纷、网络侵权时，能够有意识地运用相关法律进行积极维权。然而，需要指出的是，目前大多网民法治观念中的“法”基本为硬法。比如，当个人信息泄露、垃圾信息频发时，大多数网民呼吁的是“国家出台一些相关的法律法规或政策”来保护个人隐私，而全然不知早在2004年制定的《中国互联网行业自律公约》中就有要求互联网从业者“自觉维护消费者的合法权益，保守用户信息秘密”的相关内容。网民软法思维的缺失至少会产生两点弊端。其一，由于缺乏对相关软法规范的了解，网民难以形成对参与主体违背自愿承诺的舆论压力，导致行业自律规则的约束力不强；其二，将规范网络空间视为仅由国家来承担的任务，而忽视了自己应有的主体地位，导致在网络空间法治建设中的参与度不高，积极性不够。

第二节 网络空间软法治理的现实性和优越性

一、网络空间软法治理的现实性

网络空间法治化属于“网络治理”（Internet Governance）这一概念下的重要内容，探讨软法之于网络空间法治化的重要性，有必要先了解“网络治理”

的概念。“网络治理”一般被认为是公共治理的新形态①，即在网络空间的公共治理。但“网络治理”到底有何具体所指？目前较为多见的是信息社会世界高峰会议（WSIS）的工作组在2005年提议的一个定义：“国家、私营企业和公民社会各自按照自己的角色制定和应用互联网的发展和使用过程中的原则、标准、规范、决策步骤和共同规划。”②虽然学界对于“网络治理”还未形成一个广泛接受的概念，相关的学术争议仍然很大，但综合相关文献，可以将“网络治理”这一主题大致分为两个领域：（1）互联网专门组织机构的制度以及有关互联网基础技术标准和结构等问题。比如，互联网名称与数字地址分配机构（ICANN）的组织结构以及其所管理的互联网协议地址的空间分配、通用顶级域名和国家地区顶级域名系统、根服务器系统等问题。又比如，互联网工程任务组（IETF）所涉及的互联网相关技术标准的研发和制定问题。（2）有关互联网应用及信息内容的治理问题。这个领域主要涉及互联网广泛应用于人们的政治、经济、文化等生活后所产生的各种问题，比如，电子商务的治理、电子政务的治理、网络谣言的治理、网络色情的治理、网络个人信息泄露的治理、网络知识产权侵权治理等问题。

网络治理所呈现的这些内容是与互联网自身特点紧密相关的。互联网是一个全球性的大网络，通过TCP/IP协议将全球范围内的各种信息设备相连接，以分层级（layered）的架构形式来实现全球范围内的信息传递和资源共享。具体层次结构，本书第一章已有阐述，故不再赘述。通过以上关于网络治理概念、内容的描述，结合互联网的自身特点，可以将网络治理的内生需求总结为这样几点：第一，主体的多元性。如前述互联网信息传递过程所揭示的那样，互联网的运行及应用需要多个主体的参与，计算机科学家、网络工程师、传输协议开发者、网络服务提供者、国家政府、各种应用软件开发者，以及广大的网民都是网络治理的利益相关人。第二，内容的广泛和关联性。如上所述，网络治理涉及的

---

① 郑扬波：《网络治理：公共治理的新形态》，载《社科纵横》2010年第11期。

② “Report of the Working Group on Internet Governance（WGIG）”，June 2005，p.4.

内容非常丰富,既包含通信协议等技术标准和规范,又包括应用互联网时所引起的各种政治、经济、法律等问题,并且前者对后者有着直接影响。第三,过程的协商合作性。这一需求其实是前两项需求的必然延伸。主体的多元、内容的广泛和关联必然要求各个主体加强协商合作才能治理好网络空间。第四,体系的透明开放性。互联网的核心价值是信息共享。为此目的,互联网的相关通信协议均是透明公开的,以最大程度上地促成不同信息终端之间的互连,也方便他人据此开发相关的应用软件。所以,网络治理也要遵循互联网的核心价值,需要打造一个透明开放的体系,需要包容不同主体之间的价值取向和利益诉求。

可以看到,软法在理念和机制等方面非常契合此种定义下网络治理的内生需求。软法摆脱了以往"国家—控制"法范式的桎梏,改变了以往政府与社会的二元对立和政府单向主导的观念,强调政府、社会和公民基于共同利益和目标的互动式关系,非常符合网络空间的去中性化特征。在主体上,强调多元主体共同参与;在内容上,涵盖了多个方面多种类型的规范;在制定过程中注重各方的平等协商,充分尊重各方意志的表达;在实施上,淡化国家强制力,以利益导向为机制,引入社会强制、激励、诱导等多种模式,协作共建秩序。相较于硬法,软法有着更大的透明性和开放性。软法的这些特征无一不在表明其与网络治理的高度匹配。事实上,网络空间的有效运行依赖于 TCP/IP 协议之类的技术规范,而这类规范可被归于软法。换言之,网络空间自一开始即是由软法支撑的,没有软法机制,网络空间将不复存在。

这里需要指出的是,上述联合国关于网络治理的定义是与其所主张的"多利益攸关方治理模式"(multistakeholder governance mode)联系在一起的。这一模式不预设"中心权威",强调国际社会公私主体之间通力合作,遵从由下至上的进路,共同治理互联网。这一模式看似完美,但其实在正当性和有效性两方面存在不少缺陷。① 比如,"多利益攸关方"指代模糊,一般网民和互联

① 张新宝、许可:《网络空间主权的治理模式及其制度构建》,载《中国社会科学》2016 年第 8 期。

网后进国家参与程度不高，影响了其正当性；该模式没有正视或回避“国家主权”这一重要议题，影响了其有效性。如本书第一章所述，网络空间的法律属性是一国主权之下，施行特殊法律制度的区域。因此，本书所主张的网络空间的软法治理是在国家主权之下的软法治理。上述有关软法契合网络治理内生需求的分析，只是在阐释软法治理之于网络空间的现实性。网络空间的技术性特征势必要求标准、协议之类的技术性规范得以有效设计和实施，这正是软法治理发挥显著作用的场所。但强调软法治理的现实性，并不代表本书赞同“多利益攸关方治理模式”。这一有忽视国家主权，甚有超越国家主权之嫌的、主要体现在国际法层面的治理模式，与本书所赞同的主要体现在国内法层面的“一元混合治理模式”（即宪法统领下的软硬法混合治理模式），是有明显区别的。

二、网络空间软法治理的优越性

采用软法模式治理网络空间能够带来许多硬法模式无法比拟的优势。

第一，软法规范制定程序灵活。硬法必须严格遵循法定程序，在面对网络空间层出不穷的新问题时，往往显示出较为严重的滞后性问题，在互联网很多领域内都曾出现过法律空白和监管真空。软法不像硬法那样刚性十足，软法的规范的制定快速灵活，渠道多元，不同类型的软法规范可以源于约定、协商、确认、认可等方式。① 这种灵活性使其能够及时应对网络空间层出不穷的新问题，能在较短的时间里满足网络空间某些领域内的秩序要求。比如，当搜索引擎服务产生较多法律纠纷而需要相关规范时，首先出台的是行业组织发布的《互联网搜索引擎服务自律公约》这一软法规范，而国家网信办的《互联网信息搜索服务管理规定》晚了四年才得以颁布。

第二，软法规范内容的针对性、专业性、技术性更强。硬法需要满足普

① 罗豪才、宋功德：《认真对待软法——公域软法的一般理论及其中国实践》，载《中国法学》2006 年第 2 期。

遍性的要求，其内容的针对性不会特别强。此外，网络空间许多问题都涉及比较专业性或技术性的内容，即使是国家相关主管部门都不一定能够充分把握，导致硬法规范在某些领域无法给出专业性的答案，甚至有时违背技术规律。而诸如网络服务提供者这类的软法制定主体，本身就具备相关领域的专业和技术优势，又最接近市场，由其制定出来的一些行为规则，既具备很强的针对性，又能够较好地符合行业和技术规律，具备实际操作性，还因为了解用户需求，存在较大的创新可能。比如，"七天无理由退货"这样的创新规则就是由平台这样的网络主体先行颁布实施的，并经实践证明了其可行性。

第三，软法实施机制多样，执行效果更佳。硬法相对固化的管理方式往往难以完全适应网络空间问题的复杂性。而软法的实施机制多样灵活，在解决某些具体问题时效果更佳。比如，在规范个人网店经营时，硬法实施机制主要通过强制工商登记、行政检查、行政处罚等手段来完成，在面对体量庞大、交易方式灵活的个人网店时，这样的管理方式往往难以奏效，并且也容易引发管理部门与店主之间的对立冲突，执行效果不佳。而通过网络第三方平台的某些软法机制，因其带有明显的自治契约色彩，能够获得店主较高的认可度，再加上其灵活多样的形式，比如，交付保证金、信用评级、先行赔付等，①能够起到较好的规范效果。

第四，软法的规制成本更低。硬法规范制定程序上的严格性，执行中的强制性，使其产生了较大的规制成本。而软法规范由于其制定主体通常熟悉某一特定领域，掌握相关的专业技术知识，制定程序较为灵活，再加上制定过程中的协作参与带来了较高的执行认可度，多以自律、互律机制来实施，因而规制成本更低。

① 成协中：《重视软法思维在自然人网店监管中的运用》，载《人民法治》2016 年第 4 期。

第三节　网络空间软法的类型和作用机制

一、网络空间软法的类型

（一）传统软法类型

网络空间中的传统软法种类丰富，主要有以下四种类型：(1)国家层面制定的决定、纲要、指南等具有指导性、号召性、激励性的政策文件。比如，国务院发布的《关于积极推进"互联网+"行动的指导意见》、《促进大数据发展行动纲要》、中央网络安全和信息化委员会印发的《提升全民数字素养与技能行动纲要》等。(2)法律、法规、规章等中不具有强制性约束力的规定。比如，《网络安全法》第6条之规定："国家倡导诚实守信、健康文明的网络行为，推动传播社会主义核心价值观，采取措施提高全社会的网络安全意识和水平，形成全社会共同参与促进网络安全的良好环境"。(3)互联网社会组织的自治规范。这类软法包括互联网社会组织颁布章程、自律公约、倡议等。比如，中国互联网协会颁布的《中国互联网协会章程》、《中国互联网行业自律公约》、《中国互联网协会携手腾讯共同发起网络安全倡议》。(4)技术标准。比如，工业和信息化部发布的行业标准《电信和互联网服务——用户个人信息保护分级指南》(YD/T 2782-2014)、中国互联网协会发布的团体标准《互联网企业社会责任报告编写指南》(T/TSC-0003-2020)。

（二）新型软法类型

网络空间还产生了其所特有的自治规范，比如，平台规则和代码/算法。平台规则指主要由互联网平台企业制定、修改、实施，用以规范平台有序运行和管理用户行为、涉及公共利益的自治准则，包括平台上的各种政策、条款、实施细则、规范等。本书认为平台规则符合大部分的软法特征，可以将其视为一种新型软法。具体论述，可参见本书第五章“网络空间新型软法之治——平台规则之治研究”之内容。

代码是一组由字符或符号组成的明确的指令序列。计算机程序就是一种代码。算法是一个跟代码相关联的计算机科学领域的术语。算法一般指为完成某一特定工作任务的一系列指令。两者都有指令序列的意思，但算法更侧重于解决问题的步骤。代码/算法可以用来调整人们行为，因而也是一种行为规则，在网络空间中发挥着巨大的作用。因此，将代码与同样是行为规则的法律联系起来是一件饶有趣味的事。美国学者劳伦斯·莱斯格对此有过影响深远的观点：“代码即法律（code is law）”。该观点意味着互联网的技术架构（architecture）——代码本身就是一种规制工具，它能够对人们在网络空间中的行为产生具体约束，而设计和运用代码的能力也可被视为一种规制权力。[①] 莱斯格的观点在于揭示网络空间的可规制性，这对于反驳早期网络空间乌托邦论者有着重要的意义。此处的“law”应该是指硬法。在硬法的视野里，只有特定国家机关制定的、以国家强制力保障实施的行为规则才能称之为“法”。因此，程序员编写的代码/算法肯定不是硬法，即“code is not hard law”。接下来的问题是，如果我们把“法”的范围拓展至软法，那么，代码/算法是不是软法呢？前已述及，代码/算法也是种行为规则，它从设计上规定了用户的行为能力，即规定了用户能做什么和不能做什么。代码/算法调整的对象是不特定的主体，因而具有普遍性。比如，一款APP的用户可能有数百万之多。最为关键的是，代码/算法的执行力的效率是最高的，胜过了一切人力实施机制，并且其执行的效果也是最好的：只要用户未采用技术规避手段，用户就只能接受代码/算法运行的结果，除非他退出网络空间。在算法推荐的情景下，用户甚至是在不知不觉中就接受了代码的规制。就这一点而言，代码/算法依靠技术力量，有着比依靠国家强制力保障实施的硬法更高的约束力。代码/算法大致

① Lawrence Lessig, Code: and other Laws of Cyberspace, Version 2.0, New York: Basic Books, 2006, pp.311-312.

有两点区别于软法。第一，代码/算法的制定主体多为程序员以及其他内部相关人员，很少呈多元化的特征；第二，代码/算法指令的内容多不公开。一般来讲，非开源软件的内容是不向外人透露其内容的。在商业环境中，一款 APP 的代码/算法更有可能被所有者以商业秘密予以保护。如此，考虑到它们不能完全满足软法的特征，代码/算法也许只能称得上是“类软法”（code is quasi-soft law）。或者，有学者将其称之为“物化软法”①。需要指出的是，在人工智能时代，代码/算法对人的规制更是从网络空间溢出到了现实世界。技术的飞速进步，谁也无法准确预料未来之事，当技术成熟到能完全实现“法律代码化”之时，代码/算法就一定是法了。

二、网络空间软法的作用机制

（一）自律机制

网络空间软法的自律与他律相对应，指的是网络空间软法通过道德原则或道德观念的内在约束，不断改变相关主体思想意识中不正确的地方，通过内心的自我约束来规范其外在的行为。② 上述的互联网行业组织中的自律公约主要就是依靠各成员的道德自律，最终实现软法治理的效果。软法作为一种法规范，为何可以像道德规范那样，通过自律的方式来实施呢？主要原因在于软法在制定和实施过程中非常强调民主协商，以最大程度地达成多元主体之间的共识。共识是相关主体对法规范产生认可的直接基础。在相关主体对软法产生认可的情况之下，再加上软法本身符合一定范围内社会对值得的、更好的“公共善”的认知与期待，③相关主体能将软法规则内化于心，内在地约束自己的行为。

---

① 梁剑兵、彭菲：《未来的法律：软法的物化形态》，载《上海法学研究》集刊 2020 年第 17 卷。

② 张清、武艳：《社会组织的软法治理研究》，法律出版社 2015 年版，第 87 页。

③ 沈岿：《论软法的有效性与说服力》，载《华东政法大学学报》2022 年第 4 期。

（二）利益诱导机制

根据经济学中的博弈论原理，博弈局中之人会通过对环境的判断，最终选择最有利于自己的行为策略。① 网络空间软法中采用这类机制的典型莫过于行政指导，比如《关于加强互联网信息服务算法综合治理的指导意见》。姜明安教授认为，行政指导是基于国家的法律、政策的规定而作出的，旨在引导行政相对人自愿采取一定的作为或者不作为，以实现行政管理目的的一种非职权的行为。② 行政指导通常依靠物质奖励、精神激励、提供技术信息等手段，激励相关主体在追求利益最大化的驱动之下，按照指导从事一定的行为。

（三）舆论监督

所谓舆论，就是公众的言论。舆论监督可以理解为公众通过发表自己看法的方式参与国家管理和社会生活。③ 我国宪法规定，公民有言论自由的权利和对国家机关及其工作人员批评建议的权利。这是公众可以实施舆论监督的法律基础。舆论监督在网络空间中是一种非常有效的作用机制。网络舆情传播速度快，波及面广，能够在短时间内产生强大的社会影响力，进而引发民众的人心向背，形成巨大的社会压力，敦促相关主体进行自律，遵守相应的软法规则。互联网行业组织在正式发布行业自律公约时，往往会举办相关的签约仪式，并通过互联网广而告之，是为舆论监督的实施奠定基础。

（四）内部惩罚

软法的外在拘束力很大程度体现在其内部惩罚上。软法规范通常不规定具体罚则，但是部分软法设有内部惩罚机制。一般这样的惩罚机制包括内部

① 张清、武艳：《社会组织的软法治理研究》，法律出版社 2015 年版，第 87 页。

② 姜明安：《行政法与行政诉讼法》，北京大学出版社 2015 年版，第 300 页。

③ 张清、武艳：《社会组织的软法治理研究》，法律出版社 2015 年版，第 87 页。

批评、警告、取消会员资格等方式。比如，中国互联网协会章程第十五条规定："会员如有违反法律法规和严重违反本章程的行为，经理事会或常务理事会表决通过，予以除名"。需要指出的是，如果将平台规则和代码/算法纳入到网络空间的软法范畴，那么这两类软法的惩罚机制在技术手段的加持下，具有极强的拘束力。比如，平台可以针对用户违规行为采取警告、销量不累计、屏蔽评论内容、评分不累计、信用积分清零、限制会员登录、限制投诉、延长交易超时等处罚措施。而代码/算法本身就是"立法者"和"执法者"两位一体的结合之物。正常情况下，用户对其制定的行为规则只有遵守的可能，除非自行退出。

（五）间接借助国家强制力

软法不具有国家强制力，但是这并不妨碍某些软法在治理过程中通过国家强制力的影响来实现治理目的。罗豪才教授等认为，部分软法目标的实现主要依赖国家权威，通过软法制度安排与硬法制度安排之间的复杂关联性，依靠国家强制力的某种暗示或影响，来促进软法目标的实现。① 这在国家软法这类软法类型上，往往体现得比较明显。由于制定主体为国家机关，在其国家强制力的影响之下，即使软法中没有具体法律责任之类的罚则，相关主体往往会基于一种敬畏心理遵守相关的软法规定。产业政策往往具备这样的作用机制，比如国务院印发的《新一代人工智能发展规划》。

① 罗豪才、宋功德：《软法亦法——公共治理呼唤软法之治》，法律出版社 2009 年版，第 373 页。

第四章　网络空间传统软法之治

——互联网行业自治研究

互联网行业自治是网络空间传统软法治理的典型代表之一。自 2001 年中国互联网协会成立以来，以其为主要代表的互联网行业组织在网络治理上已经探索了较长的时间，发挥了一定的作用。对互联网行业自治的研究，是解开“网络空间软法治理”主题的一把“实践之匙”。本章将以互联网行业自治的切面，检视网络空间软法治理的成效，总结其中的得失，进而提出相关的完善建议。

第一节　互联网行业自治的概述

一、基本概念

（一）互联网行业

要解释“互联网行业”的内涵，先得理解“行业”的概念。“行业”首先是一个经济领域的概念。根据《现代汉语词典》的解释，行业是工商业中的类别，泛指职业的类别，比如“饮食行业”、“服务行业”、“教育行业”。[①] 根据我

① 中国社会科学院语言研究所：《现代汉语词典》（第七版），商务印书馆 2016 年版，第 516 页。

国国家标准《国民经济行业分类》(GB/T 4754-2017)中的定义，行业是从事相同性质的经济活动的所有单位的集合。在社会的经济发展中，行业在社会结构中的地位逐步提升，在社会治理中的作用逐渐明显。张文显教授指出，“在现代社会，行业的发展逐渐取代了阶级的组织作用”。[①] 因此，从社会治理角度出发，将“行业”的理解局限在经济领域已不合时宜。刘刚博士认为，“行业”是社会的组成部分，具有很强的职业性和专业性特征，虽然我国的相关立法并未给其下一个法律上的定义，但它已从古老的经济概念变成了新生的法律概念，出现在大量的法律文本之中。[②] 本书赞同这一观点，但刘刚博士似乎并未在其论文中对“行业”下一个一般性的定义。王圣诵教授曾在文章中指出：“行业”是由特殊资格的人组成的特殊职业群体。[③] 这一定义虽然摆脱了传统经济概念的局限，但在“人”之前的定语“特殊资格”似乎把“行业”的人员构成限制在获得某种职业资格的人群之中，并且“行业”中蕴含的“同质性”意思未在该定义中有所体现。在借鉴前人成果的基础之上，本书认为，行业是基于相同性质经济活动之上形成的特定职业群体。

互联网(Internet)起源于1969年美国国防部的阿帕网，指的是由TCP/IP协议相互连接起来的信息终端所组成的、覆盖全球的国际网络。互联网作为一场全新的技术革命，前所未有地降低了人类获取和交流信息的成本，极大提高了人类的生产效率，并已渗透进政治、经济、文化、科技、社会等各个方面，对人类的生活产生了巨大的影响作用。本书将“互联网行业”定义为在通过信息网络进行信息传输和技术或内容服务经济活动中形成的特定职业群体。需要指出的是，本书讨论的互联网行业所涉及的经济活动，主要聚焦在上述《国民经济行业分类》文件中“信息传输、软件和信息技术服务业”行业门类下的“互联网和相关服务”行业大类所涵盖的多项具体职业，包括互联网接入及相关服务、互联网信

---

① 张文显：《法治与法治国家》，法律出版社2011年版，第203页。

② 刘刚：《行业法治研究》，吉林大学博士学位论文，2019年。

③ 王圣诵：《中国行业自治及其立法》，载《东方论坛》2001年第2期。

息服务、互联网搜索服务、互联网游戏服务、互联网平台服务、互联网安全服务、互联网数据服务等。由于互联网具有高渗透性，其已渗透到社会的各行各业，比如，互联网零售、互联网批发、互联网金融、互联网广告等，但根据同质性原则，这些“互联网+”行业仍然划归其所渗透零售、批发、金融、广告的行业大类。因此，根据宏观经济管理中的此种做法，同时也为了合理限定本书所讨论的范围，故本书所论的互联网行业并不涵盖以上“互联网+”所渗透行业的经济活动。

（二）行业自治

自治（self-regulation），是“个体或者群体缘于其特有的理性自主品格而管理其自身事务，并自行选择行为方式和承受行为效果的生存状态”。[①] 简言之，自治是独立的主体依据自己的意志，自主决定自身的一切事务。依据主体数量的多寡，自治可以分为个人自治和群体自治。前者通过单个具体的自然人来处理个人事务；后者是前者的延伸，是个人通过集群的方式来处理群体的公共事务，主要形式包括家庭自治和主要以共同体形式呈现的团体自治。[②] 行业自治无疑属于团体自治的一种，指的是同一行业共同体的成员，在不依赖外部代理人的情况下，为解决本行业所面临的共同问题，自行组织起来进行的内部利益协调、规则创制和实施、自我管理等活动，以实现本行业的公共利益。这里，有必要辨析一下“行业自治”与“行业自律”的关系。“行业自治”与“行业自律”概念相近，都有自我管理、自我约束的含义，在一些官方文件和学术文章中时有混用，但是，两者在内涵上其实有所区别。如康德所言，自治的主旨在于“自己立法，自己遵守”。[③] 因此，“自治”的概念涵盖了“自主”（autonomy）和“自律”（self-regulation）两个核心涵义。自主指主体在独立的法律人格

① 邓正来主编：《布莱克维尔政治学百科全书（中译本）》，中国政法大学出版社 2002 年版，第 693 页。

② 黎军、高俊杰、周卫：《行业自治研究》，中国社会科学出版社 2018 年版，第 16 页。

③ ［德］康德：《道德形而上学原理》，苗力田译，上海人民出版社 1986 年版，第 83—84 页。

下,具备自由的个体意志和独立的社会地位;自律则强调主体进行自我规划约束的能力和实践。[①] 具体到行业自治,自主指行业协会享有独立的法律主体地位,不受包括政府在内的任何其他主体的不当干预;自律则指行业共同体成员的自我决策、自我规范、自我约束、自我控制、自我管理、自我发展和自我实现。[②] 汪火根学者认为行业自治只涉及本行业内部成员之间的关系,而行业自律不仅涉及内部关系,也涉及本行业与行业外消费者、合作伙伴和社会公众等之间的关系。[③] 概言之,行业自治的自主性色彩更为强烈,具有积极主动地自我完善的意旨,而行业自律则相对消极,更强调内外部力量控制下的自我约束。行业自律是行业自治的基础,而行业自治是行业自律的归宿。[④]

二、互联网行业自治的必要性

根据 CNNIC《第 47 次中国互联网络发展状况统计报告》,截至 2020 年 12 月,我国网民规模达 9.89 亿,互联网普及率达 70.4%。我国已是全球网民数量最大的国家。互联网改变了人们的思维习惯、生活方式和社会关系,同时也带来了网络犯罪、网络谣言等治理难题。仅依靠政府对网络空间治理,已经出现了执法资源不足、技术人才不够、治理手段不完善、治理效果不理想等问题。互联网行业自治以网络协会组织为主要主体。网络协会组织是互联网领域人才、技术等社会资源的载体,能够充当政府治理网络空间的好帮手,有助于解决政府失灵问题。除此之外,在网络治理的领域里,相比互联网企业和网民的自治,互联网行业自治也有着自身的优势。互联网企业虽然有着绝对的技术优势,但是,利润最大化的逐利本性使其在经营过程中时有发生违反社会责

① 季亚丽:《行业协会自治的法律制度构建》,载《中北大学学报》(社会科学版)2005 年第 4 期,转引自温双阁:《以法治推进行业协会自治的体系构建——基于美国自治理念和实践的思考》,载《社会科学战线》2016 年第 10 期。

② 汪莉:《行业自治与国家干预》,经济科学出版社 2015 年版,第 28 页。

③ 汪火根:《基于行业共同体的我国行业自治研究》,经济科学出版社 2019 年版,第 19 页。

④ 刘刚:《行业法治研究》,吉林大学博士学位论文,2019 年。

任，突破法律和道德底线的情况。这些负面情况有损互联网企业的公信力，削弱了其在网络治理中的作用。而网络协会组织是非营利性的团体，成立的初衷多为提供公共服务、促进社会公平、扶贫助学助农等公益性事业，深受民众的欢迎，具有很高的社会威望和公信力，有助于解决市场失灵问题。网民自治虽然有着即时性、低成本等优点，但是，由于网民存在随意性、分散性的缺点以及技术上的天然劣势，网民自治至今未成为我国网络空间治理的主要模式。而网络协会组织相关人才、技术等社会资源以组织化的形式聚集起来，并在法律和政策理解、行业发展形势掌握等方面比一般网民更有优势，因此，在网络空间中能更加理性和有序地开展治理工作。

三、互联网行业自治的基础

互联网行业自治离不开相关的经济基础、社会基础和法律基础。互联网经济是依托信息网络，以信息、知识、技术等为主导要素，通过经济组织方式创新优化重组生产、消费、流通全过程，提升经济运行效率与质量的新型经济形态。① 自互联网技术被大规模商业化应用以来，我国互联网经济一直呈高速发展的态势。据统计，我国互联网经济（数字经济）规模从“十三五”初期的11万亿元，增长到2019年的35.8万亿元，占GDP比重超过36%，对GDP贡献率达67.7%。② 互联网技术不但有力提升了多个传统行业的生产效率，还在自身发展的过程中催生出了新的组织形式——平台。平台是以数据为生产要素的资源配置方式。平台自身不生产产品，而是通过数字化和网络技术将大量消费者和厂商连接起来，匹配他们之间的交易，降低彼此的交易成本，以此为客户创造价值。近年来，我国平台经济快速增长，形成了新的社会分工，

① 参见孙宝文、李涛、欧阳日辉：《互联网经济蓝皮书：中国互联网经济发展报告（2019）》，社会科学文献出版社2019年版。

② 《“十三五”我国数字经济规模从11万亿增长到35.8万亿元，占GDP比重36.2%》，搜狐网，2020年10月24日，https://www.sohu.com/a/427015401_354877。

一批新产业、新模式、新业态发展方兴未艾。互联网平台企业从生产服务、生活服务、科技创新、公共服务等多个方面带来了人们生活新便利、产业升级新动能、就业创业新机遇。相较于传统的管道模式,平台模式有着自己鲜明的特征,比如,外部性、网络效应、规模效应、多栖性、长尾效应、“赢者通吃”等。经济基础决定上层建筑。新的经济组织形式,需要新的监管模式。正是以平台经济为代表的互联网经济的壮大,为互联网行业自治奠定了厚实的经济基础。

互联网行业社会组织的大量涌现是行业自治的社会基础。我国在互联网行业已经形成了由行业协会为主导,其他多种社会组织并存的局面。早在2001年,中国互联网协会在信息产业部的指导下成立,成为我国互联网行业自律的主要机构。全国其他区域成立了各地的互联网协会分会,并分别具有对应的政府主管机构。互联网行业协会组织一方面向政府主管部门反映会员和业界的愿望及合理要求,维护会员合法权益;另一方面制定并实施互联网行业自律规范和公约,协调会员关系,调解会员纠纷,促进会员间的沟通与协作。除了行业协会组织,我国还建立了不少其他网络社会组织。根据国家网信办的统计,2015年全国共有546家网络社会组织。其中,全国性的网络社会组织44家、省级154家、地市级259家、区县级89家。各类网络社会组织中,基金会2家,民办非企业单位54家;各种协会、学会、促进会等社会团体共490家,是全国网络社会组织的主要形式,占总量的近90%。① 尽管大多数网络社会组织还存在着种种不足,但是它们仍在各自细分领域发挥着自己的作用,参与网络建设、服务网民需求、加强行业自律。

我国宪法、法律、法规、规章等中的有关规定是互联网行业自治的法律基础。我国现行宪法第35条规定,公民有言论、出版、集会、结社、游行、示威的自由。这就为行业自治奠定了最基本的宪法基础。在公民结社自由宪法性权利的基础上,我国先后颁布了一系列的社团法规。1989年国务院就发布了《社会团体登记管理条例》,其后,1998年国务院废止了原条例,同时发布了新

① 国家网信办统计:《全国现有546家网络社会组织》,中国网信网,2015年8月27日,http://www.cac.gov.cn/2015-08/27/c_1116395525.htm。

的条例,并于2016年对其进行了修订。在1998年和2004年,国务院先后颁布了《民办非企业单位登记管理暂行条例》《基金会管理条例》。2018年,民政部公布了《社会组织登记管理条例(草案征求意见稿)》全文,征求社会各界意见。在新条例正式施行后,前述三项法规同时废止。除了基本的社团法规,我国在互联网领域内的多项立法就"行业自律"作出了一般性规定。《网络安全法》第11条规定,网络相关行业组织按照章程,加强行业自律,制定网络安全行为规范,指导会员加强网络安全保护,提高网络安全保护水平,促进行业健康发展。该法第15条还规定,国家支持网络相关行业组织参与网络安全国家标准、行业标准的制定。《电子商务法》第8条规定,电子商务行业组织按照本组织章程开展行业自律,建立健全行业规范,推动行业诚信建设,监督、引导本行业经营者公平参与市场竞争。《数据安全法》第10条规定,相关行业组织按照章程,依法制定数据安全行为规范和团体标准,加强行业自律,指导会员加强数据安全保护,提高数据安全保护水平,促进行业健康发展。

第二节 行业自治的基本理论

一、社会契约论

该理论认为,行业组织的自治权来源于成员自然权利的让渡。所谓社会契约,是自然状态下的个体为了克服生存障碍,通过彼此意志的认可取得的一致协议。在卢梭看来,社会契约就是"要寻找一种结合的形式,使它能以全部共同的力量来维护和保障每个结合者的人身和财富,并且由于这一结合而使得每一个与全体相联合的个人又只不过是在服从其本人,并且仍然像以往一样地自由"①,并认为国家就是这种"结合形式"。只要国家不是唯一的"结合

① [法]卢梭:《社会契约论》,何兆武译,商务印书馆2003年版,第19页。

形式”,行业组织也可依此理论解释为一定范围内的社会个体,出于对共同利益的关切,以契约为基础,通过让渡自己的部分财产和权利而形成的结合形式。行业组织的社团章程作为以公众利益为依托的公意规则,是组织成员普遍意志的体现,是产生行业组织自治权的公约。行业组织的成员相互结合后需要一定的形式外观来明确他们在市场活动中各自的权利和义务,行业自治规则就是这样一种形式外观。① 无论是社团章程,还是行业自治规则,它们都是成员之间达成的契约,是行业组织行使自治权的重要依据,用来维护组织内部成员间正常的交易活动和交易秩序。

二、治理理论

作为一项“舶来品”,治理概念起源于20世纪80年代末世界银行针对发展中国家经济增长危机发布的研究报告。② 在世界银行等相关机构的大力推动下,治理概念逐步被应用到社会科学研究中,用来解释不同国家的政治社会实践。由于治理概念一定程度上适应了当时西方国家对传统福利国家改革的需要,治理研究吸引了各国研究者的广泛关注,逐渐形成了具有丰富内容的治理理论,并由此衍生出国家治理、社会治理等诸多论题。关于治理的定义有多种,本书第二章已有较为详细的阐述,故本章不再赘述。简言之,治理是国家、社会、市场的协调与互动的过程。治理理论一般含有三个方面内容:第一,治理过程中,正式与非正式制度安排的结合;③第二,公共管理主体的多元化,政府不是唯一的权力中心;④第三,治理主体之间的协调与配合。⑤ 治理理论最

① 朱国华等主编:《行业协会信用契约制度研究》,同济大学出版社2015年版,第51页。

② 世界银行在1989年《撒哈拉以南非洲:从危机到可持续增长》报告中首先使用了“治理危机”一词。

③ 参见全球治理委员会:《我们的全球伙伴关系》(“Our Global Neighborhood”),牛津大学出版社1995年版,第2—3页。

④ [英]格里·斯托克:《作为理论的治理五个论点》,华夏风译,载《国际社会科学杂志(中文版)》2019年第3期。

⑤ 汪莉:《行业自治与国家干预》,经济科学出版社2015年版,第36页。

鲜明的特点体现在对“政府或国家中心论”的批判之上，表现出“去国家化”或“国家回退”的倾向。① 治理是统治方式的一种新发展，其本质在于它所“偏重的统治机制并不依靠政府的权威或制裁”。②

如果说上述有关治理理论的简述还只能算是对行业自治奠定基础背景，那么，来自2009年诺贝尔经济学奖获得者、美国印第安纳大学教授埃莉诺·奥斯特罗姆的自主治理理论则可对行业自治的正当性提供有力支持。奥斯特罗姆致力于微观制度分析，借助对“公共池塘资源”(Common-Pool Resources，CPRs)的管理方式和利用效率展开了一系列的探索和思考。在她之前，对于公共资源治理的研究主要存在三个理论解释范式，即“公地悲剧”、“囚徒困境博弈”、奥尔森的“集体行动的逻辑”。这三种理论解释范式都以功利主义或者理性人为预设，认为个人理性会导致“搭便车”现象的产生，从而使得公共资源经常生产不足和消费过度。而基于这些理论的政策解决方案一般分为两种：国家干预和市场主导。奥斯特罗姆通过援引大量的有关森林、湖泊、牧场、地下水等案例，指出在现实当中“无论国家还是市场，在使个人以长期、建设性的方式使用自然资源系统方面，都未取得成功。而许多社群的人们借助既不同于国家也不同于市场的制度安排，却在一个较长的时间内，对某些资源系统成功地实行了适度治理”③。这种政府和市场之外的“第三条道路”就是资源占用者的自治。这种治理方式，借助信任、合作、互利互惠、声誉、相互监督、社会舆论等方式和机制来克服机会主义和各种“搭便车”行为。奥斯特罗姆的自主治理理论，扬弃了政府管制与产权私有的传统解决方案，研究“一群相互依赖的委托人如何才能把自己组织起来，进行自主治理，从而能够在所有人

---

① ［英］安德鲁·海伍德：《政治学(第二版)》，张立鹏译，中国人民大学出版社2006年版，第125页。

② ［英］格里·斯托克：《作为理论的治理五个论点》，华夏风译，载《国际社会科学杂志(中文版)》2019年第3期。

③ ［美］埃莉诺·奥斯特罗姆：《公共事务的治理之道——集体行动制度的演进》，余逊达、陈旭东译，上海译文出版社2012年版，第10页。

都面对搭便车、规避责任或其他机会主义行为形态的情况下,取得持久的共同收益"①的中心问题,并构建了一套自主治理的制度分析框架,建立了解决公共物品供给问题及超越集体行动困境的新路径。需要指出的是,由于现实当中公共物品极为复杂,奥斯特罗姆以排他性和竞争性为标准,将其分为私人物品、俱乐部物品、公共池塘资源、纯公共物品。行业自治的治理对象属于奥斯特罗姆分类中的俱乐部物品,其表现出排他性和非竞争性特点,正好与公共池塘资源的特点完全相反。

三、多元主义和法团主义理论

多元主义(pluralism)理论是西方重要的民主政治理论。多元主义的中心是所谓的"多重少数人的统治"的民主模式,即不否认选举民主会导致精英统治的结果,又认为"多元精英民主"具有避免多数人暴政(保证少数人的权利)和少数人暴政(多重少数人之间的讨价还价)两方面的作用。② 在多元主义理论里,社会组织是一个关键点。个体为了维护自身利益可以结成多元的各种团体或组织。各利益团体在竞争原则下有效参与政治过程,影响公共政策,来实现社会对少数掌握权力的决策者的制约,以此来保障成员的利益。同时,众多团体或组织之间的多重竞争,又可以避免多数人的暴政。在国家与社会关系上,多元主义理论认为,各社会组织通过"多元竞争"(讨价还价),达成"价值趋中"(共识),国家则是保证社会组织按照"价值趋中"运转的"公权力机构"。在这一过程中,各社会组织独立于政府,彼此之间进行着非正式的、自愿的联系;而国家是相对被动的主体,在数量众多、分散、自主的社会组织之间进行调节。因此,国家只是手段而非目的。在多元主义"以社会制约权力"的

① [美]埃莉诺·奥斯特罗姆:《公共事务的治理之道——集体行动制度的演进》,余逊达、陈旭东译,上海译文出版社2012年版,第51页。

② 周军华:《当代西方多元主义民主的理论与现实困境》,载《红旗文稿》2016年第15期。

制衡思想下，强大的社会组织是实现社会自我治理的基础。① 众多的社会组织是社会政治行动的基本单位，能够帮助个体与决策者之间的利益传递，有利于实现权力分布的多中心性，从而激发社会的积极性和主动性。因此，在一个多元社会中，以行业协会为代表的社会组织的产生是一种必然的社会现象。“通过行业组织实行行业自治，也是多元社会的必然要求”。②

然而，以多元主义理论为指导的社会治理模式也有着明显的弊端。社会组织千差万别，每个组织的资源和能力并不对等。即使各组织参与的游戏规则相同，但仍然有可能因为天生差异而产生“事实上的不对等”。如同自由竞争的市场有可能导致垄断一样，社会组织之间的竞争也有可能走向垄断，最终导致强势组织压制弱势组织，操控国家政治决策。如此一来，社会成员的不同利益就难以都被有效地反映进国家决策过程。③ 而强势组织也会采取各种措施不断强化其优势地位。为了巩固其既得利益，强势组织甚至于会阻止其他组织进行的社会改革，形成社会阶层固化。诚如多元主义理论的代表人物美国学者罗伯特·达尔所言：“即使存在多头政体的制度保证，并且国家政治制度十分民主，组织的多元主义也是与广泛的不平等始终并存的。”④

为了避免多元主义理论的缺陷，西方社会产生了法团（corporatism）主义理论。该理论的代表人物菲利普·施密特将“法团主义”定义为：“一个利益代表系统，是一个特指的观念、模式或制度安排类型，它的作用，是将公民社会中的组织化利益联合到国家的决策结构中”⑤，并阐述了法团主义的特点：“这个利益代表系统由一些组织化的功能单位构成，它们被组合进一个有明确责

---

① 卢元芬：《国家治理现代化的法团主义路径探析》，载《治理研究》2018 年第 2 期。

② 屠世超：《契约视角下的行业自治研究——基于政府与市场关系的展开》，经济科学出版社 2011 年版，第 35 页。

③ 吴建平：《理解法团主义——兼论其在中国国家与社会关系研究中的适用性》，载《社会学研究》2012 年第 1 期。

④ ［美］罗伯特·达尔：《多元主义民主的困境：自治与控制》，周军华译，吉林人民出版社 2006 年版，第 36 页。

⑤ 张静：《法团主义》，东方出版社 2015 年版，第 23 页。

任(义务)的、数量限定的、非竞争性的、有层级秩序的、功能分化的结构安排之中。它得到国家的认可(如果不是由国家建立的话),并被授权给予本领域内的绝对代表地位。作为交换,它们在需求表达、领袖选择、组织支持等方面,受到国家的相对控制"①。在法团主义的语境里,国家应该是一个积极主动的主体,将多元化的社会组织整合进国家决策之中,让每个组织都有公平的利益表达和实现机会,并让它们服从于国家的整体利益;②而利益团体则需要在私利与公共责任之间进行协调,成为了兼具利益代表和公共责任履行职能的公共机构。③ 在该理论下,社会组织虽然受到一定程度的国家制约,但是仍保留着自主性,且能对国家权力进行一定的制衡。相较于多元主义中社会与国家之间"你进我退"的关系,法团主义更重视秩序问题,倡导国家主导下的政府与社会之间的协作整合关系。

我国某些行业协会在行业自治里占据垄断地位并受国家控制的现象,使得这些社会组织有着与法团主义相似的制度结构。因此,该理论受到了我国多数学者的关注。但是,无论是多元主义,还是法团主义,两者均是"舶来品",都不能直接适用于我国的国家和社会关系的分析之中。比如,学者张静就指出,法团主义是建立在权利分立的基础之上,通过权利的授予和交换来形成群体之间的合作,而中国则是从总体性社会出发,缺乏权利分立的前提。④ 学者吴建平也指出,多元主义和法团主义建立的前提基础——市民社会并没有在中国的改革中发展出来,而且在中国也一直没有出现市民社会中那种民权与国家相对立的局面。⑤ 这也提醒本书在从中观、微观层面讨论我国政府

---

① 张静:《法团主义》,东方出版社 2015 年版,第 24 页。

② 吴建平:《理解法团主义——兼论其在中国国家与社会关系研究中的适用性》,载《社会学研究》2012 年第 1 期。

③ Daniel Chirot, The Corporatist Model and Socialism: Notes on Romanian Development, *Theory and Society*, SEP.2, 1980.

④ 张静:《法团主义》,东方出版社 2015 年版,第 163—164 页。

⑤ 吴建平:《理解法团主义——兼论其在中国国家与社会关系研究中的适用性》,载《社会学研究》2012 年第 1 期。

与互联网行业组织的合作机制时,要做到辩证地运用上述理论。

第三节　互联网行业自治的软法属性

一、互联网行业自治的软法基因

如之前章节所述,互联网最初起源的推动力来自于20世纪60年代美国的军事项目——“阿帕网”(ARPANET)。这个项目在美军的领导下,将加利福尼亚大学洛杉矶分校等高校或研究所的四台主要计算机连接起来,以实现“一旦开战,当网络的某一局点因遭受攻击而失去工作能力时,网络的其他局点应能维持正常的通讯工作”的指导思想。从那以后,加入阿帕网的节点数不断增加,然而,当时用来连接计算机通信的网络控制协议(NCP)对于节点以及计算机数量有着明确的限制,特别是其只能用于同构环境中(要求网络中的计算机都运行相同的操作系统),并且最初的阿帕网缺少纠错功能,导致数据在传输过程中一旦出现错误,网络就可能停止运行,从而阻碍了网络规模的进一步增大。20世纪70年代,美国专家罗伯特·卡恩(Robert Kahn)和温特·瑟夫(Vinton Cerf)联合发明了传输控制协议/网际(TCP/IP)协议簇。该协议簇以解决“异构”环境中计算机连接为出发点,通过制定通用的通信协议标准,以实现不同局域网之间、不同型号计算机之间的大连接,并同时保证节点之间数据传输的安全性和可靠性。卡恩和瑟夫并未将TCP/IP协议簇申请专利,而是选择将其向社会公开、免费共享,以便让所有计算机都能实现互相通信,并大力向人们推广该协议簇。20世纪80年代,美国国防部决定阿帕网以TCP/IP协议取代旧有的NCP协议,并将阿帕网分为了军事网络和民用网络。此后,美国科学基金会(NSF)利用阿帕网发展出来的TCP/IP协议,建立了NSFNET的广域网,并不再将其局限在计算机科研人员、大学和政府机构之间使用,而是将其向全社会开放。20世纪90年代,随着TCP/IP协议得到了全世界范围内的推广,再加上另外几项重要的网络应用技术的诞生,比如,万维网(WWW)和浏览器,通信网络开始了商业化应用,逐渐渗透进了人们的日常生活。上述这些基础奠定了今天互联网的形态。

可以看到,TCP/IP 协议是互联网存在的基石。TCP/IP 协议是这样的一套技术标准:它以自愿连接为前提,包含了不同地域不同型号信息设备之间数据如何安全可靠地传输的规定,以实现全球平等网络节点之间开放互联、信息共享的根本目的。虽然它的制定者是技术专家并非国家立法机关,并且它的实施也不靠国家公权力机关保障,但它却是有着极强实际效果的行为规则:谁不接受 TCP/IP 协议,谁就不能进入互联网世界。毫不夸张地说,TCP/IP 协议就是互联网世界的"宪法",它决定了互联网世界最基本的行为准则。它把"平等"、"开放"、"共享"、"安全"等价值观念深深嵌入进了互联网的核心技术构架,并不依靠国家强制力保障而有效实施。建立在这样一套技术标准之上发展起来的互联网因此有着适合软法治理的天然基因。

二、互联网行业自治的软法理念

如之前章节所述,软法理念的背景范式是公共治理。近代以来,国家单中心、单向度、强制性的国家主义管理模式占据着支配地位。然而,20 世纪后半世纪,全球政治、经济发展变化的节奏加快,公众对公共秩序的需求随之增高,对公域之治过程的透明性和开放性以及参与性的要求也越来越强烈。在这样的背景下,全球学界兴起了对国家主义管理模式及相应法律观的反思和检讨。西方国家开始了所谓"新公共管理运动"的改革,强调管理主体多元化的公共管理模式。其后,由开放的公共管理元素与广泛的公民参与元素整合而成的公共治理模式也就顺势而起。① 在公共治理已成趋势的情况下,传统的"国家—控制"法范式显得举步维艰。为此,罗豪才、宋功德、姜明安等学者呼吁"软法之治",将

① 罗豪才、宋功德:《软法亦法——公共治理呼唤软法之治》,法律出版社 2009 年版,第 37 页。

起源于国际法语境中的“软法”概念运用到国内公共治理之中，提醒法律共同体重视那些创制和制度安排更富民主协商性和弹性、运用不靠国家强制力保证实施却有实际规范效果的“法规范”，并主张“软法与硬法混合治理”。

公共治理模范式下“广泛参与、民主协商”的软法理念在互联网行业自治中有着深刻的体现。互联网解构并建构着现实世界，早已成为一项重要的公共设施，同时亦带来了诸多治理难题。一部互联网的发展史同时也是一部互联网的治理史。从上文可知，在互联网早期的历史中，怎样制定和执行统一的网络技术标准和组织规范是互联网发展的核心议题。因此，在这个时期，互联网处在一种由互联网工程技术团队主导的技术治理的模式下。而随着 20 世纪 90 年代互联网商业化被迅速地开发，互联网产生的商业价值被极大地挖掘出来，诸如网络色情、网络暴力、域名纠纷等难题也浮出水面。此时，公众意识到仅仅靠技术手段难以对技术载体之上的内容进行有效治理，因而呼吁更多的主体加入到互联网的监管中来。在当时，网络自由主义思潮仍然有着重要的影响。有着无国界、去中心化为特点的互联网一般被认为与有着管辖边界、中心化权威为特点的政府管制格格不入。因此，以行业自治为主要形式的互联网自我规制模式——政府不直接干预网络空间，由网络社团通过自己制定的技术构架、行为规范和契约规则以维护网络空间的秩序①逐步建立起来。1998 年成立的由全球网络界商业、技术及学术各领域专家组成的非营利性公益组织——互联网名称和数字地址分配机构（ICANN）是该模式的典型代表。ICANN 负责运营互联网域名系统、协调互联网唯一标识符的分配和指定、认证通用顶级域名（gTLD）注册商以及汇集全球志愿者的观点，共同致力于维护互联网的安全性、稳定性和可互操作性。ICANN 组织结构和工作运行无不深刻地体现着“广泛参与、民主协商”的软法理念。ICANN 的核心权力机构是由 21 名成员组成的董事会。董事会成员构成具有国际化和多元化的特点，分为

① 郑文明:《互联网治理模式的中国选择》，载《中国社会科学报》2017 年 8 月 17 日。

16名具有表决权的成员和5名不具有表决权的联络人员代表组成。有表决权的成员由其下的三个支持组织(地址支持组织、国家和地区代码名称支持组织、通用名称支持组织)和一般会员咨询委员会等机构推选产生。无表决权的联络人由政府咨询委员会等任命产生。① ICANN一般的工作分工是:支持组织负责制定政策建议并上报给董事会,咨询委员会向董事会提供咨询,董事会拥有批准或否决政策建议的最终权力。ICANN工作人员负责执行和实施由社群制定并由董事会审议通过的各项政策。ICANN另行签约独立、中立的监察官,处理对因董事会的决策、作为或不作为或者因工作人员、董事会或选区组织机构的不公正待遇而产生的问题和投诉。ICANN每年会在全球的不同地区召开三次国际公开会议。此外,该组织每年还召开年度全体大会。在大会期间,个人与会者和ICANN各方利益主体代表前往现场参会或远程参会,共聚一堂,就有关的问题进行协商、讨论。在大多数情况下,所有人都有发言权。任何人都被允许就某项主要议题直接向董事会表达意见和提出问题。ICANN工作流程中的一个重要环节就是在审议通过任何重大决议(比如运营预算或战略规划、技术安全报告、章程政策变更修改等)之前,都会留出意见征询期供公众发表意见。可见,在"广泛参与、民主协商"理念的指导下,ICANN将个人、企业、非商业利益主体、政府等诸多主体置于同等地位,通过自下而上和基于社群形成的共识来制定和实施相关政策。

需要指出的是,ICANN所践行的互联网自我规制模式过于强调自治而排斥政府的直接干预,再加上与美国政府之间始终有着某种剪不断的联系因而导致其有着棘手的合法性问题,最终被2003年联合国所提出的"多利益攸关方治理模式"(multistakeholder governance mode)所涵盖。② 另一方面,罗豪才

---

① See *Beginner's Guide to Participating in ICANN*, ICANN website (Nov.8, 2013), www.icann.org/resources/files/participating-2013-11-08-en.

② See *Beginner's Guide to Participating in ICANN*, ICANN website (Nov.8, 2013), www.icann.org/resources/files/participating-2013-11-08-en.

等学者们创立的国内软法理论从来不否认国家在公共治理中的重要地位，而是再三强调软硬法协同下的混合治理。但是，不能否认的是，ICANN 为代表的互联网行业自治将公共治理模式中的开放性和参与性特征体现得淋漓尽致。

三、互联网行业自治的软法特征

互联网行业自治主要由行业协会担任自治主体，通过制定和实施行业自治规范，来调整行业组织会员之间的关系，以及协调行业会员与政府之间的关系。互联网行业协会是以会员制为基础的、以行业整体利益和为政府决策服务为目标的社会性组织，具备非营利性、自治性、行业性、中介性等特征。互联网行业协会根据法律、法规及其组织章程开展活动，在协商民主的基础上制定内部自治规范，规范会员行为，协调会员关系，调解会员纠纷，促进会员间沟通与协作。互联网行业协会制定的规范会员行为的自治规范，大多富有弹性，一般规定得较为抽象，对行为方式的种类、数量、幅度未加明确规定；或者较为灵活，给协会留有回旋余地与调整空间；或者较为柔和，重在指导与建议，未作硬性规定。再者，互联网行业协会的自治规范并不运用国家强制力保证实施。但它却通过相关的机制来保证其自治规范发挥实效。第一，部分自治规范的实施依靠自律、内部监督、同行监督、社会舆论等产生的社会压力，迫使协会会员自觉遵守，自查自纠。第二，部分自治规范的实施通过协会运用社会强制力来实现。比如，在查证核实的前提下，协会依据自治规范中的罚则对违反规范的会员采取内部警告、社会公示、限制会员行为能力、剥夺会员资格等处罚措施。第三，部分自治规范的实施借助激励机制来实现。比如，协会定期组织行业自律贡献奖评选活动，对协会会员在行业自律中所作出的努力和贡献予以认可和表彰。此外，当协会会员对互联网行业协会的处罚不服时，可以按照自治规范中的相关规定，采取申请复核之类的救济措施，保障自己的权利。互联网行业协会则启动相关机制，从内部解决会员的诉求，而不至于使其会员通过外部司法介入来裁决纠纷。因此，无论从行业自治的主体，还是从行业自治规范的内容，抑或从行业自治规范的实施以及纠纷裁决来看，互联网行业自治都具备了典型的软法特征。

第四节　互联网行业自治基本要素及评价
——以中国互联网协会为例

一、互联网行业组织

（一）中国互联网协会简介

我国互联网行业组织数量较多。全国性行业组织有中国互联网协会、中国互联网上网服务行业协会、中国电子商会、电信终端产业协会等。地方性的行业协会有北京网络行业协会、首都互联网协会、湖南省网络视听协会等。目前，最具代表性的全国性互联网行业组织是中国互联网协会。本书将主要以它的各项情况为基础展开讨论。2001 年，中国互联网协会在当时的信息产业部的指导下，由国内从事互联网行业的网络运营商、服务提供商、设备制造商、系统集成商以及科研、教育机构等 70 多家互联网从业者共同发起成立。中国互联网协会是由中国互联网行业及与互联网相关的企事业单位自愿结成的行业性的全国性的非营利性的社会组织，现有会员 1000 多个。① 协会会员分为单位会员和个人会员，单位会员分为普通会员单位、理事单位、常务理事单位、副理事长单位，个人会员是互联网及相关领域的知名专家、学者等。

经过多年的发展，中国互联网协会形成了庞大、较为健全的组织结构。协会的最高权力机构是会员代表大会。会员代表大会下设执行机构——理事会。理事会由会员代表大会选举产生，在会员代表大会闭会期间领导协会开

① 中国互联网协会官方网站，https://www.isc.org.cn/xhgk/xhjj/，2021 年 5 月 1 日访问。

展日常工作，对会员代表大会负责。理事会选举和罢免常务理事及理事长（协会法定代表人）、副理事长、秘书长。理事会还产生常务理事会，与理事会任期相同，同时换届，在理事会闭会期间行使理事会若干职权，对理事会负责。在理事会和常务理事会闭会期间，协会设立理事长办公会议事制度，由理事长、副理事长、秘书长、副秘书长参加，研究讨论协会重要工作。协会另设咨询委员会作为决策咨询机构。秘书长负责协会的常设办事机构——秘书处，组织落实会员代表大会、理事会、常务理事会决议。秘书处下设综合部、会员部、宣传部、监管支撑部等具体业务部门。此外，协会根据发展需要，依据业务领域和会员组成特点，还设立了众多的分支机构，开展相关业务活动，比如，行业自律工作委员会、推广与普及工作委员会、反垃圾信息工作委员会、知识产权工作委员会、互联网法治工作委员会、标准工作委员会、数据治理工作委员会等。①

中国互联网协会承担着诸多的工作职责，主要有：(1)团结互联网行业相关企业、事业单位和社会组织及个人，向政府主管部门反映会员和业界的诉求，维护会员合法权益，向会员宣传国家相关政策、法律、法规；(2)制定并实施互联网行业自律规范和公约，规范会员行为，协调会员关系，调解会员纠纷，促进会员间沟通与协作，发挥行业自律作用，维护国家网络与信息安全，保护公民的信息安全，维护行业整体利益和用户合法权益；(3)开展互联网行业发展状况、新技术应用等重大问题研究，发布统计数据和调研报告，向政府有关部门提出政策建议，为业界提供相关信息服务；(4)经政府有关部门授权，参与制定互联网有关的国家标准和行业标准，组织制定协会团体标准，指导会员单位自主制定实施企业标准，开展标准符合性推动活动，积极参与国际标准化活动；(5)开展互联网公益活动，开展互联网行业信用体系建设、社会责任建设等工作，引导会员单位增强社会责任，维护行业良好风尚；(6)经政府有关

① 中国互联网协会官方网站，https://www.isc.org.cn/xhgk/xhjg/listinfo-15576.html，2021年5月1日访问。

部门批准,开展互联网行业资质及职业资格审核、评价评估及评比表彰等工作;(7)根据授权受理网上不良信息及不良行为的投诉和举报,协助相关部门开展不良信息处置工作,净化网络环境;(8)开展互联网发展与管理相关的研讨、年会、专业培训、网络文化、国际交流与合作等其他活动。①

(二)中国互联网协会的主要特征

中国互联网协会具有中介性、专业性、非营利性(公共性)等行业协会具有的一般特征。除此之外,在行业性、依附性、自律性等方面具有自己的特色。

1. 包容的行业性

一般而言,行业协会是同一行业经营主体出于规范行业行为之目的而结成的社团组织。只有同一类生产、经营领域的企业或者同一职业的公民群体才有着最大的共同利益,才有成立行业协会的必要。因此,行业协会一般以社会经济中客观存在的业种、工种等行业差异作为组织标签。然而,中国互联网协会的会员构成却显示出了极大的包容性。会员单位的涵盖范围从专门的信息技术科研院所(比如中国科学院计算技术研究所、中国信息通信研究院),到几大网络运营商(比如中国移动通信集团有限公司、中国电信股份有限公司、中国联合网络通信集团有限公司);从著名的高等学府(比如北京航空航天大学、浙江大学、华中科技大学),到知名的网络服务商(比如阿里巴巴有限公司、腾讯计算机系统有限公司、奇虎科技有限公司);从著名的设备制造商(比如华为技术有限公司、中兴通讯股份有限公司),到主流媒体企业(比如新华网股份有限公司、央视国际网络有限公司)。甚至于民间教育培训机构、家电巨头、汽车企业、投资公司、律师事务所等都被囊括于内。中国互联网协会会员背景如此丰富的原因只能归结于互联网行业的特殊性。前已述及,互联网行业已经涌现出了平台这样极具特色的组织形式。但是,不能否认的是,互

---

① 中国互联网协会官方网站,https://www.isc.org.cn/xhgk/xhjj/,2021 年 5 月 1 日访问。

联网对于其他行业的高渗透率，使得表面上看似业务不相干的企业在运用互联网进行生产或服务时，有可能产生网络安全、个人信息保护、不良信息过滤等方面的共同利益诉求。因此，中国互联网协会将与互联网业务相关的企业、事业单位及社会组织吸纳为会员也就顺理成章了。

2. 浓厚的依附性

中国互联网协会是非营利性的社会组织。但是，它却与对应的政府部门——工业和信息化部有着密切的联系，体现出浓厚的依附性。这种依附性，一是体现在工业和信息化部作为主管部门对协会的业务指导和监督管理。二是体现在会员代表大会因特殊情况需提前或延期换届的，或是理事长等领导如超过最高任职年龄或是需要延长任期的，或是特殊情况需要更改法定代表人的，除须由理事会表决通过之外，还需报业务主管部门审查同意并经社团登记管理机关批准。除此之外，协会修改协会章程、终止动议等，也须报业务主管部门审查同意。三是体现在协会的人事与资源等一系列核心要素上主要依赖相关主管部门与国有企事业单位，以辅助政府进行社会管理或社会服务。比如，协会的互联网法治工作委员会的依托单位是中国信息通信研究院，后者是工业和信息化部直属的科研事业单位。[①] 又比如，协会的公众投诉受理机构——12321，为工业和信息化部委托其设立，负责协助后者承担关于互联网等信息通信网络中的不良与垃圾信息投诉受理、调查分析以及查处工作。

中国互联网协会对于政府部门的浓厚依附性有其深刻的历史原因。新中国成立之初，我国就取缔了所有的商会和同业公会，商会为工商联所取代，同业公会为行业管理部门所接收。因此，在新中国成立后的一段时间，我国真正意义上的行业协会基本消亡了。20 世纪 80 年代初，随着社会主义市场经济的建立，行业协会才逐步在全国各地建立起来。而这一时期建立的行业协会

① 《中国互联网协会互联网法治工作委员会成立大会暨互联网法治论坛在我院召开》，中国信通院官方网站，http://www.caict.ac.cn/xwdt/ynxw/201804/t20180426_156310.htm，2015 年 5 月 8 日。

基本是在政府自上而下的政策扶持下成立的政府“附属单位”,其经费、编制、办公资源、领导层大都来源于主管部门,受主管部门的制约程度比较大。① 一直到 1993 年,中央提出“政府经济管理部门要转变职能,专业经济部门要逐步减少,综合经济部门要做好综合协调工作”②,我国行业协会的民间化和自治化转型才有了政策基础。其后,2004 年发布《国务院国有资产监督管理委员会行业协会工作暂行办法》、2007 年国务院发布的《关于加快推进行业协会商会改革和发展的若干意见》、2015 年中共中央、国务院发布的《行业协会商会与行政机关脱钩总体方案》等政策性文件才一步步地推动行业协会朝着自主性、市场化方向发展,但是改革的任务还未完成。从上述历史发展脉络来看,我国的行业协会的“官方”或“半官方”的色彩明显,与西方国家主要为自下而上建立的行业协会有着显著不同。在这一背景下,中国互联网协会对官方的依附性也就不难理解了。另一方面,中国互联网协会成立的时间是在 2001 年。在那之前,国内刚成立了一批互联网企业,比如,网易公司、搜狐公司、腾讯公司、新浪公司、百度公司等。这些今日的互联网巨头在当时还处于初创阶段,各自的业务较为简单,尚不成熟。而像如今著名的电商平台——淘宝、拼多多等彼时尚未成立。当时的网民人数刚过 2000 万③,刚好处于一个行业正要步入飞跃发展的阶段。但是,从整体上来讲,由于我国互联网企业还处在初期的探索阶段,相互之间的同业竞争尚不激烈,共同的利益诉求尚不明显。因此,从时机上来看,中国互联网协会的成立只能归功于我国主管部门当时的前瞻性眼光,而非互联网企业共同的必要需求所致。

3. 较强的自律性

中国互联网协会的较强自律性主要体现在两个方面。第一,中国互联网

① 黎军、高俊杰、周卫:《行业自治研究》,中国社会科学出版社 2018 年版,第 45 页。

② 杨甲镛:《中国政府体制改革研究:以国务院机构改革为中心》,复旦大学博士论文,2007 年。

③ CNNIC《第 7 次中国互联网络发展状况统计报告》。

协会制定了较多数量的自治规范。据不完全统计，自其成立之后，中国互联网协会先后发布了三十多项内部管理办法、自律公约、团体标准、倡议书等自治规则。这在互联网行业组织中尚不多见。第二，中国互联网协会设置了专门的自律工作委员会，旨在组织会员和签约单位贯彻实施自治规范，以及进行行业纠纷争议调解处理，这在互联网行业组织中更为少见。有关自律工作委员会的详细情况，可见下文中“行业自治规范的实施”一节。

二、互联网行业自治规范

自治规范是互联网行业自治的制度要素，有着极为重要的地位。自治规范侧重反映国家以外行业共同体的利益诉求，其制定多数情况下源自行业协会成员的一致同意，其实施一般不依赖国家强制力量。互联网行业自治规范大致可以分为行业协会章程、行业标准、行业自律公约和倡议几类。下文将对这几类软法规则一一讨论。

（一）行业协会章程

章程是行业协会经特定的程序制定的，规定协会名称、住所、业务范围、组织及活动基本规则等重大事项的基本文件。章程之于行业协会的地位和作用犹如宪法，几乎所有行业协会都有自己的章程。以中国互联网协会章程为例，其分为“总则”、“业务范围”、“会员”、“组织机构和负责人产生、罢免”、“资产管理、使用原则”、“章程的修改程序”、“终止程序及终止后的财产处理”、“附则”八章，一共51条条款。① 形式上，该章程采用类似法律文本的“总分则”结构，逻辑严谨，条理清楚。内容上，该章程符合《社会团体登记管理条例》第14条“关于社团章程应当包括的事项”之规定，从宏观上对互联网协会的基本定位、活动宗旨等作了规定，其中主要涉及协会的业务范围，会员的权利、义务，

① 中国互联网协会章程，https://www.isc.org.cn/xhgk/xhzc/，2021年5月1日访问。

组织机构设置三大基本内容。但是,仔细考察该章程,可以发现存在以下问题。

第一,中国互联网协会章程“广泛参与、民主协商”的精神体现得不够。“广泛参与、民主协商”是软法的核心理念,只有在软法的创制过程中充分开展民主协商,才能保证软法能体现自治组织共同体的公共意志,满足其正当性需求。罗豪才、宋功德教授认为软法相较于硬法有着更高程度的民主协商性。① 中国互联网协会2001年即已成立,其章程的制定过程中是否经过了集体酝酿和充分论证,由于相关文献材料的缺乏,我们不得而知。但是,从现有关于章程修改的规定来看,其民主协商性还不够。该协会章程第42条规定,“对本会章程的修改,须经理事会表决通过后报会员代表大会审议。”这仅简单规定了章程修改的表决程序,而对何种情况下可以修改章程,多少与会代表可以启动章程,章程修改过程中是否需要征求会员意见等问题都没有提及。第二,协会章程的自主性色彩太淡。纵观章程整个51条的内容,出现“自主”字样仅一次,且是用在“指导会员单位自主制定实施企业标准”的情形。对于协会本身的诸多业务,即使是在制定并实施互联网行业自律规范和公约、开展互联网行业发展状况研究、开展互联网发展与管理相关的研讨活动等通常无需政府授权批准的业务活动的表述上,都未出现“自主”、“自我”等彰显自身独立地位的词汇。如此吝啬于使用这样的词汇恐怕跟协会“自上而下”的属性有着直接的联系。第三,该协会的组织架构尚有缺陷。该协会章程仅规定了会员代表大会、理事会、常务理事会等机构及协会负责人,但是,却没有规定监事会制度。虽然相关法律法规并未明确要求非基金类的社会组织必须设立监事会制度,但是,现代公司治理的实践经验早已证明了监事会的重要性,协会应该考虑予以借鉴。第四,该协会章程未规定负责人的相关义务。虽然章程对理事长、副理事长、秘书长的职权予以了明确规定,但是,并没有规定这些

① 罗豪才、宋功德:《软法亦法——公共治理呼唤软法之治》,法律出版社2009年版,第374—375页。

负责人的勤勉、忠诚义务以及违反义务时应该承担的责任。第五，该协会章程的个性不足。虽然章程在协会的定位、宗旨和业务范围等规定里可以看到与互联网行业的联系，但是在会员权利义务、组织架构等内容方面并未体现出明显的互联网行业的特色。在制定章程时，就大部分内容，中国互联网协会可能仅是照搬了有关的示范文本，而并未对自身组织特色进行充分的考虑和挖掘。事实上，我国社会组织章程千人一面的现象非常突出。

（二）行业标准

1. 行业标准的概述

根据我国《标准化法》中的定义，标准是农业、工业、服务业以及社会事业等领域需要统一的技术要求。相较于偏重技术属性的我国官方定义，国外专业工具书或国际组织则从社会规范的属性来揭示标准的内涵。《布莱克法律大辞典》将标准定义为："一是由习惯、同意或权威所接受的作为正确的模式；二是测量可接受性、质量及精确度的水准。"①按照国际标准化组织 ISO 的定义，标准是指为了在一定的范围内获得最佳秩序，经协商一致并由公认机构批准，共同使用的和重复使用的一种规范性文件。② 综合这些权威定义，本书认为，标准是特定范围内的主要以技术要求为表现形式的自治规则。依照层级来划分，我国目前的标准体系下有 5 类标准：国家标准、行业标准、地方标准和团体标准、企业标准。其中，国家标准是对全国经济技术发展有重大意义，需要在全国范围内统一的技术要求，分为强制性国家标准和推荐性国家标准，强制性国家标准必须执行。行业标准、地方标准均为推荐性标准。

行业标准是某行业范围内主要以技术要求为表现形式的自治规则。根据

---

① Bryan Garner, *Black's Law Dictionary*, *Standard Ninth Edition*, West Group, pp.1412-1413，转引自张清、武艳：《社会组织的软法治理研究》，法律出版社 2015 年版，第 123 页。

② 廖丽、程虹：《法律与标准的契合模式研究——基于硬法与软法的视角及中国实践》，载《中国软科学》2013 年第 7 期。

我国《标准化法》的规定，行业标准由国务院有关行政主管部门制定，报国务院标准化行政主管部门备案。行业标准主要用于填补推荐性国家标准的空白，扮演“临时国家标准”的角色。根据我国标准化委员会的分类，行业标准共有 71 类。[①] 这 71 类当中，部分行业之间并非完全割裂的状态，可能存在交叉或包含的关系，或者可以说是一般标准与特殊标准，如交通行业标准和铁路运输行业标准、医药行业标准和中医药行业标准。按照此种分类，与互联网行业有关的标准主要是通信行业标准。

行业标准是典型的软法，与硬法存在形式上和效力上的差异。在形式上，行业标准的规则不具有法律规范的逻辑结构。一般而言，法律规则通常由假定条件、行为模式和法律后果三个部分构成。而行业标准多以技术操作步骤与程序和事实状态的描述及判别的形式呈现，基本上不具有法律规则应当具备的逻辑要素。其次，在公布环节上，根据我国的《立法法》《行政法规制定程序条例》《规章制定程序条例》的明确规定，法律、法规和规章的公布分别需要由国家主席、国务院总理以及国务院各部委的首长签署命令予以公布，并在各类政府公报或报刊上公开发布其全文。而行业标准的发布通常以相关部委通告的形式来进行，无需部委首长签署专门的命令予以公布，也无需在各类政府公报或报刊上发布，而是在指定的相关出版机构出版和印刷。[②] 在效力上，根据目前的《标准化法》，行业标准都为推荐性标准，其约束力只能建立在自我约束基础之上，无法产生严格意义上的法律的约束力，不具备强制性。而硬法的约束力是一种国家强制力，依靠国家暴力机构的保障得以产生。

行业标准在行业自治中发挥着重要的作用。首先，行业标准为行业的规则之治奠定了基础。在市场经济的环境下，行业最初的发展是处于一种自发状态，并不成熟，此时行业规则的供给也多处于空白状态。但随着技术不断创

① 行业标准信息服务平台，http://hbba.sacinfo.org.cn/stdList，2021 年 5 月 1 日访问。

② 刘长秋：《作为软法的行业标准研究——以卫生行业标准为视角》，载罗豪才主编：《软法与治理评论》第一辑，法律出版社 2013 年版，第 160 页。

新、行业发展不断扩大，这种自发式的自由发展会逐渐产生问题，从业者可能会为了追逐短期经济利益而牺牲其他长期利益，甚至有可能利用先进的技术从事违法违规活动。为使行业健康有序发展，行业需要有相应的规则，以便对从业者的相关行为、有关企业的相关活动作出引导。行业标准不但是一种技术要求，而且也是一种规范制度，能够为行业的治理提供规则。其次，行业标准是相关行业领域内技术操作和质量认证的规则依据，是最为合适的一种指引方式。在现代社会，任何行业的存在与发展都离不开相关技术的开发和运用以及相关产品或服务的质量认证。因此，技术操作和质量保证规则是任何一个行业自治的“题中应有之义”。由于行业标准一般由国务院各部委标准化技术组织负责起草和技术审查，其组成人员多为相关行业专家，这就保证了行业标准的专业权威性。并且，行业标准的制定目的具有很强的针对性，其规则内容的可操作性非常高，能够为行业内从业人员的行为提供明确的、可量化的指引。尤其在国家相关法律、法规、规章以及国家标准还未出台的情况下，行业标准更是充当着功能意义上的“法律”。比如，我国的网络安全治理方案就是围绕“安全保障、技术为基、标准先行”这一思路开展的。可见，在缺少相关立法和国家标准的行业领域内，行业标准发挥着基础性、规范性、引领性作用。再次，行业标准是法律与科技、技术之间的联系纽带。即使在相关法律已经出台的情况下，由于法律的普适性特点，其规则内容多为原则性、一般性的规定。对于像互联网这样技术性、专业性非常强的领域，法律往往无法做到深层的介入，而是需要国家标准、行业标准来辅助其的适用。在审理具体案件时，司法裁判者在没有相关法律、法规、规章以及国家标准的指引下，往往参照行业标准来判别相关质量问题以及有关行为的合法性与否。比如，我国《民法典》第511条规定，当事人就有关合同内容约定不明确，没有达成补充协议，或者无法按照合同相关条款或交易习惯确定的情况下，质量要求不明确的，按照强制性国家标准履行；没有强制性国家标准的，按照推荐性国家标准履行；没有推荐性国家标准的，按照行业标准履行。《产品质量法》第13条规定,“可能危及人体健康和人身、财产安全的工业产品,必须符合保障人体健康和人身、财产安全的国家标准、行业标准……”可见,行业标准作为质量认证以及相关行为合法性判断的标尺已经得到了法律的肯定。它作为“科技发展的阶段性成果逐渐融入到了社会治理中,化为法律规则对公众行为提出的要求”①。

2. 互联网行业标准的示例

在互联网领域,我国已陆续出台了一些国家标准、行业标准、团体标准和企业标准,初步形成了综合标准体系。以个人信息/数据安全标准为例,已经出台的国家标准有《信息安全技术——个人信息安全规范》(GB/T 35273-2020)、《信息安全技术——移动智能终端个人信息保护技术要求》(GB/T 34978-2017)、《信息安全技术——大数据服务安全能力要求》(GB/T 35274-2023)、《信息安全技术——个人信息去标识化指南》(GB/T 37964-2019);行业标准有:工业和信息化部发布的《电信和互联网服务——用户个人信息保护分级指南》(YD/T 2782-2014)、《移动智能终端上的个人信息保护技术要求》(YD/T 3082-2016),公安部发布的《信息安全技术——个人移动终端安全管理产品测评准则》(GA/T 1540-2018),卫生部发布的《基本信息基本数据集个人信息》(WS 371-2012);团体标准有:中国互联网协会发布的《数据安全治理能力评估办法》(T/ISC 0011-2021)、电信终端产业协会联合其他主体共同发布的《移动智能终端及应用软件用户个人信息保护实施指南 第8部分:隐私政策》(T/TAF 068-2020);企业标准有:腾讯集团发布的《移动支付客户端应用安全规范》(Q/TX 011-2020)、支付宝(中国)网络技术有限公司发布的《移动金融客户端应用安全规范》。下文将以工业和信息化部发布的一项通信行业标准为例,简述其内容并进行简要评价。

《电信和互联网服务——用户个人信息保护——定义及分类》(YD/T

① 张清、武艳:《社会组织的软法治理研究》,法律出版社2015年版,第123页。

2781-2014)是工业和信息化部公布的“电信和互联网服务——用户个人信息保护”系列标准之一。该标准适用于电信业务经营者和互联网信息服务提供者在提供服务过程中的用户个人信息保护,规定了电信和互联网服务用户个人信息保护的术语和定义、保护范围、信息内容和分类。该标准的内容分为“前言”、“范围”、“规范性引用文件”、“术语、定义和缩略语”、“电信和互联网服务用户个人信息保护范围”、“用户个人信息内容和分类”6 个部分。“前言”部分简要介绍了标准的制定依据、归口部门、起草单位和起草人。“范围”部分明确了标准的基本内容和适用的业务对象。“规范性引用文件”部分列出了标准应用过程中依据的相关文件,包括国家标准《信息安全技术——公共及商用服务信息系统个人信息保护指南》(GB/Z 28828-2012)和通信行业标准《基础电信运营企业移动网络客户信息安全管理框架》(YD/T 2670-2013)。“术语、定义和缩略语”部分则对术语——“电信和互联网服务用户个人信息”进行了定义,并解释了“IMEI”、“IMSI”、“MAC”、“SIM”四项缩略语的含义。在“电信和互联网服务用户个人信息保护范围”中,该标准明确电信和互联网服务经营主体要保护的个人信息应是其业务的全生命周期中收集、存储、使用、变更、转移或销毁的电磁介质等载体承载的用户个人信息。在“用户个人信息内容和分类”中,该标准将电信和互联网用户个人信息分为用户身份和鉴权信息、用户数据和服务内容信息以及用户服务相关信息三类。该标准还将每类信息项分为若干个子类,并对每个信息子类提供了举例。

上述行业标准因其主题范围较窄,内容较为简单。其最大的亮点在于将电信和互联网用户个人信息进行了详细具体的划分,每一类信息提供了丰富的示例,为后续用户个人信息分级保护行业标准的制定奠定了扎实的基础。此外,该标准将保护范围扩展至业务全生命周期,以及信息载体介质中立的态度,都起到了增加用户个人信息保护的作用。但是,该标准也存在一些问题。比如,该标准的“范围”项下,既概括了标准的基本内容,又写明了标准的适用对象,产生了一定的逻辑混乱。一般法律文件中的“范围”多指适用范围,即法律文件在何时、何地，对何人产生法律效力。而该标准的“范围”涵盖基本内容的概括似有不妥。又比如，该标准将用户个人信息定义为“在提供服务过程中收集的能够单独或者与其他信息结合识别用户和涉及用户个人隐私的信息”。该定义似有不严谨之嫌。在法学界，个人信息与个人隐私是两个不同的概念，两者既有联系，又有区别。前者包括多种方式记录的能单独或与其他信息结合识别特定自然人的各种信息。后者不但包括私密信息，还包括自然人的私人生活安宁和不愿为他人知晓的私密空间、私密活动。因此，站在法学的角度，对个人信息的表述应该避免使用“隐私”的字样，而是使用“敏感信息”或“私密信息”所替代。

3. 互联网行业标准存在的问题

(1)主体方面

2017 年我国《标准化法》进行了最新修订，新版《标准化法》在原来四分基础上增加团体标准变成五分，体现出了“政府标准”与“市场标准”共同治理、尊重市场主体进行自我治理的新理念。然而，新版《标准化法》仍然没有改变“行业标准由国务院有关行政主管部门制定”的既有规定。这种政府主导制定模式固然有政府信誉背书的优点，但是也有可能存在专业性和科学性不够的缺点。一般而言，行政主管部门的工作人员多为公职人员，无论是在专业知识的储备方面，还是对相关行业最新发展状况的了解方面，他们能够达到的程度与深度都是有限的，不及行业协会等组织及研究机构的人员。这一劣势使得他们负责主导制定的行业标准可能在专业性和科学性上稍显不足。

需要指出的是，为了消除上述缺陷，行政主管部门在制定行业标准时，往往会注意吸收相关行业协会、科研人员、企业工程师等进入专业标准化技术委员会(主管部门内部从事行业标准起草、技术审查等标准化工作的非法人技术组织)，以保证标准制定的专业性和科学性。比如，互联网行业标准的主要制定主体——工业和信息化部，2022 年公布了《专业标准化技术委员会管理办法》，对该委员会的组建、工作要求、监督管理作出了明确规定。这份规范性文件要求专业标准化技术委员会的委员应当具有广泛性，包括生产者、经营者、使用者、消费者、公共利益方，并对委员、主任委员和副主任委员的任职资格设置了相应专业背景的条件。① 但是，在长久以来政府主导惯性的背景下，这样的举措实际成效如何，还有待进一步地观察。一来，行业协会在长久以来政府主导管理的体制下，本身缺乏参加行业标准化工作的意识，参与制定的主动性较差。二来，在制定标准时，专业标准化委员会常常基于方便的考虑或是基于私人关系等因素，仅通知少数与政府部门关系密切的行业协会或科研机构参加②，导致制定的标准可能在可行性和利益平衡方面存在缺陷。

（2）程序方面

互联网行业标准制定程序的严格程度不高。虽然工信部最新出台的《工业通信业行业标准制定管理办法》从多个方面完善了行业标准的制定程序，但其中仍然存在一些不够严格的地方。比如，该管理办法没有规定标准起草工作组的选拔机制。起草工作组组成人员在很大程度上决定了行业标准制定的科学性、专业性、民主性。如何从专业标准化技术委员会的委员中选取合适的人选，以保证工作组成员的研究水平、技术水平、代表性，这应该是一个不容忽视的问题。再者，对于行业标准制定的重要环节——技术审查，该管理办法只是规定了审查主体、审查形式以及表决规则，但对于审查的内容和要求却只字未提，这有可能使得审查人员在审查时缺少审查目标，间接影响行业标准制定的科学性。③

（3）内容方面

互联网行业标准在自身的内容上也存在一些问题。互联网时代是信息技术迭代频繁和知识爆炸的时代。理论上，技术专家的参与能最大程度地保证

① 工业和信息化部专业标准化技术委员会管理办法，http://www.moj.gov.cn/news/content/2019-09/30/zlk_3233556.html。

② 高阳：《我国行业协会参与标准化管理研究》，上海交通大学硕士学位论文，2014 年。

③ 李炎卓：《行业标准的制定研究》，大连理工大学硕士学位论文，2018 年。

标准当时的科学性和专业性，但是，行业标准的制定周期毕竟可达 24 个月，技术在此期间有可能迅速迭代，再加上专家有限理性及个人偏好的情境性，有可能导致刚出台的行业标准在内容上落伍，无法引领行业发展，甚至于制约市场创新。① 此外，如上述“用户个人信息定义”的例子所示，标准的制定者有可能采用不严谨的表述方式，有损相关定义的科学性。相较于行业技术标准，表述上的不规范性更容易出现在行业工作标准和行业管理标准之中。最后，几乎所有的标准都存在缺少一定的通俗表达的问题。诚然，标准是一种技术要求，一般含有大量的技术参数和指标，非专业人士很难理解其中之意。况且，行业标准多为行业从业者的实际操作提供指引，无须考虑行业外者的理解问题。然而，如果行业外的普通消费者也能大致理解具体的行业标准，这将有助于他们对行业生产者和服务者的监督，从整体上有益于行业的发展。

（三）行业自律公约和倡议

自律公约和倡议是互联网行业中数量较多的一类自治规范。据不完全统计，中国互联网协会自成立以来，发布的自律公约和倡议有 20 多项，例如，《中国互联网行业自律公约》、《中国互联网协会关于抵制非法网络公关行为的自律公约》、《中国互联网网络版权自律公约》、《互联网新闻信息服务自律公约》、《互联网搜索引擎服务自律公约》、《文明上网自律公约》、《中国互联网协会抵制网络谣言倡议书》、《文明博客倡议书》、《加强互联网平台规则透明度自律公约》等。下文将分别以《中国互联网行业自律公约》和《中国互联网协会抵制网络谣言倡议书》为例，分析其体例结构、条文内容设置、语言风格等，以求管中窥豹，推知协会自律公约和倡议这一类自治规范的基本概况。

1. 行业自律公约示例

《中国互联网行业自律公约》是互联网行业中制定时间较早、影响力较大

---

① 相似的例子，可参见崔俊杰：《个人信息安全标准化进路的反思》，载《法学》2020 年第 7 期。

的一般性自治规范。该公约一共 31 条,分为“总则”、“自律条款”、“公约的执行”、“附则”四章。“总则”部分一共有 5 条内容,涉及公约的目的、适用范围、行业自律基本原则、公约的执行机构等内容。其中第 1 条是对制定自律公约目的的描述:“‘积极发展、加强管理、趋利避害、为我所用’的基本方针,为建立我国互联网行业自律机制,规范行业从业者行为,依法促进和保障互联网行业健康发展”。第 2 条提供了“互联网行业”的定义,实际上规定了公约的适用范围:“互联网行业是指从事互联网运行服务、应用服务、信息服务、网络产品和网络信息资源的开发、生产以及其他与互联网有关的科研、教育、服务等活动的行业的总称”。第 3 条是有关互联网行业自律的基本原则:爱国、守法、公平、诚信。第 4 条倡议全行业从业者加入公约。第 5 条规定了公约的执行机构——中国互联网协会。

“自律条款”部分一共有 13 条内容,是该公约的主体部分。其中第 6—8 条规定了互联网行业自律的基本义务,即“遵守国家有关互联网发展和管理的法律、法规和政策,大力弘扬中华民族优秀文化传统和社会主义精神文明的道德准则”“鼓励、支持开展合法、公平、有序的行业竞争,反对采用不正当手段进行行业内竞争”“自觉维护消费者的合法权益”等。其后的第 9—12 条分别规定了互联网信息服务者、互联网接入服务提供者、互联网上网场所经营者、互联网信息网络产品制作者的具体自律义务。再其后的第 13—18 条分别就共同防御计算机病毒、加强沟通协作和提出相关建议、鼓励自主开发互联网各类产品、积极参与国际合作和交流、自觉遵守社会各界对本行业的监督和批评等方面,对行业从业者提出了一般性自律要求。

“公约的执行”部分一共有 7 条内容。其中第 19 条规定了中国互联网协会是自律公约的实施和监督机构。第 20 条规定了公约成员单位尊重并自觉履行公约各项自律原则的义务。第 21 条规定了成员单位之间发生争议时的解决办法。第 22 条规定了公约执行机构调查的权力。第 23 条规定了公约执行机构的制裁手段,即内部通报和取消成员资格。第 24 条和 25 条分别规定了公约成员对于执行机构的监督权利和公约成员及其执行机构遵守国家有关法律、法规的义务。

“附则”部分一共有 6 条条款，主要规定了公约生效和修改的程序、申请加入或退出公约的事宜、分支行业自律协议的制定、公约的解释以及实施日期等内容。

2. 行业倡议书示例

《中国互联网协会抵制网络谣言倡议书》是中国互联网协会于 2012 年 4 月 8 日发布的面向互联网业界的一项倡议书。全文分为序言和具体条款两部分。在序言部分，倡议书指出了网络谣言的危害——“严重侵犯公民权益，损害公共利益，也危害国家安全和社会稳定”，并表明了倡议书的目的在于“抵制网络谣言，营造健康文明的网络环境，推动互联网行业健康可持续发展”。倡议书一共有 8 条具体条款。其中第 1 条号召行业从业主体树立法律意识，严格遵守国家和行业主管部门制定的各项法律法规以及行业自律公约，不为网络谣言提供传播渠道，配合政府有关部门对于网络谣言的打击行为。第 2 条号召行业从业主体积极响应国家有关建设社会主义文化强国的战略部署，制作和传播合法、真实、健康的网络内容。第 3 条号召互联网企业增强社会责任感，履行媒体职责，承担企业社会责任，依法保护网民有关权利，加强管理，积极引导网民文明上网，斩断网络谣言传播链条。第 4 条强调从业主体要自我约束，加强行业自律，健全内部管理制度，强化内部监管机制，加强对有关内容的甄别和处理。第 5 条号召加强对从业人员的职业道德教育。第 6 条强调提供互动信息服务的企业要遵守有关互联网真实身份认证的要求，同时要做好保护网民个人信息安全工作。第 7 条号召行业主体自觉接受社会监督，积极听取和反馈网民意见。第 8 条提倡全体网民积极支持互联网企业抵制网络谣言的行动，不造谣、不传谣、不信谣，做网络健康环境的维护者，积极举报网络谣言。

3. 对中国互联网协会自律公约和倡议的评价

通过对以上两例示例的简要概述，大致可以推知这类行业自治规范的基本特点及其相关不足。

就行业自律公约而言,其体例结构、条文的逻辑结构以及用语等方面较为接近硬法。上述互联网行业自律公约有类似硬法体例结构,分为总则、分则和附则。总则中对立约目的、适用范围、基本原则等方面进行了基本规定。分则是总则的具体化,对行业自律的基本义务,以及对不同从业主体的具体自律义务进行了详细规定。附则是有关公约的辅助性内容,规定了公约的解释权、生效和修改程序以及生效日期。自律公约中的某些具体条文具有类似硬法的"行为模式+法律后果"的逻辑结构以及用语。比如,"公约成员单位违反本公约,造成不良影响,经查证属实的,由公约执行机构视不同情况给予在公约成员单位内部通报或取消公约成员资格的处理"。行业自律公约在这些方面与硬法的相似能够增加其内容的规范性、严肃性,有助于增加其权威。另一方面,行业自律公约又有着鲜明的软法特色。在义务设置方面,公约中对行业主体"弘扬社会主义精神文明道德准则和推动行业职业道德建设"这类自律义务的设置,就较多出现在软法规范而非硬法规范之中;在条文蕴含的基本理念方面,公约条文多处体现了软法规范所倡导的"合作"、"互相监督"等理念。比如,"支持采取各种有效方式,开展互联网行业科研、生产及服务等领域的协作,共同创造良好的行业发展环境"、"自觉接受社会各界对本行业的监督和批评,共同抵制和纠正行业不正之风"。

相较于硬法,行业自律公约有着制定过程高效、行业针对性强等诸多优点,但是,其本身也存在着一些不足之处。首先,行业自律公约的更新或修改未有做到及时回应时代对于互联网行业要求的变化。作为一项互联网行业基本的自律公约,发布于2002年3月26日的《中国互联网行业自律公约》迄今为止已历22年,却未进行过任何的更新或修改。在互联网技术日新月异和我国互联网领域新近立法不断涌现,尤其是习近平总书记关于互联网安全已作出一系列重要论述的背景下,行业自律公约更新或修改方面的严重滞后,对其本身存在的意义和规范效果有着负面影响。其次,行业自律公约虽然规定了内部通报和取消资格这两类惩戒措施，但适用的具体情形、适用的具体程序，该公约均未涉及，这就进一步削弱了本就缺乏法律强制力的惩戒措施的实际约束力，不利于行业自律的有效实施。

就行业倡议书而言，其结构和内容较为完整，具体条款的设置层次分明。上述《中国互联网协会抵制网络谣言倡议书》采用“序言+具体条款”的体例结构，条理清晰。主体内容设计较为完整，具体条款涵盖了从网络谣言源头到传播链再到最终受众网民等诸多途径的抵制倡议。此外，从业界全员应该树立法律意识、遵守各项规则为最基本出发点，到响应传播先进文化、弘扬社会正气的国家战略部署，再到相应互联网企业承担社会责任，健全网站内部管理和监督机制，最后到提高从业人员的职业道德教育和对网络谣言的辨别能力，倡议书中的抵制策略也较为丰富，并且层层推进，逻辑性较强。

然而，行业倡议书毕竟只是行业协会单独或者与某些社会团体或企业联合发起的、希望采取某种行动的提议。倡议为软法诸多类型中效力最软的一种，一般仅具备宣示性功能，全靠加入者的自觉遵守和社会舆论的监督来保证其实施，无专门的执行机构，更无相关的惩戒措施。虽然理论上，倡议书可以通过相关的利益导向机制来对加入者产生约束，但并非每个加入者都为“理性人”，其实际效果只能通过实践来检验。

三、互联网行业自治的实施

（一）行业自治规范的实施

为了保证行业自律工作的有效实施，中国互联网协会成立了专门的行业自律工作委员会。该委员会的主要职责包括制定和完善互联网行业自律规范、组织会员和签约单位贯彻实施行业自治规范、定期组织开展自律规范的执行情况的自查互查活动、接受社会公众对会员及自律规范签约单位的投诉、定期向社会通报行业自律情况、开展互联网行业自律经验交流等。

行业自律工作委员会主要是通过定期组织开展自查互查活动的形式来监督行业自治规范的实施情况。一般情况下，在贯彻落实国家有关部门的互联网专项行动会议精神时，以及在针对互联网领域的某些发展动态时，自律工作委员会会事先发布组织开展某项自律工作的通知，要求其会员积极开展自治规范的自查互查活动。该工作委员会以及各省级协会的相关部门对会员单位执行自治规范的情况进行监督检查。对于检查不符合要求的会员或签约单位，工作委员会要求其自觉整改。对于拒不整改的会员或签约单位，工作委员会可以将其公开曝光。对于屡教不改的会员或签约单位，工作委员会则将其纳入相关的黑名单，并移交有关部门予以处理。该工作委员会还注重赏罚并举。在自查互查活动中，工作委员会还一并开展"中国互联网行业自律贡献奖"的评选活动，表彰互联网从业单位在开展行业自律、推动我国互联网行业文明健康发展中所做出的努力和贡献，并在其官方网站上对获奖者的名单以及有关先进事迹进行公开宣传。①

需要指出的是，无论奖惩与否，中国互联网协会似乎主要还是通过媒体宣传所形成的社会压力来保证其会员单位执行行业自治规范。从可查询到的公开文献来看，协会似乎极少有采用"取消成员资格"这样严厉惩罚的例子。2010年腾讯公司与奇虎公司的"3Q"大战中，中国互联网协会也只是发表声明拥护国家有关部门的决定，敦促这两家会员单位要自觉履行《互联网行业自律公约》和行业规范，合法、公平、有序地开展行业竞争，自觉维护互联网用户的合法权益，而并未采取其他更为有效的措施。

（二）行业管理的实施

除了实施行业自治规范，中国互联网协会还承接了政府转移的部分行业管理职能，在违法与不良信息举报受理、互联网信息服务投诉处理方面发挥了

① 《2014—2016年度中国互联网行业自律贡献奖评选结果公示》，https://www.isc.org.cn/hyzl/hyzl/listinfo-34935.html，2021年8月8日访问。

积极作用。早在2004年,中国互联网协会就成立了“违法和不良信息举报中心”,并通过开通举报网站,公布举报热线电话、电子邮件和传真等联系方式,接受公众对于互联网违法和不良信息举报。其后,在工信部的委托下,中国互联网协会又成立了“12321网络不良与垃圾信息举报受理中心”,协助工信部承担关于互联网、移动电话网、固定电话网等各种形式信息通信网络及电信业务中不良与垃圾信息的举报受理、调查分析以及查处工作。中国互联网协会的举报受理工作取得了不错的成效。比如,在成立当年,2004年7月开始的为期3个月的“打击淫秽色情网站专项行动”,协会在配合公安部等部门的打击淫秽色情网站专项行动中,共接受群众举报72300多件,并向公安部转交了1041家境内淫秽色情网站线索,执法部门根据举报中心提供的这些线索,关闭了1125家色情网站,抓获了400多名犯罪分子,较大地改善了我国当年的网络环境。① 2019年,在工信部的指导下,中国互联网协会还成立了“互联网信息服务投诉平台”,该平台定位于投诉绿色通道,用来沟通和化解用户与互联网企业之间的纠纷。在接收到用户就互联网信息服务方面问题的投诉之后,中国互联网协会将督促相关企业在10个工作日之内处理有关问题,并告知用户处理结果。在维护用户合法权益的同时,中国互联网协会依托相关数据资料,为用户提供消费信息和指引。

中国互联网协会在组织行业主体交流和研讨方面作出了诸多举措。比如,自2002年起,协会每年都主办“中国互联网大会”,围绕当年互联网领域内的热点问题,邀请和组织政府部门领导、行业会员单位代表、专家学者、业界领袖等进行沟通、交流和研讨,该会议已成为互联网行业极具知名度的行业会议。中国互联网协会还设立了以沟通、分享、协作为宗旨的业界交流平台——蓝海沙龙,定期面向协会会员单位举办各种专题活动。此外,协会近年来还重视互联网法治建设,主办过多届“中国互联网法治大会”,邀请政府部门领导、

① 参见《增强自律意识,构建和谐网络文化》,中国互联网协会网,https://www.isc.org.cn/hyzl/hyzl/listinfo-1898.html,2021年8月1日访问。

知名法学家和律师、企业法务代表、中小企业主等人士参会，共商互联网领域内法治创新与治理。

（三）行业纠纷调解的实施

行业纠纷在行业内自我解决是行业自治的重要体现。中国互联网协会设有一套较为完善的行业纠纷争议调解处理机制。上文提及的行业自律工作委员会即为专门的行业争议调处机构，负责组织与协调会员之间、会员与非会员（非会员同意的前提下）之间争议调处工作。争议调处实行专家组负责制。行业自律工作委员会在决定受理争议之日起7个工作日内成立专家组。专家组一般不少于5名人员，由知名学者、技术专家、资深律师、企业法定负责人等组成。争议调处的形式有三种：和解、调解、裁决。申请人与被申请人达成和解，可以在专家组见证下签订和解协议；申请人与被申请人无法达成和解，申请调解的，专家组应当及时调解；难以调解的，专家组在依据法律、法规、政策，尊重社会道德规范与商业管理，参照行业自律公约规范的基础上，对争议作出裁决。行业自律工作委员会在事后监督调解书、裁决书的执行情况，督促申请人与被申请人履行义务。后两者如若不执行调解书、裁决书的规定，且在履行期限届满之日起7个工作日内未向法院提起诉讼，也未向仲裁机构申请仲裁的，行业自律工作委员会可以对调解书、裁决书的执行情况在协会官网上进行通报。①

在业内纠纷解决机制的基础上，中国互联网协会还进一步建立了附设于司法体系和人民调解体系的行业协会调解制度。2008年，中国互联网协会调解中心成立，受理涉及会员单位、法院委托的知识产权及相关互联网法律纠纷，经过多年的发展，协会已经在北京、浙江、上海、广东等地设立调解分中心，已初步建立起全国性的互联网纠纷调解体系。在这些地方的三级法院受理的

---

① 参见《中国互联网协会会员争议调解处理办法（试行）》，https://www.isc.org.cn/xhgk/glbf/listinfo-36980.html，2021年8月18日访问。

至少一方当事人为互联网企业或案件争议内容涉及互联网,且当事人双方自愿的情况下,中国互联网协会调解中心可对案件进行调解。委托调解期限一般为30日,并可适当延长。调解成功的,案件原告可向法院申请撤诉,或由任一当事人向法院申请出具民事调解书;期限内调解不成的或一方明确表示不同意继续调解的,调解中心告知法院并终止委托调解,案件继续由法院审理。协会调解中心的调解工作成果显著。比如,在2013年,调解中心受理各地法院委托涉互联网案件共2725件,累计成功调解案件1415件,调处成功率51.9%。[①] 在调解成功的案例中,也不乏像"环球、华纳、索尼诉百度MP3侵犯著作权纠纷案"这样开创了音乐公司与互联网平台全新合作模式的里程碑式的案例。2012年,中国互联网协会在中华全国人民调解员协会的指导支持下,以协会调解中心先期工作为基础,成立了中国互联网协会人民调解委员会,使其互联网纠纷调解工作纳入人民调解的范畴,实现行业的可持续发展。

通过以上的简述可知,中国互联网协会在互联网行业自治的实施方面存在颇多亮点,在承接政府职能转移、组织会员交流和调解纠纷方面取得了不少成绩。但是,需要指出的是,中国互联网协会更多地是处在"辅助者"角色下做出的这些成绩。承接政府职能转移,本就是一项从属地位角度开展的工作。就组织会员交流而言,中国互联网协会更多地是从上至下地帮助会员理解和遵守国家有关法律和政策的角度展开的交流,而以凝聚业界共识,从下至上地向政府反映业界心声为目的的交流活动较少。至于协会调解纠纷方面的业绩,也要看到,这可能更多的是因为司法机关受案时前置调解所致。民众是否已经对中国互联网协会的调解建立了十足的确信感,是否在发生互联网纠纷时,首先想到把争议交给中国互联网协会解决,而非借助公权力,这些都还有待实践进一步验证。

---

① 《委托协会调解一审涉互联网知识产权民事案》,人民网,http://ip.people.com.cn/n/2014/0924/c136655-25727538.html,2014年9月24日。

第五节　完善我国互联网行业自治的思考

一、根本之道：增强互联网行业组织的主体地位

通过上文的阐述，可以看到，以中国互联网协会为代表的行业主体在承接政府职能、规范行业行为、实施行业管理、调解行业纠纷等方面发挥了较为重要的作用，在我国的网络治理进程中取得了一些成就。然而，我国互联网行业的自治水平仍然不高。若更严格地审视之，我国互联网行业目前只能称得上"自律"，而非真正的"自治"。事实上，中国互联网协会这类的官办行业组织的自我定位也仅在于实现行业自律。自党的十八大以来，习近平总书记对网络治理就提出了许多重要论述。党的十九大及其后续全会也明确指出："建立网络综合治理体系，营造清朗的网络空间……社会治理是国家治理的重要方面，必须加强和创新社会治理，坚持和完善共建共治共享的社会治理制度……"①这种"共建共治共享"的网络社会综合治理体系对互联网行业组织的自主地位和治理能力提出了更高的要求。因此，在党和国家大政方针的指引下，同时也是在网络治理内在需求的驱使下，我国互联网行业组织应该顺应潮流，积极实现行业自治。而在我国要顺利实现互联网行业自治的根本之道在于增强行业组织的主体地位。

虽然社会契约理论、治理理论、多元主义理论、法团主义理论等无不为行业自治的合法性提供了理论基础，但是，超过70%的行业协会属于官办性质②的现实背景却在提醒我们必须要正视国情。如前所述，中国互联网协会与国家有关部门存在依附性关系。即使是近年来建立的诸如"中国网络社会组织

① 《十九大报告提营造清朗网络空间　综合治理体系如何构建》，《法制日报》2017年10月25日，http://media.people.com.cn/GB/n1/2017/1025/c40606-29606992.html，2021年6月8日登录。

② 《全国7万协会商会超70%官办　12省试点去行政化》，https://finance.sina.com.cn/china/20150127/092421406431.shtml，2021年8月18日访问。

联合会”这样的网络“枢纽型”社会组织，虽有整合网络社会资源、构建相关利益协同机制之作用，但其实质乃是行政给定的一种领域性统驭组织，呈现的是一种国家与社会组织的纵向隶属关系，而非自愿形成、体现横向平等关系的联合体。① 互联网行业组织在制度设计层面和人、财、物等实操层面均受制于政府，且由于对外界资源的高度依赖性的特点，增加了其对政府掌控的“路径依赖”，使其无法真正独立于政府。自 2015 年开始，我国虽然开展了行业协会、商会与行政机关脱钩改革试点，并于 2019 年全面推动脱钩改革，但是，这些举措多数还处在政策倡导层面，产生的实际效果并不明显。

为了有效提升互联网行业组织的自主性地位，政府、互联网行业组织、社会公众需要通力合作。首先，政府要改变传统的单方治理的观念，确立国家与社会、民众共建共治共享的治理思维。政府应进行深入推进脱钩改革，增加对互联网行业组织的信任，改变对其管理甚至提防的旧有心态，转而将其视为网络治理中的合作伙伴。其次，国家要完善相关立法，对行业协会的自治权予以确认和细化。在有着行业自治成功经验的美国、德国、日本等国家，对于行业协会都有着各自明确的相关立法和规章制度。根据我国《民法典》的有关规定，行业协会被视为非营利法人中的社会团体，并应当制定法人章程，设立会员大会、理事会等内部机构。除此之外，与行业协会有关的法规和规范性文件主要为《社会团体登记管理条例》和《行业协会商会综合监管办法》。这些法律文件对于行业协会独立性和自治性的确认和细化规则，或是没有提及，或者着墨不多。因此，我国可以加快制定《行业协会商会法》，对行业协会的独立地位及其自治权予以确认，对行业协会自治的界限范围、运行方式、监督和救济机制予以具体规定。此外，针对上文讨论的行业标准存在的问题，国家可以考虑修改《标准化法》及有关规定，增加行业组织在制定行业标准过程中的参与程度，充分发挥行业组织的专业性优势；还可考虑设置特别的标准转换程

① 马长山：《从国家构建到共建共享的法治转向——基于社会组织与法治建设之间关系的考察》，载《法学研究》2017 年第 3 期。

序，将成熟的、有代表性的团体标准转换为行业标准，甚至国家标准，以增强行业组织在标准制定方面的主体地位，同时也解决了行业标准制定周期较长的问题。再次，在“小政府，大社会”的格局还未完全形成的情况下，政府依然要增强对互联网行业组织的支持，以增强其自主性。申言之，政府要加大赋予互联网行业组织民主参与和自主自治权利的力度，明确并尊重其在网络空间治理中的主体地位；搭建和培育互联网行业组织发挥民主协商功能和决策咨询作用的平台与机制；要通过扩大购买服务的范围和规模等方式，加大对互联网行业组织的资金支持。再次，互联网行业组织要有积极参与网络治理的使命担当，增强自治意愿，遵循法治原则，积极加强自身治理能力的建设，减少对于政府的过度依赖，避免治理过程中“不在场”现象的产生①，更需要防止治理过程中的“行业组织失灵”。最后，社会公众也应逐步改变“有困难，找政府”的传统观念，增加对互联网行业组织的了解和信赖，在与互联网企业发生纠纷之时，能更多地通过行业组织寻求解决之道，为行业组织的发展创造良好的社会环境。

二、具体之策：增强互联网行业组织自治能力

（一）加强互联网行业组织的内部建设

首先，互联网行业组织应完善自己的组织架构。完整的组织架构是每个社会组织正常运转、发挥效能的基础和保障。一个完整的社会组织应该包括会员代表大会、理事会、监事会和秘书处等机构。然而，我国互联网行业组织在组织架构上还存在缺陷。以前述的中国互联网协会为例，虽然其已有会员代表大会、理事会、常务理事会等机构，但尚未设立监事会。中国电子商会等全国性的互联网行业组织以及湖南省互联网协会、湖南省网络视听协会、浙江

① 马长山：《从国家构建到共建共享的法治转向——基于社会组织与法治建设之间关系的考察》，载《法学研究》2017 年第 3 期。

省互联网协会等地方性互联网行业组织也都存在同样的问题。监事会不仅对行业组织的决策机构的日常决策进行有效监督,形成良好的权力制衡机制,还能在行业组织实施行业自治规范的过程中施以相应的监督,避免权力的滥用。因此,对于像中国互联网协会这样重要的但还未建立监事会制度的互联网行业组织,应该积极弥补其组织机构中的这一明显缺陷。最重要的是,互联网行业组织要赋予并保证监事会完整的职权,让其得以真正起效,并建立起与之相适应的内部权力制衡与约束机制、自上而下的审查机制、自下而上的检举机制等,避免行业组织出现"内部人控制"的现象,为行业组织的正常运转和行业自治规则的规范实施提供有力保障。其次,互联网行业组织应该进一步健全内部规章制度。目前,包括互联网行业组织在内的网络社会组织,存在科学决策机制和激励机制欠缺、信息披露制度、财务制度不健全、日常管理制度虚设化等问题,这严重影响了组织的正常运营,甚至有危及组织生存的危险。因此,互联网行业组织应积极加强内部的制度建设,努力提高内部管理水平,为有效开展其各项业务,实现互联网行业自治,提供坚实的内部保障。再次,互联网行业组织应该积极招收各方面人才,以确保能顺利履行职能,完成各项业务工作。以中国互联网协会为例,该组织的业务范围广泛:既有承接政府行政管理职能,又有接替政府服务;既有行业自律管理,又有行业纠纷调解;既有向政府反馈业界心声,又有行业相关培训交流。这样复杂多样的业务工作势必要求行业组织拥有一批高质量的人才队伍做支撑。为了保证行业自治规范制定和实施过程中的合法性、规范性,互联网行业组织尤其应该重视相关法律人才的储备。

(二)完善互联网行业自治规范的制定和实施

作为一种软法类型,行业自治规范以其灵活性和回应性有效地弥补了国家硬法在行业治理中的僵硬性,发挥了重要的秩序建构作用。然而,软法也有其局限性。与国家法律在立法、执法方面都必须遵循严格的程序不同,行业自治规范制定和实施过程中程序性规定的欠缺以及相关主体权益救济性规定的不足是软法的共性问题，互联网行业自治规范也未能幸免。软法与硬法，虽然在功能、作用等方面有着很大区别，但两者均应恪守法治精神，实现法治价值。因此，互联网行业相关主体应将法治精神和价值植入行业软法的创制和实施中以进行完善。具体而言，可从以下程序和内容两方面入手。

程序方面，互联网行业组织应从根本上建立多元主体参与“立法”和凝聚共识的有效机制。以中国互联网协会为例，一些自治规范多为组织内部制定的结果，并未经过广大会员的协商，会员参与制定的程度并不高，“被代表”的情形并不少见。在制定过程中，该组织虽有向社会各界公开征求意见的举措，但是象征性的色彩较强，是否采纳意见、如何根据意见修改自治规范草案等情况均未向外界透露，实际上多数情况下最终通过的自治规范仍以协会内部草案为主，并未能真正体现软法民主协商的价值。为切实提高多元主体参与程度，互联网行业组织首先应该明确规定不同种类自治规范制定的参与主体，设立充分协商讨论的必经程序，并提供有力的信息通知、信息共享与反馈机制，减少信息不对称性和信息传递延迟等不利因素，保证参与主体能在协商讨论过程中有效行使询问、质询、建议、辩论等权利。其次，互联网行业组织要引导各参与主体之间的互动交流，凝聚共识。即使是会员之间也会有利益追求不统一的时候，但为了制定出符合行业利益的自治规范，互联网行业组织应引导各参与主体积极开展互动交流，在法治精神的统领下，以不违背行业利益和不阻碍行业发展为前提，不断调整各方主体自身利益价值偏好，吸收各方意见中的合理之处，努力寻求最大公约数，实现自身利益与行业利益的有机统一。最后，互联网行业组织要增加自治规范表决程序的透明度，并在规范通过之后及时启动相应的信息公开程序，以保证所有会员的权利预期和行为预判。此外，互联网行业组织还需继续填补其他具体程序的空白以及完善现有自治规范中的有关程序。大多数互联网行业组织缺乏有关处罚措施相应的程序规定以及会员权利遭受侵害时的救济程序。为了保护会员的合法权利，减少行业组织过度自由裁量可能带来的危害，提高其对行业组织的信任程度，互联网行业组织需要设置相应的正当程序，比如，明确规定各项处罚措施适用的条件和程序，设置会员处罚的复核程序和听证制度等。针对现有自治规范中的程序瑕疵，互联网行业组织应该积极修改完善。比如，上文中提到的中国互联网协会章程中关于章程修改程序的缺失。

内容方面，互联网行业组织首先应设立与上述程序配套的程序性权利。比如，为了保证会员能够有效参与自治规范的创制，行业组织应设立会员的提案权。而为了保证会员的合法权利在纪律处分过程中免遭侵害，行业组织应设立会员相应的陈述权和申辩权。其次，互联网行业组织应该继续完善相关主体的基本权利义务设置。比如，大多数互联网行业组织的自治规范中均规定了理事长等领导负责人的职权，但却缺少相关义务和责任的规定。因此，行业组织应对这些组织的重要人员设置勤勉、忠诚义务以及违反义务时所应承担的责任。当然，行业组织也应该遵循权责相一致的原则，不得对组织负责人和会员设置不合理的义务。再次，由于互联网行业组织也承担着提供公共服务的职能，这就需要它们在创制具体的行业标准、团体标准、自律公约时，应努力将自利的价值偏好维持在合法、合理的程度范围内，并在遵循法治精神和相关法律原则的前提下，做到具体规则内容不与相关法律法规、政策相抵触和违背，避免行业利益与公共利益的冲突，维护网络公共领域秩序。最后，如前述《中国互联网行业自律公约》显示的内容滞后性问题，互联网行业组织要坚持与时俱进，积极回应行业中出现的热点、难点问题，制定相应的自治规范，并根据国家法律、政策的变化，适时修改和完善现有的自治规范。

（三）加强对互联网行业自治的政府监管和社会监督

互联网行业组织自身的局限，以及行业利益与公共利益之间的可能差异，都凸显了政府监管和社会监督的必要性。为了进行有效监管，行业主管部门和民政部门等政府监管部门首先应该明确各自的监管范围和职权，完善内部结构，改进工作方式，吸收互联网专业人士进入监管队伍，以应对互联网领域监管的诸多技术难题。其次，政府监管部门由于互联网的特性，对互联网行业的监管还涉及网络舆情、网络犯罪等内容，政府监管部门需要与网信部门、公安部门等一道建立联动监管机制，各部门得以信息共享，分工合作，形成监管合力，对互联网行业组织进行全方位的监管。最后，就具体的监管内容而言，政府监管部门应着重对互联网行业组织的内部组织和制度是否完备、是否及时履行信息公开义务、是否创设自治规范，自治规范是否符合基本法治精神以及形式上的完备性，自治规范是否真正得以实施，内部处罚措施有无经过正当程序等方面进行审查，将相关信息记入行业组织的信用记录并向社会公开，在必要时依法依规采取限制从事相关行业服务、取消参加评优评先资格等行政性约束和惩戒措施。当然，需要指出的是，政府监管以尊重互联网行业组织的自治权为前提，要在两者之间达到适度平衡，政府监管的目的是为了互联网行业组织更好地实施行业自治，而非代替后者。

除开政府的监管，社会监督也是不容忽视的一支力量。社会各界应该对互联网行业组织予以更多关注，建言献策。互联网行业组织建立完善的信息公开制度，及时向社会公开登记事项、组织机构、自治规范、接受捐赠、政府转移或委托事项、运行情况等信息。社会可对互联网行业组织展开独立的第三方评价，形成舆论压力，促使后者规范运营，减少自治规范中的价值偏好，提高自治规范的正当性和合理性，以及实施过程中的规范性。对社会公众强烈关注的、与互联网行业组织有关的具有重大影响的事件发生时，互联网行业组织应及时回应，作出解释。

三、配套举措：加强互联网行业自治中的软硬法的协调和合作

软法虽然有着鲜明的优势，但也需要与硬法协同治理。在网络治理中，硬法发挥着基础性、框架性的调整作用，软法有着补充性、辅助性的规范功能。两者一刚一柔，各自分工，互相配合。在保证互联网行业自治规范与国家法律

之间一定距离的前提下，如何实现软硬法之间的有效协调和通力合作是互联网行业自治得以顺利实现的重要因素。协调互联网行业自治规范与国家法律之间的关系以两者明确分工为基础。在涉及网络公共领域治理以及公共权力分配等问题时，国家法律规制应占主导地位，互联网行业自治规范可作为参考或补充。在涉及行业组织共同体内部事务和技术色彩较重的具体治理问题时，国家法律应该保持克制，尊重互联网行业组织自治权，充分发挥其自我调节的能力和业务优势。当然，互联网行业组织在创制自治规范时，也应当以遵循法治原则、遵守国家法律为前提。此外，由于网络治理的复杂性，政府应当改变传统的管理思想，转变工作职能，让渡一部分公共权力和空间给互联网行业组织，让其承担一部分公共服务的职能，共同参与网络空间治理。就两者的具体协调而言，在国家硬法没有作出具体规定的空白领域，互联网行业组织的自治规范可以作为一种行业公认商业道德或行为标准的渊源而被援引。① 当国家硬法和行业自治规范有重叠规定之时，“国家法律适用优先”是基本准则；而行业自治规范中任何与国家法律相冲突的规定均属无效。为实现两者的通力合作，充分发挥两者所长，国家应当考虑建立相关的长效合作机制。首先，政府要建立和完善两者之间的信息共享机制。政府作为信息资源最大的掌握者，拥有庞大的信息收集体系，而互联网行业组织也有特有、敏锐的信息采集系统，能够及时获取行业最新发展动态和前沿信息。两者可在各自信息公开的基础之上，互通有无，实现信息资源共享。其次，政府还要建立和完善两者之间的行动协调机制。为了避免出现两者各行其是，分散治理的现象，国家应搭建政府与网络行业组织协商沟通和议事的平台和渠道，建立双方沟通的常态化交流机制和突发事件联络机制，以统一目标和行动。

需要指出的是，欲要实现互联网行业自治规范与国家硬法的协调和合作，先要理顺前者内部之间的关系。以中国互联网协会为例，虽其已创制了相当

① 陈耿华：《互联网不正当竞争行为的软法规制——兼论软法规制与硬法规制的耦合》，载《天津财经大学学报》2016 年第 4 期。

数量的自治规范，但尚未成体系化、整体化不够，显得较为松散零乱。为改善此种局面，互联网行业组织要先明确组织章程的“根本大法”地位，然后在此基础上派生出各项具体自治规则。因此，互联网行业组织必须要认真重视章程的制定和修改，不能再以简单拷贝类似章程模板敷衍了事，导致各组织章程“千人一面”的现象，而是要以制定具体规则的“母法”的认识，在相关主体充分协商、征求和吸收会员合理意见、反复打磨修改的基础之上，制定出符合自身特点、为其后各具体规则提供依据来源的组织章程。其次，为避免制定行业自治规则时与组织章程等不同自治规则之间的冲突，互联网行业组织要做到规则创制过程中的公开透明，以便会员和社会公众对其进行监督，并在必要时进行专家咨询，做到事先发现潜在的可能冲突。最后，互联网行业组织内部要建立事后定期审查和整理自治规则的工作机制。当发现自治规则存在冲突矛盾时，行业组织及时启动相关的程序，进行修改完善。

第五章　网络空间新型软法之治

——平台规则之治研究

中国互联网已经进入了平台经济时代，许多互联网平台已在社会经济生活中发挥着枢纽作用。在这一转型过程中，我国政府和社会面临着越来越多的复杂治理问题，比如网络购物假货治理、网络谣言治理、网络视频盗版侵权治理、APP 个人信息泄露治理等。面对这些不断涌现出的棘手难题，诸如许可证、年检、抽查等传统治理手段有些力不从心，难以起到良好的治理效果。在这样的背景下，许多互联网平台企业依据自身的资金、技术、信息等优势，在商业运行实践中逐渐摸索出一些治理经验，有的还形成了较为完整的治理体系或模式，平台也因此逐步成为了网络空间中享有重要规制权力的新型治理者。平台规则是互联网平台企业常见的治理工具之一，已在实践中取得了较为明显的规制效果。然而，由于互联网新经济、新业态的不断涌现，大部分平台企业对于平台规则的制定、内容、执行等方面还处在不断探索和完善之中，其中存在的问题也引起了不少的争议，因此，有必要对平台规则进行一番深入研究，考察其治理之效，并提出相关的完善建议。

第一节　平台规则的界定及其与软法的关系

一、平台规则的界定

本章讨论的平台规则指主要由互联网平台企业制定、修改、实施，用以规范平台有序运行和管理用户行为、涉及公共利益的自治准则。时至今日，绝大部分互联网平台企业都有着自己的平台规则，包括平台上的各种政策、条款、实施细则、规范，等等。这些平台规则基本上涵盖从用户开始注册，到交易完成/信息发布或传播，再到纠纷争议解决，一系列环节中可能遇到的问题的处理，对维护和保障相关平台的快速稳定发展起到了积极作用。

平台规则的制定者——平台，非专门的立法机关或被授权机关，平台规则也主要不依靠国家的强制力来保障实施，因此，平台规则不属于法律规范，这点毋庸置疑。而平台规则的成文表现形式、较为严密的体系结构、强制执行等特点，又将其与道德规范相区别。除此之外，平台规则到底属于哪一类行为规范？目前学界对此已有一些观点。“习惯法说”：杨立新认为平台规则的法律属性是交易习惯，作为法律渊源而言，属于习惯法。①“契约说”：甘晓晨以支付宝规则为例，指出平台规则属于用户与平台之间的合同，但由于其涉及的电子商务服务具有特殊性，因而在语言特色、核心概念、特殊规则等方面有着鲜明的特色；②宁红丽指出电商平台通过制定规则与用户签约的方式实现对海量用户的管理，即通过合同来管理用户，平台规则包含着大量典型的格式条款。③“社会规范说”：夏燕以“新浪微博”规则为考察基础，认为网络社区（网

---

① 杨立新：《网络交易民法规制》，法律出版社 2018 年版，第 155—156 页。

② 甘晓晨：《互联网企业自治规则研究——以支付宝规则为例》，载《法律和社会科学》2010 年第 6 卷。

③ 宁红丽：《平台格式条款的强制披露规制完善研究》，载《暨南学报（哲学社会科学版）》2020 年第 2 期。

络平台)自治规则是以现有法律法规为来源基础的,遵循自发秩序生成规律的网络环境下的社会规范。① "网规说":姚志伟采用"网规"这一概念囊括了平台规则,并认为"网规"本质上属于一种自治性的社会规范。② "独立规则说":戴昕认为,平台规则最接近于 Barak Richman 提出的一个三元治理形态分类中区别于法律治理(law)和私人秩序(private ordering)的企业/组织化治理(firm/organizational governance),有别于网络规范和网络法;③邱遥堃认为平台规则是一种独立的规则。其作为一种规范力量而区别于市场和架构;其来源于平台而非国家或用户,也主要通过平台予以实施,因而有别于法律和社会规范;其因适用对象和适用范围的不同有别于企业规章。④

由于切入的角度不一,不同学者对平台规则的界定也就众说纷纭,莫衷一是。在合同规则角度研究平台规则的学者眼里,平台规则主要是一系列的包含大量格式条款的平台与用户之间的服务合同协议。而从网络社会治理角度来研究平台治理问题的学者眼里,平台规则是典型的网络社会规范。需要指出的是,目前较为全面分析平台规则性质的文献并不多。下文将尝试在这一点上作些努力,并主张将平台规则视为一种软法。

二、平台规则与软法

依据之前章节讨论的有关软法的定义,再结合平台规则的特征和实际情况,本章主张将平台规则视为一种软法。首先,平台规则符合软法的形式要求。第一,平台规则基本符合法的特征。⑤ 如前所述,平台规则是一种行为规

---

① 夏燕:《网络社区自治规则探究——以"新浪微博"规则考察为基础》,载《重庆邮电大学学报(社会科学版)》2017 年第 4 期。

② 姚志伟:《"网规"若干基本问题初探》,载《科技与法律》2012 年第 2 期。

③ 戴昕:《重新发现社会规范:中国网络法的经济社会学视角》,载《学术月刊》2019 年第 2 期。

④ 邱遥堃:《论网络平台规则》,载《思想战线》2020 年第 3 期。

⑤ 关于"法的特征",本章采用姜明安教授的观点。参见姜明安:《软法的兴起与软法之治》,载《中国法学》2006 年第 2 期。

则，其内容大多以规范平台内经营者和平台用户在使用平台过程中所涉及的行为为主，包括注册账户、发布信息、开展交易，等等。平台规则具有外在约束力，而非依靠平台内经营者和用户的内心的意识、观念起作用。平台规则调整的对象是使用平台服务的不特定主体，包括平台内经营者和平台用户，具有普遍性。平台规则多公布在相关平台之上，平台内经营者和平台用户可以检索查询。平台企业还必须按照规定在用户注册或者规则修改时提醒用户的注意，因此，平台规则还具有公开性。第二，平台规则并不依靠国家强制力保障实施，但却有着很强的实际约束效果。平台企业建立了一套较为完整的执行、保障和争议纠纷解决机制，并且由于具备技术优势，使得平台规则在多数情况下能够严格约束平台内经营者和用户的行为，而不需要依靠国家强制力的介入。这在扮演企业用户与终端用户之间守门人角色的超级互联网平台企业更是如此。在某些数字市场，如果不遵守平台规则，会导致用户无法进入，从而根本上丧失交易的机会。

其次，将平台规则视为软法更为符合实际情况。用户与平台之间签订的平台服务协议有着较为明显的服务合同性质，故排除在本书讨论的“平台规则”之外。但是，除了基础的平台服务协议，平台还公布了一系列的诸如隐私政策、市场管理、行业管理、违规处理、纠纷解决之类的规范性文件。虽然这些规范性文件外观上也需要经过点击同意才能适用于用户，但它们仅是披着“合同外衣”，并非是载明当事人各方权利、义务的规范，也亦非平台与用户自由协商的结果，而是体现为平台作为中立一方约束其用户行为的规范，①亦体现出的是一种自上而下的管理属性，有较强的中心化特征。事实上，在一些案例中，法院已不再将平台与用户的关系局限在普通的民商事合同关系范围之内。比如，在“沈阳诉杭州网易雷火科技公司案”中，法院指出被告（平台方）

---

① 周辉：《技术、平台与信息：网络空间中私权力的崛起》，载《网络信息法学研究》2017 年第 2 期。

不仅是网络的"服务者",还是"管理者和维护者",有权单方采取封号措施。[①]在"福州九农贸易公司诉上海寻梦信息技术公司案"中,原告认为平台规则中"假一赔十"的违约金设定过重,其合法权益受到了侵犯。法院则认为,"假一赔十"不是传统的违约金,平台规则并非一对一的传统合同,其具有"管理规范性质"。[②] 我国国家标准化管理委员会 2020 年颁布的《信息安全技术个人信息安全规范》第 5.6 条"征得授权同意的例外"中的附注也写明:"个人信息保护政策的主要功能为公开个人信息控制者收集、使用个人信息范围和规则,不宜将其视为合同。"

最后,将平台规则视为软法,有助于人们把握平台的性质,凸显平台治理的重要性。相较于合同、社会规范等概念,"法"在一般人的意识里拥有更高的地位。如果人们在"平台规则为软法"这一点上达成共识,从逻辑上自然得出结论:平台规则的主要制定者、执行者、裁判者——平台,实际上在扮演"准立法者"、"准执法者"、"准司法者"等多重角色。这就有助于提醒人们认真对待平台的地位:因为平台在"造法"、"执法"、"适法",是拥有与公共利益密切相关的私权力的私主体,其能影响众多用户的日常生活,因此,平台治理就显得尤为重要。事实上,数字经济蓬勃发展的今天,不少学者已经注意到了平台的公共基础设施的特征,平台对于数据这一新型生产要素的产生、组织、分配、流转等方面有着至关重要的影响。[③] 电子商务法起草小组认为,"电子商务平台逐渐具有了准公共产品的特征"[④]。在这样的背景下,很有必要将平台规则视为一种软法,以体现其在维系平台"私人秩序"方面的重要性。

---

① 参见浙江省杭州市中级人民法院民事判决书,(2017)浙 01 民终 6401 号,转引自刘权:《网络平台的公共性及其实现——以电商平台的法律规制为视角》,载《法学研究》2020 年第 2 期。

② 参见上海市长宁区人民法院民事判决书,(2017)沪 0105 民初 20204 号,转引自刘权:《网络平台的公共性及其实现——以电商平台的法律规制为视角》,载《法学研究》2020 年第 2 期。

③ 刘权:《网络平台的公共性及其实现——以电商平台的法律规制为视角》,载《法学研究》2020 年第 2 期。

④ 电子商务法起草组编:《中华人民共和国电子商务法条文释义》,法律出版社 2018 年版,第 106 页。

相比上述的各种学说,将平台规则视为软法规范(“软法说”)有着一些比较优势。“习惯法说”有利于揭示平台规则的自发性特点,但其意义面向是过去的、传统的。而“软法说”的意义面向,不但可以有过去的,更可以是当前的、未来的,更有利于描述和解释这种非国家强制力保障实施的规则对当前和未来秩序的作用。“契约说”的缺点在于无法解释平台规则体现的公共性和管理性,无法调整平台内经营者与消费者之间的关系,而“软法说”正好可以弥补这一点。当然,需要指出的是,“契约说”在涉及平台与用户之间具体纠纷时,仍有重要的作用,尤其当涉及格式条款问题时。“社会规范说”和“网规说”实质上一样,都是把平台规则视为有着自发性和自治性特征的社会规范。这两种学说跟“软法说”有一定的相通之处,都强调规则基础上的自发秩序。如果按照 Eric Posner 的观点,即社会规范(social norm)就是软法,①这两种学说跟“软法说”没有本质上的差别。然而,按照我国学者的观点,软法不仅包括民间性质的社会软法,还涵盖了国家软法——国家立法中那些宣示性的,或者缺失法律责任的条款。换言之,在我国软法学者的语境里,软法并不是天然排斥中央权威,而只是更强调通过一种柔性的、协商的、合作的途径也能达到建构公共秩序的效果。在平台已具备私权力主体地位的背景之下,建立在我国学者软法观基础之上的“软法说”更适合用来描述和解释平台规则。而“独立规则说”重在揭示平台规则的独特之处,理论上的意义更为明显,但目前对于实践的指导意义不大。有学者认为“缺乏国家强制力”的标签实际益处不大,将平台规则定性为软法没有实际意义。② 恰恰相反,本书认为,建立在“软法也须遵循法治精神”理念上的“软法说”,对于改进和完善私权力控制下的平台规则有着重要的现实意义。事实上,一些学者也将平台规则定性为软法。比如,马长山教授认为阿里巴巴中国网站交易争议处理规则、支付宝争议处理

① Eric Posner, Soft Law in Domestic and International Settings, 2005, http://www.j.u-tokyo.ac.jp/coelaw/download/material.htm last accessed on 30th Sep.2020.

② 邱遥堃:《论网络平台规则》,载《思想战线》2020 年第 3 期。

规则等新兴民间"软法"在"硬法"不能及时回应、不能有效规制、不能明辨正当性的条件下，先行予以厘定私人权益、规制交易关系，具有建构新制度和新秩序的功能。① 沈岿教授曾认为，网络平台制定的网规，"已经不是传统民事契约可定性，也不是长期形成的习惯法、民间法、道德、职业伦理、商业习惯等。将其纳入软法范畴，以软法治理的思维，承认其作用、效力，解决其存在的弊端，是更为妥当的方法"。② 不过，沈岿教授的新近研究认为，平台规则因为可以间接、隐含的方式获得国家强制力保障实施，不应被视为"典型软法"，可被视为一种软法与硬法之间的存在。③ 这种学理上的反思，有助于避免软法研究中存在的"非黑即白"的思维逻辑，以便形成更为自洽一致的理论体系。也必须承认，由于软法的内涵、外延、功能仍处在争论之中，"软法说"也有着自身的局限。但是，相比上述各家学说，"软法说"的优势更为明显，软法概念不失为一个描述和解释平台规则的理论工具，尤其对完善平台规则之治有着重要的理论支撑作用。

第二节　平台规则的发展历史

平台规则的发展历史其实也是一部平台自身从创立到发展，再到成熟的发展史。下文将以我国最大的、最具代表性的电商平台——淘宝网为例，以大致三个时间段（萌芽期、发展期、成熟期），逐一梳理其平台规则的发展脉络。

一、萌芽期（2003—2008 年）

2003 年 5 月，由 10 名创业成员开发出来的 C2C 线上交易平台——淘宝网成立。成立之初，淘宝网的界面比较简单，主要以搜索框和几种服装、家居、

① 马长山：《互联网+时代"软法之治"的问题与对策》，载《现代法学》2016 年第 5 期。

② 沈岿：《互联网经济的政府监管原则和方式创新》，载《国家行政学院学报》2016 年第 2 期。

③ 沈岿：《自治、国家强制与软法——软法的形式和边界再探》，载《法学家》2023 年第 4 期。

电子产品的广告图片为主，而淘宝的系统里已经包含了商品发布、搜索、出价购买、评价投诉等基本功能。在这一时期，平台规则并非由统一的团队来制定，而是处于一种自由生长状态，其内容主要为配合业务产生的操作指引或是应对用户的技术问题，一般以问答形式展现，放置于“帮助中心”，缺乏体系，呈散乱性特点，更遑论专门的规则制定和执行程序。① 因此，在淘宝平台成立初期，平台规则远未成形，运营团队也主要以一种技术思维来对待平台规则的制定和解释。但是，随着时间的推移，淘宝平台在多次交易中逐渐摸索出一些适合中国用户的交易习惯，并在实践中获得了买家和卖家的共识，引起其他电子商务平台的跟进效仿，进而形成了电子商务平台的通行规则。比如，为了解决非面对面交易的信任问题，淘宝平台在2003年就设立了“支付宝”，用以担保交易，这种由第三方托管资金来保障交易安全的办法已经成为了电子商务平台“标配”。又比如，有别于易趣eBay平台禁止买卖双方直接联系的做法，淘宝平台允许买卖双方直接沟通，并专门为此开发了“淘宝旺旺”的聊天工具。这种能够促成买卖双方进一步讨价还价的做法，符合传统中国人的交易习惯，也为以后买卖双方和解交易纠纷提供了便利条件。再比如，2007年淘宝平台首次提出“消费者权益保障计划”，现在人们所熟知的“先行赔付”、“七天无理由退货保障”都是该计划的一部分，一经推出，就受到了社会的广泛好评。②

以淘宝为代表的电商平台努力开拓市场，不断提升技术水平和服务水平，我国网络零售行业在这一时期得到了快速发展。至2008年，我国网络零售行业首次突破了三个“1”——全国网络零售消费者数量突破了1个亿；交易额突破了1000亿元；在全国社会消费品零售总额中所占比例超过了1个百分点。③

---

① 杨立新：《网络交易民法规制》，法律出版社2018年版，第142页。

② 参见光蓝网站：《淘宝消费者保障计划：打造个性化服务屏蔽搜索引擎》，http://www.glaer.com/college/4428.aspx，2009-5-13，转引自陈逸婷：《网络交易规范法制化历程及其影响因素》，杭州师范大学硕士学位论文，2017年。

③ 《我国网络零售业2008年首次突破三个“1”》，https://www.duoduoyin.com/yinshuajishuinfo/174561.html，2021年4月25日访问。

二、发展期(2009—2013年)

肇始于2009年“双11”网络购物促销活动的大获成功,平台、商家更加清楚地认识到了网络销售的巨大潜力。各电商平台不断扩大市场,吸引用户,将其业务渗入到人们生活的各个方面。中国电子商务迎来了一段高速发展期。与此同时,各电商平台之间的竞争也愈加激烈。为了增加和稳定用户流量,各电商平台千方百计地提升自己的服务水平,也愈加重视平台规则的制定和完善,平台规则因此迎来了一段黄金发展期。

在这一时期,平台逐渐确立了自己认可的信息时代商业理念,以此来奠定平台规则制定和执行的基本原则。2010年,淘宝平台发布了《大淘宝宣言》,在其中认可了“开放、透明、分享、责任”为标志的商业文明理念,对平台上的消费者、经营者、合作伙伴的基本权利义务进行了明确的界定,还特别申明“交易平台有权制定并执行交易规则。在规则执行的过程中,应充分尊重各方的意见,力求审慎透明”。① 在规则的体系建设方面,淘宝平台将积累的诸多具体规则全面整合为统一的“淘宝规则”,内容全面且具体,形成了涵盖“规则”、“规范”、“标准”、“公告”、“实施细则”的较为完整的平台规则体系,并且还设立了专门的规则管理部门。在规则的制定方面,有别于以往平台内部的“闭门造车”,淘宝平台建立了全新的“开门立法”模式。2009年,淘宝平台专门成立了“淘规则委员会”,向全体网络零售业参与者公开征集平台规则,并宣布以后任何规则都要经过“征集建议、投票表决、全网公示、试用、实施”五个阶段。此外,对于正在实施中的规则,用户也可以通过“我的淘宝我做主”论坛,随时提出建议,对不合时宜的规则进行动态调整。② 在规则的内容方

---

① 淘宝规则部:《大淘宝宣言》,https://www.taobao.com/go/act/public/dataobao.php?spm=a2177.7231205.0.0.69d617eaDsumj2,2021年4月25日访问。

② 阿里巴巴研究中心、中国电子商务法律网:《新商业文明的治理规则——2010年网规发展研究报告》,第34页。

面，淘宝平台以用户行为路径为主线，增加了对注册行为、交易行为、评价行为等的规定，增加了很多管理性的内容，并对用户违反规则的行为设立了诸多罚则。在规则的裁判方面，有别于以往仅靠内部客服人员"淘小二"判定纠纷，淘宝平台在2012年设立了"判定中心"，积极吸纳"大众评审员"对平台上发生的交易纠纷进行判定和裁决。据统计，大众评审制度设立的一年里，大众评审员完成了超过33万个纠纷的判定。① 在规则的执行方面，淘宝平台积极响应有关部门的号召，联合众多商家发布合作宣言，投入巨资，重点打击假货、炒信、刷单等不法违规行为。淘宝平台的"执法"措施多样，比如，限制创建店铺、限制发送站内信、限制发布商品信息、限制登录阿里旺旺、下架所有商品信息、关闭店铺、冻结账户、永久封号等。②

至2013年，淘宝平台的规则建设已经颇显成效，不但内容具体，种类繁多，体系较完整，还兼具极有特色的规制制定和裁判程序，更是有了统领规则的"立法"理念和基本原则。至此，淘宝平台的规则在一定程度上已经具备了某些"法律"的特征。

三、成熟期(2014年至今)

从2014年至今，平台规则建设进入了成熟期。平台规则体系进一步完备，规则覆盖范围进一步扩大，规则内容进一步完善。比如，淘宝平台规则以其网站规则总则为核心，统领多个具体规则：市场管理与违规处理、消费者保护及争议处理、信用及经营保障、行业管理规范、特色市场规范、营销活动规范、内容市场规则等。从内容上看，实现了"准入+交易+营销+处罚"的全方位规范，全面覆盖网络交易平台服务业务。③ 并且针对旗下不同交易

① 网规研究中心、阿里巴巴集团政策研究室：《2013年网规研究报告》，第13页。

② 阿里巴巴研究中心、中国电子商务法律网：《新商业文明的治理规则——2010年网规发展研究报告》，第35页。

③ 杨立新：《网络交易民法规制》，法律出版社2018年版，第143页。

平台对规则集进行了拆分，形成有分有合的体系化。而这些具体规则又可分为若干更为具体的子规则或者子规范。比如，“消费者保护及争议”规则可分为“鞋类商品争议处理规范”、“手机类商品争议处理规范”、“大家电类商品争议处理规范”、“服饰类商品争议处理规范”、“生鲜类商品争议处理规范”、“特殊商品/交易争议处理规则”、“平台争议处理规则”、“七天无理由退货规范”八类子规则/规范，基本上涵盖了淘宝平台上常见的商品交易类型。

致使平台规则建设进入成熟期有内部和外部两方面的原因。从内部来看，电商平台经过十多年的飞速发展，交易模式已经趋于稳定，用户交易习惯已经形成，平台商业文化和核心价值已经达成了普遍共识，留给平台规则“从无到有”的建设空间也越来越小，更多地只是在完善和深化规则的体系、内容等。从外部来看，自 2014 年起，我国电子商务立法的进程明显加快，平台规则的建设也因此增加了许多“必选动作”，有力地推动了平台规则的完善。2014 年修正后的《消费者权益保护法》正式实施，“七天无理由退货”、“平台先行赔付”等最早出现在某些电商平台规则中的规定被正式写入法条之中，成为所有电商平台必须遵守的法律规定。同时期开始施行的《网络交易管理办法》（现已被《网络交易监督管理办法》所替代）则进一步对电商平台交易规则的修改（包括平台内经营者不接受规则修改应被允许退出）、交易规则的公示、信息收集规则的公开等作出了具体规定。2019 年开始实施的《电子商务法》更是明确规定了电商平台规则所应遵循的公开、公平、公正原则，并对电商平台规则所应涵盖的范围、规则公示要求、规则修改要求（包括允许对修改不接受者的退出）、不得利用规则进行不合理的限制或附加不合理条件、制定信用评价、知识产权保护规则的义务，以及实施处罚措施时的公示要求等作出了明确规定。

第三节　平台规则的效力来源

一、用户服务协议产生的约束力

每个用户在使用平台服务之前都必须与平台签订用户服务协议，获得平台的会员资格。服务协议一般都会将隐私政策等各类平台规则视为该协议的组成部分，要求用户一并遵守，用户同意签订服务协议，也就同意了遵守平台各项规则。比如，《淘宝平台服务协议》规定："淘宝平台法律声明及隐私权政策、淘宝平台规则均为本协议的补充协议，与本协议不可分割且具有同等法律效力。如您使用淘宝平台服务，视为您同意上述补充协议。"因此，平台经营者制定平台规则和会员遵守平台规则都是履行合同约定的行为。依据《民法典》第465条之规定，依法成立的合同，受法律保护，对当事人具有法律约束力。由此，平台运营者与卖家会员、买家会员等平等民事主体之间的服务协议，就在相应的主体间形成了以其内容为依据的行为规范。

二、国家授权给平台经营者的制规权力

早在2010年国家工商管理总局《网络商品交易及有关服务行为管理暂行办法》第22条就规定："提供网络交易平台服务的经营者应当建立网络交易平台管理规章制度，包括：交易规则、交易安全保障、消费者权益保护、不良信息处理等规章制度。"2019年开始施行的《电子商务法》第32条规定："电子商务平台经营者应当遵循公开、公平、公正的原则，制定平台服务协议和交易规则，明确进入和退出平台、商品和服务质量保障、消费者权益保护、个人信息保护等方面的权利和义务。"国家就某项具体管理业务方面的规则授权某个企业制定，作为该项业务领域的管理制度，并不违反法律，是有效的授权立法。[①] 可见，平台经营

① 徐向华：《立法学教程》，上海交通大学出版社2011年版，第152页。

者制定平台规则有着明确的国家授权，而平台规则也因此具有了效力。

三、平台经营者的中立地位和支配地位

平台经营者并非网络交易的当事人，不直接参与当事人之间的交易活动，而是为他们提供网络经营场所、交易撮合、信息发布等中间服务。平台经营者作为交易双方的第三人，处于居中地位，有着协调、平衡交易当事人利益关系，维护网络交易秩序，保障网络交易安全，促进网络交易发展等管理职责。为履行这些管理职责，平台经营者制定平台规则并要求交易当事人遵守之，是理所当然的。此外，平台经营者掌握着技术上和数据上的巨大优势，在整个平台生态系统中占据支配地位，对平台用户的选择和行为有着绝对影响力。而随着平台经济渗入日常生活程度的加深，平台用户也对其产生了诸多依赖。平台用户想要使用平台服务，就必须遵守平台经营者制定的平台规则。这些规则在表面上看是行为规范，实际却是平台经营者以支配地位推行其意志，迫使平台用户服从管理的手段，是一种行使权力的过程。①

第四节　平台规则的概况

一、平台规则的基本内容

不同类型的平台，因其主营业务特点不同，其平台规则的基本内容的侧重点各有差异。电商平台因其发展历程时间最长，其平台规则也最为全面和成熟。从上文梳理的淘宝平台规则的发展史可得知，其已经形成了以《淘宝平台规则总则》为基础的，涵盖市场准入、交易管理、营销推广、交易争议处理等商品或服务全交易流程的具体规则体系。由于淘宝网主营 C2C 业务，其规则

① 李雪娇:《网络交易平台自治规则探微——以淘宝网为例》，载《西部学刊》2020 年 1 月上半学刊。

种类繁多，内容丰富，包含了卖家和买家双方的权利义务规范，规则中体现出来的平台中立角色也较为明显。同是电商平台的京东网，因其主营 B2C 业务，其平台规则数量相对较少，主要集中在对商家的门店管理、商品质量、售后服务、争议处理等方面的规定，对买家用户的行为规范着墨不多。就社交平台而言，由于其旨在为用户搭建一个表达情感、交流思想、传递信息的在线空间，其平台规则多注重用户信息内容以及信息发布、传递等行为方面的规范。比如，微信平台规则主要包括《个人账号使用规范》、《微信公众平台运营规范》等具体规则群，每个具体规则几乎都含有违法信息、不实信息、色情赌博信息等内容方面的规范以及相应的处理措施。又比如，“知乎”作为一个以问答方式来进行知识分享、经验见解交流的网络社区，其平台规则主要规范提问、回答、编辑、转载、引用等行为，并对违法、不实信息的处理进行了详细规定。而对于视频平台而言，因其平台上载有大量的原创长、短视频，其平台规则除了含有一般的内容管理规范之外，还设有针对视频原创制作以及相关知识产权纠纷处理的规定。比如，“哔哩哔哩”平台的“创作中心”站点含有不少对于“创作权益保护”、“投稿规范”、“创作生态”的具体规则，并对侵权内容的申诉设置了专门通道。“抖音”平台则设有专门的“侵权投诉指引”规则，并附以视频的方式解析侵权类型案例。

二、平台规则的特点

（一）隐私政策是平台规则的必备内容

如上所述，平台规则因“台”而异。但是，无论是电商平台，还是社交平台、直播平台，抑或是视频平台，其平台规则中必然含有隐私政策。究其原因，这是平台企业的服务性质和合规要求所决定的。首先，不管各平台主营业务的差异有多大，但它们本质上都是平台运营商向平台用户提供的一种信息服务。申言之，电商平台为交易双方或者多方提供网络经营场所、交易撮合、信息发布等服务。社交平台主要为用户提供通讯、信息发布、信息分享等服务。视频平台主要为用户提供视频发布、播放、分享、聚合以及相关文化交流等服务。平台运营商在提供各项信息服务的过程中掌握了用户大量的个人信息，这些个人信息对于平台而言是重要的生产资料。然而，很长一段时间，平台对于用户个人信息的保护力度不够，泄露个人信息的事件时有发生，平台自身也存在过度收集使用用户个人信息的问题，由此引发了社会的强烈关注。随着我国个人信息保护的法律法规和政策的逐步完善，尤其是2017年开始施行的《网络安全法》，明确要求网络运营商“应当遵循合法、正当、必要的原则，公开收集、使用规则，明示收集、使用信息的目的、方式和范围，并经被收集者同意”，因此，制定相关的“隐私政策”或“隐私条款”以符合法律的要求和回应社会的关注，也就成为了各个平台在制定平台规则时的必选动作。

（二）平台规则形式上接近法律规范

如前所述，平台规则已从最初的操作指引逐渐发展成为种类繁多、内容详实、结构严密的规则体系。在各平台专门团队的不懈努力下，平台规则已在形式上接近法律规范。首先，平台规则已初步形成了类似法律体系中的效力位阶体系结构。比如，《淘宝平台规则总则》就承担着淘宝平台规则“基本法”的功能，而其他的《淘宝网开店规范》、《淘宝网商品发布规范》、《淘宝网七天无理由退货规范》等则属于“特别法”。《淘宝平台规则总则》对“规则原则”、“会员”、“卖家”、“其他角色”、“市场管理与违规处理”等方面进行了较为抽象的一般性规定，并明确规定了效力等级：“《总则》中已有规定的，从其规定；规则规范（特别规则，包括相应的实施细则）或临时公告有特别规定的，从特别规定”。其次，平台规则文本在体例结构上也与法律文本相似。比如，在《淘宝平台争议处理规则》的标题之下，采用总分式结构，分为六“章”七十九“条”，有的“章”之下、“条”之上还设有“节”，有的“条”之下还分有“项”。在规则文本首部设有“适用范围”、“原则性一般规定”等内容；在规则文本的尾部设有“附则”，用以规定“施行日期”以及文本中涉及的定义。最后，在平台规则中的具体条文设置上也能观察到较为明显的“法律色彩”。比如，在平台规则的条文中也能发现类似的法律原则（“会员在淘宝网市场管理及违规处理的适用上一律平等”①）和法律规则（“针对违规处理，会员在规定的期限内可发起申诉，淘宝网根据申诉信息进行审核判断，申诉成立，撤销违规处理；逾期未申诉或申诉不成立，违规处理不中止、不撤销”②）之分。又比如，在一些平台规则的具体条文中也能发现“假定条件+行为模式+法律后果”的三要素逻辑结构：“买卖双方达成补充协议但一方否认的，主张协议无效的一方应提供有效证据予以证明，否则应承担相关不利后果”③。

（三）平台经营者之于平台规则的“三者合一”角色

平台经营者扮演着三重角色：既是平台规则的“立法者”，又是平台规则的“执法者”，还是平台规则的“裁判者”。

平台是规则较为开明的“立法者”。现今，各主流平台均有专门的规则团队负责制定和修改平台规则。平台的规则团队多由其内部的技术部门、业务部门、法务部门的相关人员组成，能够形成合力立规，同时也兼顾了各部门的利益。一般来讲，该团队考虑较为全面，视野较为开阔，会根据法律法规或者规章的相关规定、平台的技术环境和特征、自身业务经营的需求和特点、行业经验等制定平台规则的基本条款和实施细则，并根据情况的变化适时对条款进行修改，做到与时俱进。有时，针对临时突发情况，平台会以“临时公告”的方式发布一些临时性的管理规则。在规则的制定和修改过程中，平台会注重用户的意见，比如，淘宝平台会启动专门的公开征求意见程序（“规则众议院”）向用户征求意见，并向相关职能部门报备。在规则正式生效之前，淘宝

---

① 《淘宝网市场管理与违规处理规范》第三条。

② 《淘宝网市场管理与违规处理规范》第十条第（二）项。

③ 《淘宝平台争议处理规则》第十三条。

平台还会对规则进行公示。有的平台，虽还未设立专门征求意见的程序，但也积极鼓励用户对其规则提供意见和建议，并提供了专门的通信渠道。①

平台是规则的有力执行者。首先，平台规则明确规定平台具有执行规则的权力。比如，《淘宝网市场管理与违规处理规范》规定，淘宝网针对会员的违规行为先进行纠正，消除影响，并根据判定结果的情节严重程度，可采取处理措施。②《微信个人账号使用规范》规定，微信用户发送的内容如违反相关规定，一经发现，腾讯将根据违规程度对微信账号采取相应的处理措施，并有权拒绝向违规账号主体提供服务。③ 其次，平台对用户的违规行为有着专门的发现机制。平台可以基于大数据等技术手段主动排查平台用户的违规行为，也可以通过接收行政管理部门的通报、通知或者司法机关的法律文书来发现违规行为，还可以发动群众——通过专门设计的程序通道让用户投诉或举报违规行为。最后，平台对违规行为有着较多种类、呈阶梯状的处罚措施。由于掌握着绝对的技术优势，平台可根据用户的违规程度，对用户采取警示、限制内容的展示形式、删除违规内容、限制用户账号功能、限时封禁用户账号、永久封禁用户账号等处罚措施。此外，有的平台还对用户违规行为采用了类似交通违章处罚的扣分系统，用户违规行为的扣分在每个自然年度内累计，当扣分达到节点时，平台对用户采取相应的节点处理措施。④

平台是规则的"业余"裁判者。当平台用户之间发生纠纷时，平台有权对纠纷进行调解、裁判。各主流平台一般都建立了自己的纠纷解决机制，这是一种典型的 ODR 机制，纠纷双方和平台中立法通过平台系统、专门的聊天软件、电子邮件、短信或者电话等方式发送与传达相关的证据和通知。对于纠纷的受理时限、受理范围、举证责任、通用裁判规则、程序的启动和撤销中止、执行

① 《哔哩哔哩隐私政策》第十一条"联系我们"。
② 《淘宝网市场管理与违规处理规范》第八条。
③ 《微信个人账号使用规范》第二条"内容规范"。
④ 《淘宝网市场管理与违规处理规范》第十二条。

等方面，电商平台往往制定有详细的规则。比如，淘宝平台的《淘宝平台争议处理规则》。京东平台更是对不同场景的纠纷制定了详细的处理判责标准。[①]然而，需要指出的是，平台一般对于规则的裁判投入的人力物力较少，重视程度较低。电商平台上买卖双方的交易纠纷一般由平台售后部门的客服人员解决，法务专业人士参与程度并不高。除此之外，平台还特别强调：客服人员仅基于普通非专业人士的知识水平和能力对纠纷双方提供的证据进行鉴别和认定，并根据认定的证据作出纠纷责任归属认定及纠纷调处的结论。相较于平台规则团队对于规则制定过程中专业的推敲打磨，平台对于规则的裁判显得较为“业余”。

三、平台规则的重要性

平台经济是一种基于数字技术，由数据驱动、平台支撑、网络协同的经济活动单元所构成的新经济系统，有着数字化、智能化、开放性、高效率、低成本、双边市场、网络效应等诸多特点。面对这一新经济形态，有着稳定性固守价值的硬法往往显得力不从心。新的社会实践总是走在立法之前，并且需要达到一定程度和规模之后才会进入立法者的视野。硬法总会要滞后于社会实践的发展。层出不穷的新商业模式和行为往往很难在现有硬法上找到法律依据。但是，平台用户对于正常秩序的需求却是永恒不变的。没有规矩，不成方圆。在正式的相关硬法颁布之前，平台规则有着填补空白的重要作用。更何况还存在“七天无理由退货”这样经过实践验证过的平台规则被直接吸收进硬法的例子，平台规则还可以承担硬法先行立法试验的功能。即使在硬法颁布施行之后，平台规则也依然有着不可替代的作用。由于功能定位的差异和立法资源的有限，硬法一般只能就平台经济的基本原则、平台经营者和用户的基本权利义务以及相关的法律责任等普遍性问题作出规定，没有可能也没有必要

① 京东平台规则网站：《“全渠道规则”项下“争议处理”项下“场景纠纷”》，https://rule.jd.com/rule/list.action? btype=7&bid=626255699424448512&useId=1，2021年5月16日访问。

制定具体的规则或细则。更何况平台的商业模式、经营业务复杂多变，硬法规范不可能做到面面俱到。而平台就是网络交易发生的场所，各种行业的网络交易都处在平台经营者的实际管理之下，平台经营者对新业态以及交易过程中的实际问题等有着更为深刻的理解和丰富的应对经验，有时平台本身就是新业态的推动者。在这种情况下，由平台经营者制定的平台规则，能够进行因地制宜、因时制宜的调整，能满足广大用户对于平台秩序的实际、细致的需求，也能解决他们之间的实际问题或纠纷。在硬法的基本原则和基本规定之下，平台的问题最好由平台自己解决。很多时候，就平台上发生的具体问题，向平台投诉比向法院起诉更为有效。

第五节　平台规则之治的实证考察

——以阿里巴巴集团对数据造假行为的治理为例

如上所述，平台业已建立较为完善的规则体系。然而，平台运用平台规则治理用户行为的实际效果到底如何，还需要进一步的实证考察。本节将针对网络交易中数据造假行为的平台规则之治进行深入的分析和讨论。之所以挑选这一具体问题，是因为网络交易中的数据造假是互联网平台经济特有的行为，也是平台治理的典型问题，由来已久，其产生的原因与平台规则的设计有着密切的联系，并且很长一段时间仅靠平台或者行业自治解决。此外，近年来，硬法开始介入，主动回应这一问题，该问题也就成为了检验软硬法各自优缺点，以及研究软硬法协同治理的绝佳样本。

一、数据造假行为的概念

目前，学界对网络交易中的数据造假行为的定性还存在一些争议，尚未形成统一的认识。本书将该行为界定为：网络交易经营者以不正当手段提升自身或降低其他经营者信用等级之故意，进行的虚构交易或流量、编造用户评价等违法违规行为。在网络交易中常见的数据造假行为主要有刷单炒信、好评返现。刷单炒信主要指在网络交易中经营者通过刷单、刷量、刷钻等方式炒作其信用的行为。刷单炒信一般分为两种形式：一是正向刷单炒信，即网络交易经营者以提高其网店的销量、信誉和积攒人气之目的，自己或指使他人假扮消费者购买自己的商品或服务并予以好评或者虚构访问流量的行为；二是反向刷单炒信，即网络交易经营者自己或指使他人购买同行竞争者的商品或服务并故意给予差评的行为。① 好评返现指网络交易经营者利用红包返现等方式诱惑消费者在购买商品或服务之后违背其真实意愿而对经营者作出虚假好评的行为。需要指出的是，好评返现行为在现实中较为复杂。有时消费者本就有意对经营者给出好评，在这种情况下，该行为缺乏规制的必要；有时这种行为的结果只是获得了消费者的真实评价，因此，该行为可被看作是经营者为了促使消费者积极作出商品或服务真实评价的敦促之举，这无可厚非。只有那种以返现为对价，获取违背消费者真实意愿的虚假好评才落入本书的讨论范围。

二、数据造假行为的起因和危害

（一）数据造假行为的起因

1. 根本原因：消费者对于历史信用评价的依赖性

在网络交易中，消费者对于历史信用评价的依赖性是数据造假行为产生的根本原因。互联网的诞生给商事交易带来了一场深刻的革命。它给消费者提供了海量的信息。然而，如何从海量的信息中挑选出适合自己的商品或服务，对消费者来说也是一种“幸福的烦恼”。在突破了时空界限的互联网交易中，交易双方缺少物理层面的接触，导致理性消费者对商家发布的商品或服务描述信心不足，无法做出有效的购买决策。而消费者对于商家商品或服务的

---

① 叶良芳：《刷单炒信行为的规范分析及其治理路径》，载《法学》2018 年第 3 期。

信用评价信息则有助于消费者解决这些问题。通过阅读消费者评价信息，消费者能够在前人的指引下减少搜索海量信息的成本，做出更有效率的购买决策，同时，也能够加强对某商品或服务的全面了解，减少与商家之间信息的不对称性，从而做出更加准确的购买决策。① 此外，相比商家发布的复杂且专业的商品或服务信息，消费者信用评价信息多以消费者的视角展开，其描述和建议更能为消费者所接受，消费者往往对于同行的评价更加信任。由是，在网络交易中消费者对于前人的信用评价产生了较强的依赖性。而当消费者在平台购物时，面对既没有销量，也没有历史评价的商品，往往不敢做出购物决策。而正是这种依赖性，使得网络交易经营者的数据造假行为成为了一种有利可图的“经营之道”。

2. 直接原因：平台规则的设计

消费者对于前人信用评价的依赖性还不足以解释为什么数据造假行为在网络经济中的泛滥。事实上，平台对于消费者信用评价的重视导向以及相关的规则设计恰恰是一些网络交易经营者对数据造假行为“乐此不疲”的直接诱因。线上消费者信用评价机制的设计可归溯于 1995 年美国亚马逊平台允许消费者在其网站上发帖进行的书评。② 最初，这一设计——允许消费者在平台上发布书评(包括允许发布负面的评论)，对一些人来说有些不可思议。但是，这些评价信息会被潜在买家作为购买商品或服务时的重要参考，消费者很快接受了它，并逐步养成了在网络购物之前在线上阅读相关信用评价的习惯。很多电商平台认识到了消费者信用评价的重要性，纷纷在其平台上引入了类似机制。比如，在著名的网络交易平台 eBay 上，买家可以对其与卖家之间的交易体验进行评分，该评分将算入卖家的总体信用评价和卖家服务评级

---

① 参见艾瑞咨询《2020 年中国双 11 网络购物消费信任洞察报告》的统计，选择“已有的商品评语”作为线上购物决策时看重因素的用户比重占到了 48%。

② Matthew Barish, Reaching for the Stars: A Proposal to the FTC to Help Deter Astroturfing and Fake Reviews, Cardozo Arts & Entertainment Law Journal 36, No.3(2018): 831-832.

中。卖家的信用评分会以百分比的形式显示在卖家用户名的下方,卖家服务评级则会以不同颜色的星的形式显示在该用户名右方的括号内。我国的大多数网络交易平台也建立了交易评价机制。比如,在淘宝平台上,每一笔交易完成后,交易双方都可以对另一方进行评价,评价分为好评、中评、差评。依据评价结果,淘宝平台会对交易方的信誉给予相应的计分:好评会给信誉加一分,中评不计分,差评则会减一分。商家就在每次的交易评价中不断积累自己的信誉,而淘宝平台为此还设计了符号化的信誉等级制度,以"红心"、"钻石"、"皇冠"及其数量展现出来。这种评价反馈机制及其信誉等级的设计,因其客观性和透明性,成为了培育平台经济中信任的土壤。基于这份信任,消费者在网购时往往会把搜索的商品或服务根据销量或者信用度进行排序,以做出最优决策。而淘宝平台也会对信誉等级高的商家进行"流量倾斜"。消费者按商品销量或商家信誉购买的喜好,导致了"大者恒大"的马太效应。如此一来,销量和信誉就成了平台经济中的权威性资源,起着配置市场资源的作用。① 在这样的规制安排下,不同信誉等级商家的利润水平差别很大,为了争夺有限的市场资源,获得更大的销量,一些商家产生了进行虚假信用评价的想法,再加上淘宝平台规则中某些可被利用的设计缺陷,比如,允许买家匿名评价,刷单炒信之类的数据造假行为在平台经济中逐渐蔓延开来,并几乎成为司空见惯之弊病。

3. 数据造假行为的危害

数据造假行为的危害性主要体现在四个方面。对消费者个体而言,刷单炒信之类的行为,假借消费者之口,作出虚假的信用评价,使得平台上的消费者评价机制丧失了其应有的功能,消费者无法获得真实、客观的有关信息以作出正确的购买决策,损害了消费者的福利,还浪费了宝贵的注意力资源。数据造假行为本身亦是对消费者知情权、选择权等法定权利的侵害。对卖家个体

---

① 陈兆誉:《互联网经济中炒信行为的规制路径》,载《浙江大学学报(人文社会科学版)》2018 年第 6 期。

而言，虽然通过刷单、刷流量有可能获得商品或服务销量的提升，但是，雇人从事这些不正当竞争行为也产生了额外的成本，在对数据造假监管愈加从严的背景下，卖家的收益不一定为正，更遑论卖家本身也可能成为反向刷单炒信行为的直接受害者。于平台而言，虽然刷单炒信行为短时间内能增加其人气流量，但是，从长远来看，容忍数据造假行为会产生消极的导向作用：物美质高不再是平台商家积极追求的价值取向，而刷单、刷流量却是提高其商品或服务销量的“致富捷径”。久而久之，平台上大量充斥的是醉心于“旁门左道”的商家，而不擅此道的优质商家却因为信用度不够而丧失了大量客户资源，逐渐淡出平台，导致“劣币驱除良币”现象，最终将损害平台的经济利益。对于整个网络经济生态而言，数据造假行为的盛行催生了职业的“刷手”、“网络水军”、刷单平台，形成了成熟的造假产业链，而不少消费者已经默认刷单的泛滥，并逐渐习惯于数据造假行为，这对于以时空无界为特征的网络经济的基石——信用体系，是一种严重的威胁，也严重扰乱了网络经济中的市场竞争秩序，不利于健康生态的建立。

三、硬法对于数据造假行为的规制及其不足

（一）现有硬法的规制

近年来，数据造假行为已成为社会关注的热点问题，我国的立法、执法、司法机关均予以积极回应，对该行为进行了持续打击。

1. 立法方面

针对数据造假行为，我国已非无法可依的状态。近年来，我国陆续出台、修订了一些法律、规章、规范性文件，为规范经营者数据造假行为提供了直接的法律依据。在法律方面，《电子商务法》第17条规定，电子商务经营者应当全面、真实、准确、及时地披露商品或者服务信息，保障消费者的知情权和选择权。电子商务经营者不得以虚构交易、编造用户评价等方式进行虚假或者引人误解的

商业宣传,欺骗、误导消费者。该法第21条和第28条还提供了从强化税收监管的角度对数据造假行为进行间接遏制的规制路径。《反不正当竞争法》第8条规定,经营者不得对其商品的性能、功能、质量、销售状况、用户评价、曾获荣誉等作虚假或者引人误解的商业宣传,欺骗、误导消费者。《消费者权益保护法》第二十条规定,经营者向消费者提供有关商品或者服务的质量、性能、用途、有效期限等信息,应当真实、全面,不得作虚假或者引人误解的宣传。

除了这些基本的法律规定,还有一些部门规章和规范性文件对数据造假行为予以规范。《网络交易监督管理办法》第十四条规定,网络交易经营者不得通过虚构交易、编造用户评价、误导性展示、虚构点击量、关注度、点赞打赏等方式,作虚假或者引人误解的商业宣传,欺骗、误导消费者。《网络信息内容生态治理规定》第二十四条规定,网络信息内容服务使用者和网络信息内容生产者、网络信息内容服务平台不得通过人工方式或者技术手段实施流量造假、流量劫持以及虚假注册账号、非法交易账号、操纵用户账号等行为,破坏网络生态秩序。《网络直播营销管理办法(试行)》第十八条也明确规定直播间运营者、直播营销人员从事网络直播营销活动时,不得虚构或者篡改交易、关注度、浏览量、点赞量等数据流量造假。

2. 执法方面

2013年以前,鲜有对数据造假行为行政执法的报道。随着社会关注的增加,2016年起,多地市场监督管理局依法对刷单炒信类数据造假行为予以排查、处罚。2016年3月,浙江省工商局启动了"红盾网剑"专项执法行动,主要围绕电商、微信等涉及网络交易的互联网平台开展执法行动,重点查处包括刷单炒信等虚假交易在内的七类重点违法行为。在阿里平台电子证据的协助下,浙江省工商局3个月内处罚有刷单行为的公司近200多个,罚没600余万元。①2017年3月,公安部组织指挥江苏、浙江、湖南等14省公安机关开展打击

① 浙江在线新闻网站:《200刷单商家被罚600万元　淘宝与多地工商建立电子证据协查机制》,http://biz.zjol.com.cn/system/2016/07/07/021217963.shtml,2021年5月1日访问。

“3·13”网络兼职刷单诈骗专案的集中收网行动，抓获犯罪嫌疑人2075名，核破全国网络兼职刷单诈骗案件上万起，涉案价值3000余万元，并打掉一个特大刷单诈骗犯罪网络。① 2018年8月至11月，天津开展网络市场监管专项行动（“剑网行动”），严厉打击通过组织恶意注册、虚假交易、虚假评价、合谋寄递、“空包刷件”等方式，帮助其他经营者进行虚假或者引人误解的商业宣传。② 2019年“深圳市某公司在某电商平台刷单1927次案”入选广东省市场监督管理局公布的10宗反不正当竞争执法典型案例，该公司最终被处罚20万元。③ 2021年上海市场监管部门对本市涉嫌从事“刷单炒信”业务、组织虚假宣传的6家公司开展集中执法行动。在这次执法中，疑似委托“刷单炒信”商户约150余家，涉案刷单金额约80万元，拟立案5起。④

3. 司法方面

我国司法机关也适用刑事和民事法律对刷单炒信行为予以规制。刑事制裁方面，“董某、谢某反向刷单炒信”和“李某正向刷单炒信”两个“第一案”引起了社会的广泛关注。2014年4月，在淘宝网经营论文相似度检测业务的被告人董某为谋取市场竞争优势，雇佣并指使被告人谢某，多次以同一账号恶意大量购买竞争对手的商品，致使淘宝平台认定竞争对手从事虚假交易，而对竞争对手的店铺作出搜索降权的处罚，导致竞争对手累计损失人民币10万余元。对此，一审法院认为，二被告人出于打击竞争对手的目的，以其他方法破坏生产经营，其行为均已构成破坏生产经营罪，判处董某有期徒刑1年6个月，缓刑2年；判处谢某有期徒刑1年，缓刑1年2个月。⑤ 二被告人不服判

---

① 蔡长春：《公安部指挥14省市公安机关破获网络兼职刷单诈骗案》，《法制日报》2017年9月7日。

② 《天津开展为期四个月的“剑网行动”重点打击刷单炒信等违法行为》，新华社，2018年8月4日，http://www.gov.cn/xinwen/2018-08/04/content_5311787.htm，2021年5月1日访问。

③ 《“刷单炒信”近2000单！深圳某公司被处罚款20万元》，中国新闻网，https://baijiahao.baidu.com/s?id=1666384066098346992&wfr=spider&for=pc，2021年5月1日访问。

④ 《新民快评　整治“刷单炒信”要精准有力打击》，《新民晚报》2021年3月15日。

⑤ 参见江苏省南京市雨花台区人民法院刑事判决书，（2015）雨刑二初字第29号。

决，提起上诉。二审法院在维持一审法院定罪的基础上，基于新证据对一审法院认定的损失数额予以纠正，判处董某有期徒刑 1 年，缓刑 1 年；谢某免于刑事处罚。① 2017 年浙江省杭州市余杭区人民法院公开审理全国“（正向）刷单炒信入刑第一案”。在该案中，刷单组织者李某某通过创建平台“零距网商联盟”、组织会员刷单炒信并从中牟利，共收取平台管理维护费、体验费及任务点销售收入至少 30 万元，另收取保证金共计 50 余万元，犯非法经营罪被一审判决 5 年 6 个月，连同曾因侵犯公民个人信息被判有期徒刑 9 个月并罚，决定执行有期徒刑 5 年 9 个月，并处罚金 92 万元。②

在民法规制方面，全国首例涉及“暗刷流量”交易案引人关注。2017 年 9 月 15 日，许某与常某某就“暗刷流量”交易达成一致：以单价 0.9 元每千次 UV 每周结算；按许某指定的第三方后台 CNZZ 统计数据结算。常某某于当日开始为许某提供网络暗刷服务。5 天后，某玲通过微信转账给常某某结算了 229 元服务费。2017 年 10 月 9 日，双方将单价调整为 1.1 元每千次 UV。后常某某促许某结算付款，许某一直拖延，并于 2017 年 11 月 3 日意图单方面变更双方商定的以“第三方后台 CNZZ 数据为结算依据”，而强行要求以其甲方提供的数据为结算依据，只同意付款 16293 元。常某某遂起诉要求许某支付服务费 30743 元及利息。北京互联网法院经审理认为，双方“暗刷流量”的行为，侵害了不特定市场竞争者和广大不特定网络用户的利益，最终损害了社会公共利益，认定双方订立的“暗刷流量”合同无效，判决驳回常某某的诉讼请求。③

（二）现有硬法规制的不足

虽然硬法对于数据造假行为的规制力度在逐年增加，也取得了一些成效，

① 参见江苏省南京市中级人民法院刑事判决书，（2016）苏 01 刑终 33 号。

② 参见浙江省杭州市余杭区人民法院刑事判决书，（2016）浙 0110 刑初 726 号。

③ 参见常文韬诉许玲、第三人马锋刚网络服务合同纠纷案，北京互联网法院（2019）京 0491 民初 2547 号判决书。

但是其中仍存在一些不足之处。立法方面，虽然《电子商务法》《反不正当竞争法》《网络交易监督管理办法》等法律、规章已制定专门条款对虚构交易、编造用户评价、虚构点击量等造假行为予以规范，但均是通过增加经营者责任的路径来实现的。而对于快递物流企业、刷手等黑灰产业链上其他主体的责任，目前的立法文件中鲜有提及，这不利于形成闭环式规制的局面。此外，《电子商务法》和《网络交易监督管理办法》并未直接规定造假经营者的法律责任。对于数据造假行为的处罚的依据是《反不正当竞争法》第二十条之规定。该规定对于违法经营者的处罚一般是处二十万元以上一百万元以下的罚款；情节严重的，处一百万元以上二百万元以下的罚款，可以吊销营业执照。在数据造假已成黑灰产业链的今天，违法经营的数额越来越大，《反不正当竞争法》的这一处罚数额是否可以起到足够的威慑作用，还需要在实践中进一步观察。

执法方面，囿于技术能力和权限等不足，执法人员的取证难是打击数据造假行为的一大难点。比如，有些数据造假行为比较隐匿，需要大数据技术比对分析才有可能发现，但是，执法部门本身一般欠缺这些技术支撑。在实际中，执法部门往往依赖平台的举证才得以启动执法程序。又比如，作为查处数据造假行为的主力——市场监督管理部门在定位经营者真实地址、网站 IP 地址等方面权限不足，需要公安、电信管理部门的配合，这无疑影响了其执法人员的工作效率。而公安部门虽有权限，但往往由于案值不足而难以立案。再比如，网络交易经营者的注册地和实际经营地往往不一，导致执法人员需要异地获取电子证据。① 这些实际中的困难都增加了执法部门的取证难度。执法资源稀缺是打击数据造假行为的另一难点。面对大量的数据造假行为，执法部门人数有限，执法负荷过重。目前对于数据造假行为的治理仍然处于“多数违法少数被罚”的局面。为解决这一难点，近年来对于数据造假行为多为多部门联合的专项运动式执法。这样的执法机制虽然能够集中力量办大事，做

① 《屡禁难绝“刷单炒信”平台穿上伪装》，中国江苏网，2019 年 3 月 19 日，https://baijiahao.baidu.com/s? id=1628400832540760145&wfr=spider&for=pc，2021 年 5 月 1 日访问。

到资源互补，但由于执法主体的临时性、拼凑性、变动性比较大，而且还需要较长时间的磨合，这些因素都有可能影响执法效果。① 作为一种间断、不连续的执法机制，专项运动式执法无法提供可持续性的常态治理，也意味着总体查处概率不高，无法产生严厉的威慑。况且，专项运动式执法还存在打击面过大的风险。

司法方面，在国家还未设立专门的"破坏网络市场信用评价罪"罪名的情况下，通过扩张解释来解决"刷单入刑"的问题并非长久之计，也有违刑法谦抑原则之嫌。如上所述，对于正向和反向"刷单入刑"案中，法院分别是通过扩大解释"非法经营罪"和"破坏生产经营罪"来认定涉案刷单行为。但对于"刷单是否应该入刑"以及"何罪入刑"等问题，学界对此存在争议。② 非法经营罪主要针对的是提供"刷单炒信"服务的组织者，而满足这一要求的组织者仍为少数，更无法对刷单的刷手制裁。此外，该罪名的前提条件——"国家规定"是一道门槛，在有关法条和司法解释未作明确规定的情形下，法院在扩张适用该罪时应该逐级向最高人民法院请示。③ 这也增加了适用该罪的难度。再者，对正向刷单行为定性为非法经营罪存在滥用"口袋罪"的嫌疑。对反向刷单行为以破坏生产经营罪定罪处罚存在类推解释之嫌。而该罪的属性是财产犯罪，保护的法益是生产经营的经济利益，无法直接保护消费者权益和维护网络市场竞争秩序目的。概言之，无论是非法经营罪，还是破坏生产经营罪，两罪名都缺乏对数据造假行为不正当竞争本质的关注。

---

① 杨志军：《运动式治理悖论：常态治理的非常规化》，《公共行政评论》2015 年第 2 期。

② 比如，叶良芳认为将刷单炒信行为定罪，是将立法没有犯罪化的行为通过个案处理的方式予以刑罚制裁，因而是一种司法犯罪化。反向刷单炒信的行为不构成破坏生产经营罪，建立网络平台为正向刷单炒信提供信息帮助的行为也不构成非法经营罪。马永强认为经营刷单平台的行为不宜优先定性为非法经营罪，但可以成立非法利用信息网络罪。参见马永强：《正向刷单炒信行为的刑法定性与行刑衔接》，《法律适用》2020 年第 24 期。

③ 参见最高人民法院《关于准确理解和适用刑法中"国家规定"有关问题的通知》。

四、阿里平台对于数据造假行为的治理现状

据报道,2013 年淘宝网的 120 万卖家中,约有 17%的卖家存在虚假交易,虚假交易量超 5 亿笔,交易额超 100 亿元。① 2015 年,几位美国学者通过抽样调查发现:两个月的时间内,超过 11000 名淘宝卖家在五家地下"卖家声誉升级市场"(SRE)发布了至少 21.9 万多个刷单任务,而在被调查的 4109 名淘宝卖家中,只有 89 名被发现并处理,仅占总数的 2.2%。② 此事一度引起了国家商务部的关注。

鉴于数据造假行为泛滥的严峻态势,阿里平台采取了大量的治理措施。阿里平台将数据造假行为称为"虚假交易"行为,并制定有专门的规则及实施细则。③ 该规则对"虚假交易"进行了明确定义:"指会员通过虚构或隐瞒交易事实、规避或恶意利用信用记录规则等不正当方式,获取虚假的商品销量、店铺评分、信用积分、商品评论或成交金额等不当利益的行为"④,概括了一般的处理措施:"账户权限管控、经营权限管控、违规商品或信息处置、扣分(一

---

① 网易科技新闻,"商务部:再不管刷单 就严惩阿里巴巴",2015 年 4 月 3 日,https://news.duote.com/30/87950.html,2021 年 5 月 1 日访问。

② Haitao Xu, Daiping Liu, Haining Wang, Angelos Stavrou, E-commerce Reputation Manipulation:The Emergence of Reputation-Escalation-as-a-Service,WWW'15:Proceedings of the 24th International Conference on World Wide Web, May 2015, Pages 1296 - 1306, https://doi.org/10.1145/2736277.2741650(accessed on 1 May,2021).

③ 阿里巴巴集团旗下的网络交易平台主要有淘宝网和天猫网,前者主要经营 C2C 业务,后者主要经营 B2C 业务。两者在很多方面共享统一的平台规则。天猫网:《虚假交易的规则及实施细则》, https://rule.tmall.com/tdetail - 11000256.htm? spm = a2177.7731966.0.0.56dec32f6W8ZrI&tag=self,2021 年 5 月 1 日最后登录。淘宝网:《虚假交易实施细则》,https://rule.taobao.com/detail-533.htm? spm=a2177.7231205.0.0.f1b217eazbiAmi&tag=self,2021 年 5 月 1 日最后登录。

④ 阿里巴巴集团旗下的网络交易平台主要有淘宝网和天猫网,前者主要经营 C2C 业务,后者主要经营 B2C 业务。两者在很多方面共享统一的平台规则。天猫网:《虚假交易的规则及实施细则》, https://rule.tmall.com/tdetail - 11000256.htm? spm = a2177.7731966.0.0.56dec32f6W8ZrI&tag=self,2021 年 5 月 1 日最后登录。淘宝网:《虚假交易实施细则》,https://rule.taobao.com/detail-533.htm? spm=a2177.7231205.0.0.f1b217eazbiAmi&tag=self,2021 年 5 月 1 日最后登录。

般违规)、扣分(严重违规)、公示警告"①,还提供了比较详细的具体处理措施的细则。具体处理措施大致为:平台对卖家的虚假交易行为进行纠正,包括删除虚假交易产生的商品销量、评分不累计、屏蔽评论内容等,并对涉嫌虚假交易的商品给予卖家单个商品一定天数内的搜索降权处理。如果卖家某物品多次进行虚假交易的,搜索降权时间滚动计算。情节严重的,平台还将下架卖家店铺内所有商品。在对虚假交易行为进行纠正的同时,平台还会依卖家违规行为的严重程度给予不同的扣分处理:卖家第一次或第二次违规且虚假交易笔数小于96笔的,视为情节轻微,每次以"一般违规行为"②扣2分;卖家第一次或者第二次违规且虚假交易笔数大于等于96笔的,或者卖家第三次违规且虚假交易笔数小于96笔的,视为情节一般,每次以"一般违规行为"扣12分;卖家第三次违规且虚假交易笔数大于等于96笔的,或者第四次及以上违规的,或者短期内进行大规模虚假交易(不论次数和笔数)的,视为情节严重,每次以"一般违规行为"扣48分;卖家累计三次以上被认定为"情节严重"的,或者短期内进行大规模虚假交易后,再次进行大量虚假交易的,或者存在手段恶劣、行为密集、规模庞大、后果严重、恶意对抗管控等特殊情节,或者为他人虚假交易提供服务、帮助或便利的,视为情节特别严重,每次以"严重违规行为"扣48分。此外,如果买家协助卖家进行虚假交易的,平台也将视情节严重程

① 阿里巴巴集团旗下的网络交易平台主要有淘宝网和天猫网,前者主要经营C2C业务,后者主要经营B2C业务。两者在很多方面共享统一的平台规则。天猫网:《虚假交易的规则及实施细则》,https://rule.tmall.com/tdetail-11000256.htm?spm=a2177.7731966.0.0.56dec32f6W8ZrI&tag=self,2021年5月1日最后登录。淘宝网:《虚假交易实施细则》,https://rule.taobao.com/detail-533.htm?spm=a2177.7231205.0.0.f1b217eazbiAmi&tag=self,2021年5月1日最后登录。

② 淘宝/天猫平台将会员违规行为分为出售假冒商品(出售假冒注册商标,或出售盗版商品的行为,即C类违规)、严重违规行为(出售假冒商品以外,其他严重破坏平台经营秩序或涉嫌违反国家法律规定的行为,即B类违规)及一般违规行为(前两者以外的违规行为,即A类违规),三者独立扣分、分别累计、分别执行。《淘宝网市场管理与违规处理规范》,https://rule.taobao.com/detail-14.htm?spm=a2177.7231193.0.0.38dc17eaoG2l8R&tag=self,2021年5月1日最后登陆。

度采取警告、销量不累计、屏蔽评论内容、评分不累计、信用积分清零、限制会员登陆、限制投诉、延长交易超时等处理措施。

除了制定专门的平台规则，阿里平台还投入了大量的成本对虚假交易行为进行排查和判定。一般而言，平台通过人工和系统两种方式进行排查和判定。所谓人工排查和判定，是指平台在得到可信的线索、证据或者收到投诉、举报的情况下，会安排员工对卖家涉嫌虚假交易的异常情况进行排查，如果卖家被认定存在异常交易，且无法提供合理解释和相应证据，则将被判定为虚假交易。而系统排查和判定，是指平台利用基于概率学和大数据技术开发的"虚假交易模型"系统，从交易账号、商品价格、交易行为、交易资金、发货物流等多个维度对异常的交易数据进行排查，并在此基础上依据预先设定的逻辑作出是否属于虚假交易的判定。一旦系统判定为虚假交易的行为，除非卖家可以举证证明异常交易是基于真实消费场景和合理解释异常交易的原因，平台可依据系统判定结论对卖家进行处理。①

阿里平台还修改完善了相关机制，有助于减少卖家的数据造假行为。比如，阿里平台持续完善其搜索规则，设计出了所谓"淘宝权重"的动态机制。"淘宝权重"是决定卖家店铺和商品在平台搜索中展现和排名的重要因素。权重越高，卖家店铺和商品在搜索中的展现就越好，排名就越前。该权重是综合 100 多项因子的计算结果，包括"关键词"、"DSR（卖家服务评分系统）评分"、"商品收藏占比"、"点击率"、"转化率"、"页面访问深度"、"旺旺聊天"、"复购率"、"纠纷退款率"、"带字好评比例"、"确认收货时间"等。阿里平台还会根据市场的变化适时动态调整各因子的具体权重占比。由于阿里并未将各个因子的权重公之于众，卖家无法准确预估刷单行为的结果，只能靠以往经验和猜测来刷单，同时迫使刷手不得不模拟真实网购的全流程行为以求涵盖

① 天猫网站:《虚假交易的规则及实施细则》"规则解读"之"十、虚假交易行为如何排查和判定?", https://rule. tmall. com/tdetail - 11000256. htm? spm = a2177. 7731966. 0. 0. 56dec32f6W8Zrl&tag=self,2021 年 5 月 1 日最后登录。

尽可能多的因子，增加了刷单行为的成本。此外，作为对搜索机制的补充，阿里平台还开发了“千人千面”算法机制。所谓“千人千面”，即平台基于大数据技术根据买家的购买历史给用户进行精准画像，构建出买家的爱好模型，给买家打上标签，当买家登录平台之后，平台能从细分类目的商品或服务标签中抓取那些与买家爱好点匹配的商品或服务进行展示，实现个性化精准营销。简言之，“千人千面”就是根据不同的买家展示不同的商品或服务。“千人千面”改变了以往平台的流量分发机制，不再单纯地给销量高的商品更大流量，而是根据买家和商品的标签匹配程度分发流量。在这种机制下，如果某卖家刷单增流，由于是虚假交易，所产生的数据并不能真正体现买家与商品的真实对应关系，因此，有可能会产生商品标签的错乱，导致平台算法定位不准确，最终使得卖家不能如愿以偿。

此外，阿里平台还于 2015 年年底成立了专门的治理部门，负责打击刷单炒信等事宜，并招聘社会志愿者积极参与，借助技术手段，深入刷单产业链，持续追踪刷单团伙线下行踪，积极配合执法部门的查处。在国家发改委的倡议下，阿里平台还和腾讯、京东等平台成立“反刷单联盟”，签署《反“刷单”信息共享协议书》，共享反“刷单”信息、共同打击网络刷单行为。①

由于阿里平台本身的治理数据大多未向社会公布，因此，阿里平台对于数据造假行为治理的实际效果如何，现尚缺全面的第一手内部资料可供说明。但是根据近年来一些公开文献资料，大致可以推断一二。根据《阿里巴巴平台治理年报》统计，2016 年阿里平台通过技术手段识别信用炒作相关网站 179 个，发现 QQ、微信等社交软件专门从事信用炒作的群组 5060 个。② 在同一年，因涉嫌刷单炒信，有 22 万多个卖家被淘宝处以降权的处罚，39 万个相关刷单的商品

---

① 参见《阿里巴巴起诉刷单平台成全国首例，拟组建反刷单联盟》，载《南方日报》2016 年 12 月 5 日，http://gd.sina.com.cn/news/s/2016-12-05/detail-ifxyiayq2362041.shtml? from，2021 年 5 月 1 日最后登录。

② 参见 2016 年《阿里巴巴平台治理年报》，第 5 页。

或服务业内降权，与之相关的销量也被清除。① 根据周晓盈的问卷调查，经过多年来阿里平台的治理，从2009年至2017年的数据反馈来看：卖家的放单成本在增加，刷手的可用账号在减少，刷手的每日可刷单数在降低，每单所需刷单的时间在增加。② 2018年1月至11月，阿里平台通过数据技术主动风控识别出2800个刷单团伙，包括刷单QQ群2384个，空包交易平台290个，刷单交易平台237个，并联合执法部门，打掉傻推网等大型炒信平台。③ 近几年来，虽然关于刷单炒信的新闻报道时有发生，政府部门的执法数量和司法裁判数量也在逐渐增加，但是这些新闻报道里也反映出刷单炒信之类的数据造假行为愈加职业化和复杂化，以对抗平台的监管。这从反面也体现出阿里平台对于数据造假行为的治理取得了一定的效果，数据造假行为的泛滥趋势得到了一定的遏制。

五、阿里平台在数据造假行为治理中的优势和问题

（一）阿里平台规制之治的优势

1. 平台规则之治的技术性

网络空间的一切活动都建立在技术基础之上，数据造假行为与生俱来地含有浓厚的技术色彩。从电商平台的刷单、刷好评，到微信公众号、微博平台的刷粉，到点评类平台运用爬虫的“伪创作”，再到时下网络直播平台买流量、机器人用户等，技术造假手段层出不穷。而技术的不断发展，不但使得造假成本进一步降低，也使得造假行为越来越隐蔽。比如，某APP软件内隐藏有强行自启代码，可以在用户不知情的情况下，在后台启动无窗口透明界面，并自动触发广告

① 周晓盈：《基于电商平台视角的商家刷单行为监管策略研究》，湖南大学硕士学位论文，2018年。

② 周晓盈：《基于电商平台视角的商家刷单行为监管策略研究》，湖南大学硕士学位论文，2018年，第57—60页。

③ 《2800多个刷单平台被曝光，部分平台更名后仍在发布任务》，《新京报》2018年11月14日，转载新华网，http://www.xinhuanet.com/fortune/2018-11/14/c_1123708861.htm，2021年5月1日最后登录。

商的广告，传回第三方数据公司，以实现“用户自主点击广告”之效果。① 面对这些技术造假行为，一般的执法人员不但难以发现，而且有时也难以理解其中的原理和运作方式，也就难以利用传统硬法对其进行针对性的规制。而平台作为掌握技术优势的一方，不但能够理解数据造假行为背后的原理和运作，较为准确地在平台规制中把握此类违规行为的内涵，而且还能针对性地开发出技术措施。比如，上文提到的阿里平台的“虚假交易模型”系统，虽然并非无懈可击，但相比人工模式，确实提高了排查和认定造假行为的效率。

2. 平台规则之治的专业性和灵活性

之所以产生刷单炒信、流量造假等行为，与平台的商业模式和规则设计密切相关。作为传统的电商平台，阿里平台主要为交易的买卖双方提供交易撮合、信息发布等服务。为海量的买家和卖家之间提供精准的信息匹配，阿里平台由此设计了相关的规则。比如，搜索规则是为了让买家能在短时间内搜索到自己感兴趣的商品或服务。又比如，店铺评分和商品评分的规则是为了让买家能够较为直观地选择“好店铺”、“好商品”。而这些都成为了刷单炒信等造假行为的直接诱因。解铃还须系铃人。相比传统硬法规制手段，阿里平台因其专业性，更能抓住数据造假行为的“痛点”，更能接近从根本上削弱数据造假行为的存在基础。前文所述阿里平台的“淘宝权重”和“千人千面”的系统就是这方面最好的例证。此外，由于阿里平台是数据造假行为的“第一案发现场”，其在信息收集方面有着天然的优势，更能及时发现造假行为的实时动态和变化，由此采取灵活的应对措施。比如，上文所述，阿里平台根据形势的变化动态调整“淘宝权重”中各因子的比重。而阿里平台也不必囿于传统硬法处罚的种类，可以采取诸如“屏蔽信息”、“搜索降权”、“限制登录”等灵活多样的手段对数据造假行为予以处理。

---

① 王林、张均斌：《“刷量”“买粉”“伪创作”：数据造假成“套路”，最终受伤的是谁》，《中国青年报》2018 年 11 月 6 日，http://zqb.cyol.com/html/2018-11/06/nw.D110000zgqnb_20181106_1-09.htm，2021 年 5 月 1 日最后登录。

（二）阿里平台规则之治存在的问题

1. 平台营利性与平台治理公共性的矛盾影响治理效果

平台是介于企业与市场之间的网络组织方式。它以扁平化的方式运作，有别于一般的科层组织企业；它又具有内部结构，有别于传统意义上的市场。① 因为掌握着技术和信息的绝对优势，再加上网络外部性和网络效应的聚合，平台已经视为网络空间的一种“私权力”主体，承担着维护网络市场秩序、保障用户权益的公共职能，其公共性日益凸显。② 包括我国在内的多国立法机关和政府无不在增加平台责任的制定和监管道路上携手同进。由此，平台对于平台治理有着不可推卸的“主体责任”。然而，不可否认的是，平台仍然是一类以营利为目的的市场主体。一般而言，平台有三种收入模式：平台上应用服务提供者支付的直接费用、平台上应用服务提供者从网络用户收费中的分成、用户流量带来的广告收入。③ 在用户流量不单能给卖家带来销售收入，也是平台重要盈利渠道的前提下，平台对于数据造假行为的治理积极性是有疑问的。如前所述，阿里平台制定了专门的平台规则来规范数据造假行为，但是，其推行的某些服务或者制定的其他规则却有着抵消前者规范效果的嫌疑。比如，阿里平台推行的“直通车”，是一种类似百度竞价的广告营销服务，能够帮助一些流量较少的卖家更好地展示其商品或服务，以期达到引流的目的。这就有可能被因为刷单造成客户适用人群标签错乱的卖家所利用，通过购买“直通车”服务，达到把人群标签“拨乱反正”的效果，最终得以享受刷单带来的不当益处。阿里平台制定的一些规则，比如，“狂欢活动”的门槛条件、“天猫技术服务费”的返还，都设定了卖家一定的销售额标准，在卖家店铺流

---

① 姜奇平：《新文明概略》，商务印书馆 2015 年版，第 296 页。

② 刘权：《网络平台的公共性及其实现——以电商平台的法律规制为视角》，《法学研究》2020 年第 2 期。

③ 周辉：《技术、平台与信息：网络空间中私权力的崛起》，《网络与信息法学研究》2017 年第 2 期。

量不够的情况下，这等于变相地鼓励了卖家进行数据造假走捷径的行为。由此可见，在阿里集团对平台既要积极经营，又要进行公共治理的情形下，两者之间的潜在矛盾给数据造假行为的治理效果带来了一定的影响。

2. 平台规则制定和更新方面的缺陷

如上所述，阿里平台有较为开明的规制创制机制。在制定和更新有关规则时，阿里平台会通过"规则众议院"公布草案征求用户的意见，一般提供"同意"和"可再评估"两个选项，并可在"填写投票信息"栏中勾选已拟定好的"选择原因"和填写最多 140 字的"建议意见"。看似在规制制定和更新的过程中，阿里平台做到了尊重民意，集思广益。但是，仔细考察，却发现其中还是存在一些问题。在淘宝网"规则众议院"曾经公示的七项有关评价规范和虚假交易认定和处罚的征集意见稿的结果反馈中，有一项写明了收到的具体反馈意见的数量（7422）和支持通过率的具体数字（72%）①；有三项只显示了支持通过率（70%②、76%③、63%④），但未显示收到的反馈意见数量；有两项没有明确显示意见反馈数量和支持通过比率，只是泛写"绝大部分表示支持本次规则调整"⑤和"多数用户支持此次规则调整"⑥；有一项或许因为系统故障

① 淘宝网站，"关于《虚假交易的认定和处罚的规则与实施细则》（修订意见征集稿）公开征集意见结果反馈"，https://rule.taobao.com/detail-2951.htm? spm=a2177.7712275.0.0.1f7517ea2XjqOq&tag=self&cId=161，2021 年 5 月 1 日最后登录。

② 淘宝网站，"关于《淘宝网评价规范》规则变更公开征集意见（2020 年 4 月 11 日）结果反馈"，https://rule.taobao.com/detail-11002427.htm? spm=a2177.7712275.0.0.686317eaV4RB31&tag=self，2021 年 5 月 1 日最后登录。

③ 淘宝网站，"关于删除售后评价规则条款的公开意见征集结果反馈"，https://rule.taobao.com/detail-6137.htm? spm=a2177.7712275.0.0.2ff917eaCz0tKX&tag=self，2021 年 5 月 1 日最后登录。

④ 淘宝网站，"关于《淘宝规则》中新增'销量、评价、SKU'等相关处理措施公开征求意见结果反馈"，https://rule.taobao.com/detail-5533.htm? spm=a2177.7712275.0.0.6c1917eaTVplMf&tag=self，2021 年 5 月 1 日最后登录。

⑤ 淘宝网站，"关于《淘宝网评价规则（修订意见征集稿）》公开征集意见结果反馈"，https://rule.taobao.com/detail-2788.htm? spm=a2177.7712275.0.0.181117eaAxJwPF&tag=self&cId=161，2021 年 5 月 1 日最后登录。

⑥ 淘宝网站，"关于评价规则修订公开征求意见结果反馈"，https://rule.taobao.com/detail-9292.htm? spm=a2177.7712275.0.0.441517eaUFsr0f&tag=self，2021 年 5 月 1 日最后登录。

未有反馈结果显示①。"反馈意见数量"可以表明平台用户的参与程度,而"支持通过率"则是投票者意愿的最直观反映,但是阿里平台并未严格做到公布这些数据,可见,在规则的公示环节,有一些细节问题还需完善。需要指出的是,即使收到了投票者提交的建议和意见,阿里平台似乎没有根据这些建议和意见进行修改规则的例子,而仅仅在公示后的反馈结果中就投票者的某些疑问进行解释和说明。这说明阿里平台的"规则众议院"更多起到的是答疑环节的作用,而非让用户真正地"参与立法"。此外,阿里平台对于规则的反馈机制建设力度有限。笔者曾经在线上查阅《天猫评价管理规范》时,发现该规则在 2020 年 5 月 6 日进行过规则调整公开征求意见,其中原第四条"店铺评分逻辑"中的一段:"买家若完成对天猫商家店铺评分中描述相符一项的评分,则买家信用积分增加一分"是要被删除的。② 然而,这一变更结果并未出现在该规则的 2020 年 5 月 20 日修订版本中,该版本的第四条中仍然保留了这一句话。③ 本书作者曾就这一文字错误向平台客服人员反馈,但先后遇到了机器人客服无法识别、人工客服不专业无法有效解决等问题,即使人工客服承诺将问题移交平台规则部,但始终没有等到最后的回复。

3. 平台规则执行方面的缺陷

如前所述,阿里平台开发了"虚假交易模型"系统,利用大数据技术,进行虚假交易的排查和认定工作。面对海量的平台交易数量,技术执法有着人工执法不可比拟的效率优势。然而,阿里的这套系统及其算法是核心商业秘密,

---

① 淘宝网站,在"《淘宝网评价规范》规则调整公开征求意见 2020 年 8 月 4 日版本"的页面右侧"查看详情",点击未有页面跳转,https://rule.taobao.com/rulecycleDetail.htm? spm = a2177.7712275.0.0.279717ea1S02Kw&taskId = 494,2021 年 5 月 1 日最后登录。

② 天猫网站,"关于《天猫评价管理规范》规则调整公开征求意见",https://rule.tmall.com/trulecycleDetail.htm? spm = a2177.7731966.0.0.3df5c32fdCrKdP&taskId = 481,2021 年 5 月 1 日最后登录。

③ 天猫网站,"《天猫评价管理规范》2020 年 5 月 20 日修订版本",https://rule.tmall.com/tdetail-11000225.htm? spm = a223k.10052707.0.0.1168496dSL0Pzh&tag = self,2021 年 5 月 1 日最后登录。

其排查和认定的依据和过程并未向社会公开，而仅将认定的结果通知卖家。由于认定依据和过程不予公开，用户无法对此进行有效监督。这一做法导致阿里平台存在任意“执法”的隐患。倘若系统因为本身的设置不合理或者出现故障而产生了误判，卖家将因此而遭受错误处罚。而阿里平台还未建立对错误“执法”所致损害的赔偿机制。虽然其设计了一定的纠正机制：允许卖家对认定结果进行申诉，但卖家必须举证证明异常交易是基于真实消费场景和合理解释异常交易的原因，卖家也因此承担不必要的额外成本。在实践中，阿里平台的系统曾出现过故障，导致大面积的正常交易被认定成“虚假交易”，许多卖家的商品被莫名其妙地搜索降权，更有卖家借系统崩溃之时乘机刷单，获取不正当利益。①

需要指出的是，阿里平台在“执法”过程中还存在一种“隐形降权”的做法。所谓“隐形降权”，是指阿里平台在不给卖家降权提示和警告的情况下，将卖家的店铺或商品临时搜索降权。这一做法的实质是阿里平台给予卖家某涉嫌虚假交易的商品一段观察期。通常是因为系统已经发现该商品的有关数据短期内存在异常（比如，之前流量较少或者浏览购买转化率不高，但突然在短时间内流量或转化率激增；或者卖家频繁修改商品的描述等），为了进一步排查和认定虚假交易，系统先暂时给予该商品降权处理，然后在此期间内观察该商品的交易表现，如果该商品在降权之后仍有交易数据，或者交易数据还有升高，则之前的交易有可能是真实的，在观察期过后，该商品将被恢复搜索排名。反之，若该商品被降权后几乎没有交易数据，或者交易数据极少，则该商品之前虚假交易的嫌疑将被坐实。虽然“隐形降权”的做法有一定的合理性，但是，由于在此过程中，卖家并不知晓，在系统误判的情况下无法及时采取有效的挽救措施，其合法正当权益有可能就此遭受侵害。

---

① Paidai 派代网论坛帖子，“淘宝今天大面积提示虚假交易，你感觉到了吗？”，2015 年 5 月 20 日，https://bbs.paidai.com/topic/380984，2021 年 5 月 1 日最后登录。

4. 激励机制的缺乏

阿里平台对于数据造假行为的规制大多建立在惩戒基础之上,缺乏足够的激励机制。激励机制因其受到阻力较小而又能使当事人获得相应的物质或精神奖励,能够减少执法成本,具有正当性。对违规行为的规范,应该是正向褒奖和反向处理机制并举,才能取得更好的效果。但在阿里平台所制定的《虚假交易规则及实施细则》中,虽对"虚假交易"的定义、处理措施、处罚节点等有着极为详细的规定,但通篇未见正向激励的规定,甚至连正向鼓励的宣示性条款都未见踪影。规制虚假交易评价行为的另一途径应该是增加真实评价行为的供给。然而,阿里平台并未对此制定专门的规则。即使在已有相关奖励措施的情况下,也由于未在相关规则中予以明确宣示,从而减弱了激励效果。比如,在与虚假交易行为相关的《评价管理规范》中,阿里平台制定有评价原则,规定交易双方的评价应当客观、真实、合法,且与交易的商品或服务具有关联性,并对交易双方作出好评、差评规定有相应的积分增减。卖家积分的作用上文已有描述,这里不再赘述。但是,买家积分的作用却未在《评价管理规范》中所提及,而这本应是个值得宣扬的规则设计。① 事实上,在阿里平台上买家积分高有助于提升信誉评级,进而能获取较高的"芝麻信用分"和"花呗"额度,并且还可以享受购物减价、极速退款等优惠。但是,由于阿里平台对此未作宣扬,致使多数买家并不知晓这些奖励措施,误以为作真实评价并无直接益处,以至于接受卖家的"好评返现"更为实惠。

5. 协同治理机制需完善

数据造假行为已经形成黑灰产业链,电商平台一家之力毕竟有限,尤其是我国曾经缺乏线上线下信用体系的整合,线上线下惩戒机制无法衔接②,这都限制了平台治理的效果。有鉴于此,必须在企业、行业、政府之间形成合力,实现信息共享,精准研判识别刷单等数据造假行为,线上线下联合惩戒,并从账

① 比如,国外著名的 C2C 平台——eBay,只允许买家给卖家的单向评分。

② 杨淑君:《从网购诚信走向网购信用——浅析淘宝信用评价机制》,《重庆邮电大学学报(社会科学版)》2013 年第 5 期。

户服务、数据利用、技术支持、物流服务、搜索引擎等环节切断刷单链条,方能对其进行有效打击。事实上,我国已经开始建立了协同治理机制。如前所述,2016 年 10 月 25 日,在国家发改委的倡议下,阿里巴巴集团联合京东、腾讯、滴滴等八家互联网公司签署《反"炒信"信息共享协议书》。根据该协议,各企业将加强内部信用管理,记录"炒信"行为信息。在国家发改委、人民银行、中央网信办等有关部门指导下,企业将在全国信用信息共享平台定期共享信用信息,并应用到各类场景中。企业将建立并定期共享"炒信"黑名单和联合惩戒子系统,组建反炒信行动联盟,与执法部门进行联合惩戒,共同打击刷单炒信行为。同年 11 月,国家发展改革委、人民银行、中央网信办、公安部等八部委联合发布了《关于对电子商务及分享经济领域炒信行为相关失信主体实施联合惩戒的行动计划》,以官方文件的形式对协议书的内容予以明确。阿里巴巴等企业根据规定,自 2016 年至 2017 年联合发布了四期刷单炒信失信名单和重点监测对象名单。① 此外,2019 年 7 月,国家市场监管总局起草的《严重违法失信名单管理办法(修订草案征求意见稿)》公开征求意见。网店刷单、刷好评、删差评被行政处罚的情形拟列入严重违法失信名单。

可以看到,在我国有关部门的领导下,全国协同治理刷单炒信行为的机制正在稳步建设之中。然而,协同治理机制毕竟仍然处于探索之中,还有待进一步的完善。比如,协同治理机制目前还处于提出信用信息共享交换的阶段,虽已有一些实践,但关于信息共享交换的具体长效机制还未建立,尤其是对于如何平衡企业的商业秘密和公开信息之间的可能存在的矛盾,还未有较为成熟的考虑。此外,协同治理机制对于各主体之间的权责划分较为粗糙,缺乏张力和牵制,更多地靠企业的自我承诺,有可能导致一些主体互相推诿扯皮的现象。再者,协同治理机制中目前还欠缺完善平台评价规则并统一标准的考虑,而这对于治理刷单炒信等数据造假行为是有重要意义的。

---

① 新华网网站,"第三期刷单炒信失信名单和重点监测名单出炉",http://cx.news.cn/2017-02/04/c_136030627.htm,2021 年 5 月 1 日访问。

第六节　完善平台规则之治的思考

通过平台对于数据造假行为治理的实证考察，可以看到，平台规则在治理具体问题时仍存在不少缺陷。下文将从这些缺陷反映出的普遍问题出发，思考如何完善平台规则之治。

平台的价值是整合、分享资源，通过技术手段助力提升社会效率，通过不断为社会创造价值而实现自我价值。平台不仅发挥着一般经营者的营运功能，而且具有一定的基础设施效用，有着一定的公共性。软法是不依靠国家强制力保障实施但仍有实际约束效果的法规范。平台规则既然是一种软法，平台规制之治也是一种法治，也应以“良法善治”为其目标。党的十八届四中全会决议提出了全面推进依法治国的总目标和具体任务，并强调“法律是治国之重器，良法是善治之前提”。党的十九大报告进一步强调“以良法促进发展、保障善治”。良法是善治的前提。何为良法？兼具形式合理性和实质合理性的法才是良法。[①] 良法的标准体现在三个方面：在法的内容方面，必须合乎调整对象自身的规律；在法的价值方面，必须符合正义并促进社会成员的公共利益；在法的形式方面，必须具有形式科学性。[②] 善治是法治的目标，是从法律实施角度而言，强调要把制定良好的法律付诸实施。[③] 联合国亚太经济社会委员会对善治提出了八项标准：共同参与、厉行法治、决策透明、及时回应、达成共识、平等和包容、实效和效率、问责。[④] 王利明教授认为善治应当包

---

① 江必新、程琥：《论良法善治原则在法治政府评估中的应用》，载《中外法学》2018 年第 6 期。

② 李桂林：《论良法的标准》，载《法学评论》2000 年第 2 期，转引自王利明：《法治：良法与善治》，载《中国人民大学学报》2015 年第 2 期。

③ 江必新、程琥：《论良法善治原则在法治政府评估中的应用》，载《中外法学》2018 年第 6 期。

④ United Nations Economic and Social Commission for Asia and the Pacific, What is Good Governance? page 2-3, at https://www.unescap.org/sites/default/d8files/knowledge-products/good-governance.pdf(Last visited 1 May, 2021).

括民主治理、依法治理、贤能治理、社会共治、礼法合治五个方面。① 虽然有关良法善治的著述大多是从硬法层面来阐述的，我们也不能将软法的创制与实施强行纳入既有硬法轨道，按照硬法模式来“重塑”软法，②但是，这并不妨碍我们从“良法善治”的理论中提取有益的部分作为审视平台规则之治的标尺，以契合软法的方式优化平台规则，提高其理性程度。根据上文的研究，一些综合性电商平台已经建立起较为完整的、有着效力位阶的规则体系，其内容既有依据相关硬法所规定的“必选项目”，也有根据自身特点、行业发展规律等所制定的业务规范，因此，平台规则在形式上和实质上都有一定的合理性。但是，平台规则距离“良法”尚有距离，主要表现在其制定和修改过程中用户的实质性参与程度不够，其在促进平台用户的公共利益方面着力也不够。就规则的实施角度而言，平台在执行规则的效率方面有着明显的优势，但是，在过程透明、及时回应、激励机制、用户共治等方面仍存有一些不足，还需要继续改进以接近“善治”。本书认为可从以下三条途径来完善平台规则之治。

一、完善外部硬法规制

（一）完善现有硬法立法

早在2014年，商务部就出台了《网络零售第三方平台交易规则制定程序规定（试行）》。该规章对网络零售第三方平台交易规则的有关原则、公开备案、公示期限、内容涵盖等方面作出了专门规定。2018年通过的《电子商务法》以法律形式将前者的有益成分合理吸收，包含有第32至第36条5条涉及平台规则的专门规定。2021年通过并实施的《网络交易监督管理办法》进一步完善和细化了有关平台规则的规定。虽然我国就规范平台规则已在法律、

① 王利明：《法治：良法与善治》，载《中国人民大学学报》2015年第2期。

② 罗豪才、宋功德：《认真对待软法》，载《中国法学》2006年第2期。

规章上作出了一些规定,但是现有的硬法立法还较为简单,仍有进一步完善的空间。首先,《电子商务法》第 32 条仅规定平台经营者在制定平台规则时应遵循公开、公平、公正原则,而此三原则在商务部规章里是涵盖制定、修改、实施平台规则三种行为的。考虑到法律相比规章更高的效力位阶和更广的效力范围,以及平台经营者"三者合一"的角色地位,有必要在将来修订《电子商务法》时将三原则延伸适用于修改和实施平台规则的行为。其次,硬法所规定的适用于平台规则的公开、公平、公正三原则,主要是从一般意义上对涉及公共利益的规则所作出的要求,但是对于平台经济的针对性还显得不够。而随着平台经济日益增加的重要性以及其基础设施效用的不断凸显,该三原则无法完全满足平台经济发展的需要,有必要在合适的时候增补一些其他符合平台经济自身特点的原则,比如,安全原则(平台经济发展的必备条件)、诚信原则(平台经济发展的基石)、效率原则(平台经济的核心价值)。这些原则,有的已经在诸如《大淘宝宣言》这样的软法文件中有所体现,但是,考虑到各平台的共性以及各平台软法制定、修改、实施水平的差异,仍有必要通过硬法的形式要求所有平台遵循。此外,究其本质而言,平台仍是运行于市场之中的经营者,享有蕴含于宪法所确立的市场经济体制之中的营业自由。① 硬法还需考虑自身介入平台治理的程度问题,需要明确自治优先、比例等原则。再次,目前硬法规定的平台规则义务基本限于平台之于平台内的经营者的义务,几乎忽视了平台之于消费者的规则义务。平台有着典型的双边市场特征,其对消费者的重要性并不低于平台内经营者。消费者的个人信息安全等权益在平台规则中也容易受到侵犯,硬法应增加相关条款予以规范。最后,现有硬法对于平台规则的内容方面规定得过于原则性,仅规定平台应当在进入和退出平台、商品和服务质量保障、消费者权益保护、个人信息保护、知识产权保护、信用评价等方面制定相应的平台规则。之所以制定这样原则性的规定,或许是

① 金善明:《电商平台自治规制体系的反思与重构——基于〈电子商务法〉第 35 条规定的分析》,载《法商研究》2021 年第 3 期。

因为尊重平台经营者自治权使然；或许是因为平台业务太过专业性和多样性，硬法制定机关无法就规则内容作出更多一般性的规定。其实，即使是在秉承公权力有限介入理念的前提下，硬法制定机关仍可在一定范围内对平台规则的内容作出一般性规定。比如，为保障平台用户（包括平台内经营者和消费者）的基本权益，硬法制定机关应考虑设立"负面清单"制度，明确平台经营者的有关权限，明确禁止平台经营者在其制定的规则中对平台用户基本人身权、财产权等进行限制。又比如，对于平台规则中普遍缺少的平台"执法"错误的赔偿问题，考虑到平台经营者技术执"法"的隐蔽性以及较低的自我处罚可能性，硬法制定机关应制定专门条款，明确要求平台经营者在实施规则时提高其"执法"透明性，并确立平台用户就错误"执法"造成的损害要求得到及时、合理赔偿的权利。

（二）加强硬法执法力度，纠正平台经营者的违法行为

现有硬法毕竟已对平台规则作出了基本规定，但是，一些平台在实际中的执行情况不甚理想。在规则公示方面，《电子商务法》第 33 条、《网络交易监督管理办法》第 28 条均要求平台经营者在其首页显著位置持续公示平台规则信息或者信息的链接标识，并保证平台内经营者和消费者能够便利、完整地阅览和下载平台规则。然而，一些主流平台在实际中并未严格做到在其首页显著位置持续公示平台规则或者其链接标识，①而能够保证平台用户能下载

① 比如，能完全做到在首页显著位置提供平台规则或其链接标识的有"小红书"https://www.xiaohongshu.com/（2021 年 7 月 1 日最后登录）和"淘宝"网 https://www.taobao.com/（2021 年 7 月 1 日最后登录）；能做到在首页显著栏目下拉菜单中提供平台规则链接的有"京东"网（在首页上"客服务"栏中提供了"规则平台"）www.jd.com/（2021 年 7 月 1 日最后登录）和"天猫"网（在首页上"商家支持"栏中提供了"天猫规则"）https://www.tmall.com/（2021 年 7 月 1 日最后登录）；只能在网站尾页才提供平台规则链接的有"拼多多"https://www.pinduoduo.com/（2021 年 7 月 1 日最后登录）；几乎未在首页显著位置提供规则或其链接信息，且由于不停自动更新信息而导致用户难以下拉菜单至尾页的，有"抖音"https://www.douyin.com/（2021 年 7 月 1 日最后登录）。

规则的更是寥寥无几。① 在对平台内经营者惩戒信息公示方面，《电子商务法》第 36 条规定，平台经营者依据平台规则对平台内经营者违反法律、法规的行为实施警示、暂停或者终止服务等措施的，应当及时公示。《网络交易监督管理办法》第 30 条对此予以补充，明确公示要载明经营者的网店名称、违法行为、处理措施等信息。平台经营者依据法律、法规、规章的规定或者平台服务协议和交易规则对平台内经营者违法行为采取警示、暂停或者终止服务等处理措施的，应当自决定作出处理措施之日起一个工作日内予以公示，载明平台内经营者的网店名称、违法行为、处理措施等信息。然而，在实际中，一些平台的网站上很难搜寻到惩戒公示的信息。即使作出此类信息公示的平台，其行为并未完全合规。比如，淘宝平台公示的惩戒信息中，未做到载明所有违规卖家的网店名称，很多只是公示了卖家账号名称。② 在知识产权保护管理责任义务方面，虽然大多数平台都依照《电子商务法》第 41 条之规定，设立了自己的知识产权保护规则，并提供了相关的投诉通道，但是，某些平台的实际做法却阻碍了知识产权权利人的维权便利，背离了硬法“与知识产权权利人加强合作”的本意。比如，在“唯品会”平台上进行知识产权投诉，必须注册成为其会员才能进行下去，这实质上给知识产权权利人的维权制造了障碍。③ 针对上述的违法行为，硬法执法部门应该积极采取措施，加强执法力度，及时纠正、处理相关平台经营者的行为，切实督促平台经营者能严格遵守既有的法律、规章之规定，维护平

---

① 截至 2021 年 7 月 1 日，上述几大主流平台，除了“拼多多”保证规则可供下载之外，见“拼多多隐私政策 V3. 2. 1”，https://www.pinduoduo.com/pdd_privacy_policy.pdf（2021 年 7 月 1 日最后登录），其他平台均未提供下载功能。需要指出的是，虽然“小红书”和“抖音”一般视为“内容平台”和“短视频社交平台”，但是由于两者也涉及为多方提供经营场所、交易撮合等服务，也应接受《电子商务法》的调整。

② 淘宝网站，见“淘宝网规则”栏中“违规公示”下的“违法行为公示”，https://rule.taobao.com/punishList.htm? spm=a2177.12575716.1998145763.9.437f17eaQCYu2X，2021 年 7 月 29 日最后登录。

③ 唯品会网站，见“唯品会”网首页中的“客户服务”栏下的“知识产权投诉”，https://ips.corp.vipshop.com:8443/Login.aspx? ReturnUrl=%2f，2021 年 7 月 1 日最后登录。

台用户的合法权益,从而为平台规则之治的顺利实施提供硬法层面的基础支持。

二、优化内部软法机制

平台经营者从内部优化平台规则的软法机制是改善平台规则之治的第二条途径。各优化措施的综合效应是要使平台规则之治能够产生更好的利益引导,充分发挥软法之治的协商性、专业性、灵活性、实效性,以最终接近“良法善治”的根本目标。

(一)坚持以人民为中心,提高用户的参与程度

平台的诸多规则随着交易的复杂化已经逐渐成为一个系统、全面的规则体系,这些规则已经成为平台进行治理的主要依据,因此,这些规则的制定必须保证其公平与合理,应当考虑引入民主决议。① 以人民为中心是习近平法治思想的根本立场。软法是一种“微型民主立法”,其正当性基础是协商民主。平台规则之治应该坚持人民主体地位,凝聚广大用户的智慧和力量,充分尊重用户表达意见的权利,把体现用户利益、反映用户愿望、维护用户权益、增进用户福祉落实到治理的全过程各方面。不少平台经营者在法律、规章的明确规定下以及自身的努力下,在规则的制定、修改方面已经能做到公开征集用户的意见和公示修改内容。然而,如前所述,这些平台目前还只能算作较为开明的“立法者”,离真正的“开门立法”尚有差距。因此,平台经营者应采取多种举措,切实提高平台用户在规则创制和修改过程中的参与程度,保证用户反馈渠道的畅通,积极考虑、采纳用户的建议和意见,真正做到民主“立法”。再以上文所述的阿里平台为例,本着公开、公平、公正原则,阿里平台在创制和修改规则之前,应该通过内部通讯途径主动通知所有用户,而非像目前这样仅在页面发布通知,或者依靠用户自行登录“规则众议院”查阅。其次,在规则草案征求用户意见阶

① 周辉、张心宇:《互联网平台治理研究》,中国社会科学出版社 2022 年版,第 51 页。

段，阿里平台可在“同意”和“可再评估”两个选项之外，提供“反对”的选项，如此才能完整地反映用户对于某项规则创制的不同意见。再次，阿里平台应该提高信息的透明度，对每项规则征集意见过程中的“反馈意见数量”和“支持通过率”等均予以公布。最后，阿里平台应该认真对待用户反馈的建议和意见，以此作修改规则的依据，并将修改过程予以公示。这些举措有助于用户主体意识的觉醒，也有助于提高其在规则创制和修改过程中的参与程度。只有这样，阿里的“规则众议院”才能真正名副其实，而不是沦落到成为“规则答疑院”。而在创制和修改协商过程中形成的广泛共识也有助于用户对平台规则遵守程度的提升，充分发挥软法的优势，并对缓解平台营利性与治理公共性的矛盾有所裨益。

（二）改进平台规则的制度设计

平台经营者应持续改进在内容、执行、监督和救济等方面的制度设计。在内容方面，首先要重视整体上的利益导向，注意各项规则内容之间的协调，以防止规则之间相互抵消效果的产生。比如，阿里平台的“直通车”引流服务有可能被刷单卖家用来摆正人群标签，得以享受刷单所致的不当利益，从而抵消其制裁虚假交易规则的规范效果。因此，平台经营者在设计规则内容时，需要有整体意识，需要考虑各项规则合力之下能否产生预期的利益导向，要让理性的用户在权衡各项平台规则之后得出“违反规则比遵守规则成本更高”的最终结论。其次，在某些具体规则的内容上，仍有许多继续改进的空间。以上文的数据造假行为为例，目前我国大多数平台经营者均允许用户匿名评价网购商品或服务，这样的制度设计也许是因为保护用户隐私所致，但是客观上也给数据造假行为提供了便利。根据国外学者安德烈亚斯·蒙泽尔（Andreas Munzel）的研究，评价者个人信息（年龄、姓名、消费背景等）的透露数量跟阅读者认为其评价信息的可靠程度呈正相关的关系。① 有鉴于此，我国平台经营者

① Andreas Munzel, Assisting Consumers in Detecting Fake Reviews: The Role of Identity Information Disclosure and Consensus, Journal of *Retailing and Counsumer Services* 32(2016): 98.

可以考虑改进现有的评价规则，在保证个人信息安全的前提下，要求评价者公布一定的个人信息，这或许能对数据造假行为起到一些遏制作用。我国平台经营者还可以借鉴国外平台的一些做法，就评价规则做出一些特别设计，以帮助其他消费者准确评估平台上的评价信息。比如，亚马逊平台会对平台上的真实交易行为进行认证，并在相关评价信息上显示认证标记，以帮助消费者确认评价者的真实性。国外的第三方消费者评价平台，会标明那些非真实消费经历的评价，比如，由商家促销员作出的评价或者对免费赠品作出的评价，并允许用户对平台上的评价信息做出“怀疑”或“有帮助”的标签选择，以帮助其他消费者对相关评价信息作出准确的评估。

平台经营者依靠大数据和算法等技术在执行规则方面有着极大的效率优势。但由于平台收集的数据和开发的算法技术多被平台经营者视为商业秘密而不予公开，这就导致了平台经营者“执法”过程不透明的现状。这种现状与商务部规章中的规定——平台经营者应秉承公开、公平、公正三原则实施平台规则，是相违背的。这种现状也不利于实现“善治”中“民主治理”的目标。因此，平台经营者应在营业自由和公共治理之间取得更好的平衡，在不严重损害其自身合法权益的前提下，尽可能地公开相关“执法”信息，尽可能地做到“执法”透明。这不但能够督促平台自身提高公正“执法”水平，也有助于减少平台用户对于平台经营者“暗箱操作”的猜疑，同时为平台用户对平台经营者进行有效监督奠定基础。除此之外，平台经营者也要注意设计和完善相应的激励机制来保障规则的顺利实施，充分发挥软法的优势。前已述及，相较于惩戒机制，激励机制受到的阻力和压力较小，在平台治理中有着不可忽视的优势。目前大多数平台经营者疏于激励机制的设计，实践中甚至于存在像阿里平台这样事实上有奖励举措但却疏于宣扬的例子。因此，平台经营者应认真考虑在现有规则实施机制中增加激励要素，多运用褒扬宣传、优惠措施等手段，借助利益诱导的力量，因势利导，从正面增加平台用户对规则的接受程度，以此助力规则的规范效果。

在监督和救济方面，目前绝大多数平台经营者仅建立了用户的投诉或申诉机制。但是，这些投诉或申诉机制主要用于反映平台用户碰到的经营业务问题，并非用来监督平台经营者行使管理平台权力的情况。而在目前大多数平台规则中更难寻到对用户因遭受平台经营者错误“执法”产生损害的赔偿救济之规定。事实上，平台经营者管理平台的私权力是不受用户监督的，更遑论由用户对其进行约束。无论是硬法，抑或是软法，民众的监督权和救济权都是维系一项法律制度得以长久运行的基本保证。绝对权力导致绝对腐败。为了平台能够健康、长久地运营，平台经营者应该建立专门的监督和救济机制，保证用户能对其行使管理权力进行有效监督，保证用户能在因遭受其错误“执法”时能获得及时、合理的赔偿。或许，这对于主要以营利为目的的平台经营者来说，可谓苛求。或许，对平台经营者私权力的监督和用户权利的救济只能寄希望于国家公权力的介入。但是，在中国、美国、欧盟等国家和组织日益对主流平台（“守门人”）垄断行为更加严格审查和执法的今天，平台经营者必将被施加更多的义务去完善内部软法机制的设计。况且，我国平台经营者还有过先于硬法实施“七天无理由退货”的“壮举”先例，至少它们应该继续持有“自我革命”的勇气，在私权力自我监督和用户权利救济方面积极探索。

（三）提高客服人员的规则意识和专业水平

前已述及，大多数主流平台经营者已经建立了自己的规则部门或者团队。这些规则部门或团队的主要业务是在保证符合国家法律、法规、规章等相关规定的前提下，制定和修改平台规则，并处理平台企业其他的法律事务。作为企业内部的服务部门，规则部门或团队通常并不直接面对平台用户。因此，若用户就平台规则有关事宜向平台咨询或反馈时，一般由平台的客服人员对接。然而，客服人员大多长于解决日常业务问题，对于平台规则这样较为专业的领域，往往力不从心。前述作者本人的亲身经历也印证了这一点。此外，在平台的纠纷解决场景中，也几乎都由客服人员居中裁判买卖双方的争议纠纷。平台的相关纠纷解决规则还特别强调客服人员非专业人士，仅基于普通人的知识水平和能力对证据进行鉴别和认定并作出纠纷调处。虽然客服人员中不乏有经验丰富者能较为妥当地处理纠纷，但是囿于专业水平所限，难以保证所有纠纷都能得到较高水平地调处。由客服人员充当第一线的规则解释者和裁判者，也反映出目前我国大多数平台“经营者”而非“治理者”的自我定位。为了更好推动平台规则的“善治”，平台经营者应尽力提高客服人员的规则意识和专业水平，定期对其进行专门培训，增加熟悉法律规则的人员补充进客服队伍，并加强客服人员与规则部门的沟通和联系。当然，考虑到可能增加的经营成本，以及客服人员疲于应付大量日常业务问题的现状，对客服人员在这方面的要求不能过高。因此，在专业的规则团队介入之前，只需客服人员能以准专业水准解释平台规则或裁判纠纷即可。

三、加强软硬法之间的有机联系

无论是平台规则之治，还是国家硬法规制，两者的根本目的基本一致：在保证平台营业自由的前提下，营造公平有序的竞争环境和平等合理的平台秩序，以达到或接近“良法善治”。软法虽然有着协商性、专业性、灵活性等诸多优点，但也存在传统学界认可度不高、实质理性不足、监督机制缺失、不稳定性等缺陷。“非理性的软法的存在，不仅有损于硬法的权威与实效，制约着整个公法体系的完善，妨碍着公域之治目标的正常实现；而且还为权力滥用提供了契机，公民权益因此得不到有效保障，导致公共关系出现一定程度的扭曲变形”①。而硬法在权威性、普适性、稳定性、刚性效力等方面有着不可替代的作用。这也是上文在研究完善平台规则之治时，首先讨论相关硬法保障的原因。除此之外，如何建立软硬法之间的有机联系，使二者互相补充，以建立软硬混合治理的完整体系也是必须讨论的问题。

---

① 宋功德：《什么造就了软法的负面效应》，载《检察日报》2010 年 9 月 23 日。

硬法是纲,软法是目,唯有纲举,才能目张。① 要使平台规则之治接近“良法善治”的前提是硬法首先得打造好基本框架,明确平台规则的相关原则,确立平台经营者和平台用户的基本权利和义务,对平台经营者创制规则或技术应用等平台治理结构的权限作出限制性规定,划出平台经营者不能擅入的规则区域。上文已有较为详细的论述,在此不再赘述。平台经营者在硬法规定的基本框架内,充分发挥自身专业性、灵活性等优势,就平台运行发展的有关具体事项,制定和实施平台规则,填补硬法留下的空白,维护和保证平台健康有序。对于应由平台规则调整的具体事项,硬法应秉承“有限介入”的理念,保持一定的距离,尊重平台经营者依法享有的自治权力。当然,硬法总是滞后于社会实践发展的,而软法对于新生事物却能做到及时回应,灵活应对。在某些新兴领域,甚至于硬法所定的基本框架有可能无法完全适用。在这样的情况下,即使没有硬法的明确指导,平台经营者仍须将法治精神和硬法确立的基本原则嵌入到平台规则的创制与实施过程中。

硬法对平台规则的保障,除了为其打造基本框架之外,也要对其予以有力监督,以确保软法与硬法之间的协调和法制的统一性。这种监督包括国家监督和社会监督。② 国家监督包括行政监督和司法监督。行政监督主要指网信办、市场监督管理部门、商务部门等主动或应请求对平台规则的监督。为便于行政监督的开展,平台经营者应该按照规定将制定或修改的规则向有关部门提前备案。司法监督主要以利害关系人向法院起诉和法院通过司法审查的方式开展。在平台经营者的意思自由超过合理范围产生负外部性之时,在平台经营者不能平衡好自身营利性和治理公共性矛盾之时,国家的监督和介入至关重要。社会监督包括平台用户的监督和社会专门自律组织的监督。前已述及,仅靠平台经营者自身恐难以有效建立平台用户对其监督的机制。而社会

① 黄学贤、黄睿嘉:《软法研究现状问题趋势》,载《公法研究》2012 年第 1 期。

② 黄学贤、黄睿嘉:《软法研究现状问题趋势》,载《公法研究》2012 年第 1 期。

专门自律组织在我国尚属薄弱环节。因此，在目前阶段，社会监督还需要国家公权力的积极扶持。

在治理平台某些具体问题时，还需要建立和完善硬法和平台规则的协同治理机制。以上文论及的数据造假行为治理为例，虽然我国已初步建立了治理刷单炒信的软硬法协同治理机制，但是，距离权责划分明确、协调统一、各施所长的长效机制仍有一段距离。因此，平台经营者与硬法有关部门还需要继续积极探索有效的协同治理机制，由政府监管部门统筹，平台企业方提供数据和技术支持，集结政、企、民等多方力量将平台上违规行为的处罚延续到现实世界中，产生综合威慑效果。

第六章　面向新兴领域的软法之治

——人工智能的软法治理研究

作为网络空间的新兴技术，人工智能技术已在社会生产实践中得到了大规模的应用，其驱动社会经济高质量发展变革的效应逐步显现。近年来，ChatGPT为代表的生成式人工智能的爆发，更是颠覆了以往人们对人工智能的理解，对社会生活的影响将更加广泛和深入。早在2018年，习近平总书记在主持中共中央政治局就人工智能发展现状和趋势举行的集体学习时强调，要加强人工智能发展的潜在风险研判和防范，维护人民利益和国家安全，确保人工智能安全、可靠、可控。要整合多学科力量，加强人工智能相关法律、伦理、社会问题研究，建立健全保障人工智能健康发展的法律法规、制度体系、伦理道德。① 而在法学理论界和实务界，有关人工智能的法律问题也是业内热议的主题之一。人工智能治理自其初开始，便展露出对于数据、网络治理的整合效应。作为一个新兴的研究和实践领域，人工智能领域出现了大量的软法规范，是研究软法治理的绝好样本。本章将对这一问题进行初步尝试。

---

① 李传兵：《防范伦理道德风险　保障人工智能健康发展》，《人民日报》2020年7月13日，http://scitech.people.com.cn/n1/2020/0713/c1007-31781108.html，2021年10月8日登录。

第一节　人工智能的概述

一、人工智能的定义

虽然人工智能在社会生活中被广泛应用的时间并不长,但是,“人工智能”理念的雏形却已问世超过半个世纪。1936 年,英国数学家和逻辑学家图灵(Alan Mathison Turing)就发表了一篇名为《论数字计算在决断难题中的应用》的论文,引起了广泛的关注。在该篇论文的附录里,图灵描述了一种可以辅助数学研究的机器的设想,用以在纯数学的符号逻辑和实体世界之间建立联系,为后来的电子计算机的发明以及人工智能的实现奠定了前期的理论基础。图灵也因此被称为“计算机科学之父”、“人工智能之父”。而现代“人工智能”概念的诞生可以追溯到 1956 年。彼时,麦卡锡(John McCarthy)、明斯基(Marvin Minsky)、罗切斯特(Nathaniel Rochester)和香农(Claude Shannon)等科学家在美国达特茅斯学院就“如何用机器模拟人的智能”的一系列有关问题进行了深入研讨。正是在这场会议上,“人工智能”(Artificial Intelligence)的概念被首次提出,人工智能学科也由此诞生。① 据麦卡锡教授的定义,“人工智能”是指“制造智能机器,特别是智能电脑程序的学科和工程;它与通过电脑研究人类智能的过程相关,但却并不局限于生物学成果的应用”②。与麦卡锡教授的定义相近,维基百科也将人工智能视同为一种智能机器,即“人工智能就是机器展现出来的智能,只要机器有智能的特征和表现,就应该将其视为人工智能”。而美国斯坦福大学尼尔森(Nils Nilsson)教授则另辟蹊径,认为:“人工智能是关于知识的科学,所谓‘知识的科学’就是研究

① 谭铁牛:《人工智能的创新发展与社会影响》,中国人大网,2018 年 10 月 29 日,http://www.npc.gov.cn/npc/c541/201810/db1d46f506a54486a39e3971a983463f.shtml,2021 年 10 月 8 日访问。

② 浮婷:《智能的本质与“去魅”化》,载《中国经济时报》2017 年 7 月 28 日。

知识的表示、知识的获取和知识的运用"①。除此之外,其他学者或者文献资料还有从学科、拟人思维、拟人活动等多方角度对人工智能下定义。本书认为麦卡锡教授和维基百科的定义对人工智能的内涵揭示得不够深刻,主要表现在未对"智能"这一最重要的子概念予以界定。而尼尔森教授虽绕开了"智能"这一棘手的子概念,但是把人工智能仅定义为有关知识的科学的做法显得太过抽象,不利于对人工智能已有初步感性认识的非专业人士理解。因此,本书采用我国《人工智能标准化白皮书(2018 版)》中给出的定义:"人工智能是利用数字计算机或者由数字计算机控制的机器,模拟、延伸和扩展人类的智能,感知环境、获取知识并使用知识获得最佳结果的理论、方法、技术和应用系统"。②

人工智能的核心思想在于构造智能的人工系统,以解决需要人类智力才能处理的复杂问题。根据是否能够实现理解、思考、推理、解决问题等人类的高级行为,人工智能可分为强人工智能和弱人工智能。

强人工智能指的是真正能像人类进行思维活动的机器,有感知和自我意识。机器的思维活动又可分为类人和非类人两种类型:前者表示机器思考与人类思考类似,而后者则是指机器拥有与人类完全不同的思考和推理方式。因为目前的科学技术仍有局限,强人工智能的进展缓慢。美国私营部门的专家甚至认为强人工智能在未来几十年内都难以实现。③

弱人工智能是指未达到像人类一样进行真正推理思考并解决问题的机器。这样的机器虽被冠有"智能"之名,但无真正的智能之实,缺乏自主意识。目前,人工智能系统大多都属于弱人工智能,即都是实现特定功能的系统,而非真正像人类智能一样,能够不断地学习新知识,适应新环境,解决新问题。需要指出的是,弱人工智能的发展取得了显著的进步,在某些特定领

---

① 李德毅:《人工智能导论》,中国科学技术出版社 2018 年版,第 2 页。

② 中国电子技术标准化研究院:《人工智能标准化白皮书(2018 版)》,第 5 页。

③ 中国电子技术标准化研究院:《人工智能标准化白皮书(2018 版)》,第 6 页。

域,如机器翻译、语音和图片识别等,弱人工智能系统已接近或超过人类的水平。①

二、人工智能的特征

一般认为,人工智能具备这样一些特征。第一,以人为本。人工智能系统是由人类设计的机器,目的在于为人类服务,提高人类的生活水平,绝不可以做出伤害人类的行为。第二,以数据为基础的计算。人工智能的本质体现为计算,即按照人类设定的程序逻辑或软件算法,通过对数据的采集、加工、处理、分析和挖掘,形成有价值的信息流和知识模型,从而模拟一些人类的"智能行为",为人类提供相关服务。② 第三,人机互动。人工智能系统可以借助传感器等设备,模拟人类的视、听、嗅、触等感知行为,并对外界输入的文字、语音、表情、动作等信息作出必要的反应,以实现人机互动。第四,有一定的学习和适应能力。人工智能系统采用机器学习方法,使用算法来解析大数据,从中学习,然后对真实世界中的事件做出决策和预测。近年来,人工智能系统凭借深度学习技术,建立模拟人脑进行分析学习的神经网络,模仿人脑的机制来解释数据,使其具备了一定的随环境、数据或任务变化而自适应调节参数或更新优化模型的能力。

三、人工智能的发展历史

人工智能的发展历史大致可以分为四个阶段。第一阶段是起步发展期(20世纪50年代—60年代)。自人工智能的概念被正式提出之后,计算机科学家们对其产生了极大兴趣,先后取得了一批显著的研究成果,引发了人工智能发展的第一次高潮,如在通用高级计算机程序语言领域,麦卡锡教授开发了最具影响力的人工智能语言——LISP表处理语言;在机器学习领域,萨缪尔

① 中国电子技术标准化研究院:《人工智能标准化白皮书(2018版)》,第6页。
② 中国电子技术标准化研究院:《人工智能标准化白皮书(2018版)》,第6页。

(Samuel)研制出了先后战胜其本人和美国州跳棋冠军的"跳棋程序";在移动机器人领域,美国斯坦福研究所研发的首台人工智能的移动机器人 Shakey,能够解决简单的感知、运动规划和控制问题,证实了人工智能领域的某些科学结论。第二阶段是低谷期(20 世纪 70 年代)。由于前一时期人工智能的突破发展,人们开始尝试更具挑战性的任务,并提出了一些不切实际的研发目标。但是,囿于当时计算机有限的运算能力和速度以及数据的缺乏,一些研发项目停滞不前,没有足以解决实际问题的成果问世。英美国家相关部门也对无方向的人工智能研究逐渐停止了资助。第三阶段是稳步发展期(20 世纪 80 年代—90 年代初)。这一阶段前期,成熟于 70 年代的专家系统(使用计算机模型来处理现实世界中需要专家作出解释的复杂问题,并得出与专家相同的结论)开始投入商业化运行,在工业、农业、军事等一些行业中产生了显著的经济效益,实现了人工智能从理论研究走向实际应用的重大突破。如卡内基梅隆大学为数据设备公司 DEC 开发的 XCON-R1 专家系统,帮助该公司每年节省数百万美元,特别在决策方面能提供有价值的内容。然而,由于专家系统在知识获取、推理能力等方面的不足,导致其实用性仅局限于某些特定场景,再加上开发成本高等原因,人工智能的发展在 80 年代后半期至 90 年代初期又一次进入低谷期。第四阶段是再次崛起期(20 世纪 90 年代中期至今)。20 世纪 90 年代中期以后,互联网技术的不断普及和广泛运用不但加速了人工智能的创新研究,也促使人工智能进一步走向实用化。1997 年 IBM 公司的电脑"深蓝"战胜了国际象棋世界冠军卡斯帕罗夫,是人工智能发展历史中的标志性事件。自 2011 年开始,随着计算能力的提升、算法的革新、大数据的积聚,以深度神经网络为代表的人工智能技术飞速发展,人工智能再一次迎来了繁荣时期,如 IBM 公司开发的人工智能程序——沃森(Watson)参加了一档美国智力问答节目并打败了两位人类冠军;Google 公司 DeepMind 团队开发的 AlphaGo 人工智能围棋程序,对战世界围棋冠军李世石,并以 4 : 1 的总比分获胜。2022 年以来,以 ChatGPT 为代表的生成式人工智能在全球范围内掀起了一场革命性的变革。这种人工智能技术能够模拟人类的思维，生成具有一定逻辑性和连贯性的语言文本、图像、音视频、代码等内容。相比传统的人工智能技术，生成式人工智能技术从大规模数据中集中学习，能够自己创造新的内容，而非只能根据输入数据进行处理。

四、人工智能的应用

随着人工智能技术的进步，科学研究与技术应用之间的鸿沟已逐步被逾越。人工智能技术从曾经的“不好用”过渡到了“可以用”，并朝着“广泛用”的目标深入发展，并已在诸多的应用场景中取得了显著成效。以下介绍一些经典应用场景。

（一）人脸识别

人脸识别也称人像识别、面部识别，是基于人的脸部特征信息进行身份识别的一种生物识别技术。该技术通过摄像头采集含有人脸的图像或视频流，自动在图像中监测和跟踪人脸，进而对其进行面部识别。人脸识别系统的研究始于 20 世纪 60 年代，之后，随着光学成像技术和人工智能技术的发展，人脸识别技术得以不断提高。目前该技术已广泛应用于金融、司法、公安、边检、教育、医疗等多个领域。

（二）个性化推荐

个性化推荐是一种基于聚类与协同过滤算法技术的人工智能应用，它建立在海量数据挖掘的基础上，通过分析用户的历史行为建立推荐模型，向用户提供匹配其个性需求和爱好的信息服务和决策支持。个性化推荐被广泛应用于各类电商平台的网站和 APP 中，是产生所谓的“千人千面”现象的原因所在。如天猫首页会根据用户的历史购买数据向其推荐可能感兴趣的物品；QQ 音乐能根据用户的听歌习惯向其推荐可能喜欢的类型歌曲；今日头条的新闻流会根据用户的阅读习惯向其推荐可能想看的信息资讯。

（三）自动驾驶

自动驾驶，又称为无人驾驶，是指依靠车内以计算机系统为主的智能驾驶控制器来实现的驾驶，无需人为操作。近年来，伴随着人工智能技术的进步，自动驾驶成为人们关注的热点，国内外许多公司都投入到这一领域的研究中。例如，Google 公司的无人驾驶汽车“Google Driverless Car”、百度公司的无人驾驶汽车“Apollo”。

（四）辅助医疗

辅助医疗是人工智能在医疗领域的典型应用，主要体现在辅助诊断、病例和医学影像处理、手术机器人等方面。比如，人工智能系统通过图像处理技术对医学影像进行图像分割、特征提取、定量分析和对比分析等工作，进而完成病灶识别与标注。据报道，哈佛医学院研发的人工智能系统对乳腺癌病例图片中癌细胞的识别准确率已达到92%，结合人工病理学分析，其诊断准确率可达 99.5%。① 又比如，人工智能系统通过自然语言处理技术，“听懂”患者对症状的描述，然后分析患者数据并识别病症，最后计算出诊断意见。

（五）智慧司法

智慧司法是在司法活动中运用人工智能技术对数据进行采集和分析，以实现对人力的节省和效率的提高，助推司法改革和公正司法。例如，法官可以借助大数据和算法进行类案检索，了解同类案件的裁判现状；书记员可以借助智能语音算法记录原告和被告双方在法庭上的陈述，实现庭审笔录的及时制

---

① 程显毅等：《大数据时代的人工智能范式》，载《江苏大学学报》（自然科学版）2017 年第 4 期。

作;法官可以借助司法辅助办案系统对刑罚裁量提供数据参考等。

第二节　人工智能引发的法律风险或法律问题

人工智能既有推动经济、服务民生、造福社会的正面优势,也有对社会多元的负面影响。近年来,人工智能所产生的法律问题或所蕴含的法律风险,引发了学界热烈的讨论。以下针对有关问题或风险做一番类型化的归纳。

一、人工智能所涉及的基本法律问题

法律对人工智能回应的第一道基本问题即是否需要对其进行法律规制。人工智能有可能加剧且带来新的不平等,导致大量的失业问题和严重的信任问题,并有可能面临失控的风险,所以,人们有必要对人工智能技术进行法律规制。而法律规制的进路可分为法律规制人工智能本身和法律规制人工智能背后的利益相关者。规制的原则应该包括目的正当原则、人类善良情感原则、公众知情原则或者透明原则、政府管控原则、分类管控原则、全程管控原则、预防原则以及国际合作原则。① 为了有效规制人工智能技术,我国立法机关应积极改革,树立数据思维,发挥“众智”作用,推进跨界融合,应用人工智能,运用互联网技术和信息化手段推动科学立法。② 至于是否需要专门立法规制人工智能技术,学界大致有两种意见。第一,依靠现有法律制度即可应对。从民法的角度,现行民法的基本理念和基本规则均可以应对人工智能技术的发展和应用所提出的问题,因此,不必另寻他法。③ 第二,针对人工智能技术在法律上带来的挑战,立法者需要积极作出适应性的改变。比如,立法者可以考虑

① 王成:《人工智能法律规制的正当性、进路与原则》,载《江西社会科学》2019 年第 2 期。

② 江必新、郑礼华:《互联网、大数据、人工智能与科学立法》,载《法学杂志》2018 年第 5 期。

③ 杨立新:《用现行民法规则解决人工智能法律调整问题的尝试》,载《中州学刊》2018 年第 7 期。

增设相关罪名应对人工智能产品导致的刑事风险,①也可以适时制定《个人信息安全法》明确人工智能运行中个人信息数据安全的基本原则、具体权利,②还可以对人工智能开发企业社会责任的法律规制进行具体设计。③

人工智能的主体定位是另一基本法律问题。随着人工智能技术的飞速发展,智能机器人所能从事并胜任的工作越来越多。在未来的强人工智能时代,是否需要赋予智能机器人法律主体资格呢?一些国家和地区已有了初步的突破性尝试。2016年欧盟委员会法律事务委员会向欧盟委员会提交一项将最先进的自动化机器人身份定位为"电子人(electronic persons)"的动议,并赋予其特定的权利和义务以及进行相关的登记。2017年沙特阿拉伯授予机器人"索菲亚"公民身份。从法理上讲,智能机器人可以通过"位格加等(increase of head)"(与罗马法上"人格减等(decrease of head)"制度相反)被赋予一个既有别于自然人又有别于动物和团体法人的新的法律位格(person),成为法律关系的某种节点。④ 然而,在当今的弱人工智能时代,智能机器人被赋予法律主体地位既不可能也不可欲,因为它无法也不应当承担独立责任,而应由相关的设计者、制造者、使用者等人类自身来承担。⑤ 相对可行的路径应该是,针对人工智能技术发展的不同阶段,赋予智能机器人不同程度的法律地位。⑥

二、算法的法律规制

算法(algorithm)一词起源于波斯数学家(al-Khwarizmi)的名字。⑦ 尽管从

---

① 姚万勤:《大数据时代人工智能的法律风险及其防范》,载《内蒙古社会科学(汉文版)》2019年第2期。

② 缪文升:《人工智能时代个人信息数据安全问题的法律规制》,载《广西社会科学》2018年第9期。

③ 蒋洁:《人工智能开发企业社会责任及其法律规制》,载《湖湘论坛》2019年第2期。

④ 张绍欣:《法律位格、法律主体与人工智能的法律地位》,载《现代法学》2019年第4期。

⑤ 冯洁:《人工智能法律主体地位的法理反思》,载《东方法学》2019年第4期。

⑥ 贺栩溪:《人工智能的法律主体资格研究》,载《电子政务》2019年第2期。

⑦ 蒋舸:《作为算法的法律》,载《清华法学》2019年第1期。

不同角度可对“算法”作不同解释，但是，算法可被归纳成为完成某一特定工作任务的一系列指令，其核心要义在于解决问题应当遵循有条理的步骤。① 算法是人工智能技术的核心与关键。在社会生活数字化程度不断加深的背景下，算法已经成为影响世界运行的基本规则。算法应用场景的不断丰富不仅极大便利了人们的日常生活，也带来了新的治理风险和挑战，如算法歧视、算法黑箱、算法支配等。一般而言，算法赋能产生了私权利、公权力、私权力三者之间失衡的现象。因此，有关部门应该制定消除算法权力规训和实现算法权力规制的有效方案，以实现三者之间的动态平衡。② 具体而言，由于算法已作为行为规范影响着人们的行为，甚至有时取代公权力决策，为了防范算法权力异化，有关部门可以从两个维度对其规制：限权（明确算法的应用范围和限制条件，建立正当程序制度和算法问责机制）和赋权（赋予公民个人数据权利，建立事后救济制度，加强行业自律以及引入第三方参与合作治理）。③ 需要指出的是，算法的场景性使其在不同场景下具有不同的性质，因此，算法规制还需考虑场景化的规制路径：在场景化规制原则的指引下，构建算法公开、数据赋权和算法歧视等具体制度。④

三、人工智能所产生的知识产权问题

人工智能所产生的知识产权问题是学界热议的焦点之一。就人工智能生成物是否应该受到著作权法的保护，大致存在三种观点。第一种是否认说。即使人工智能生成物的内容在表现形式上与人类创作的作品类似，也不能因此将其认定为著作权法意义上的作品，因为这些内容都是应用算法、规则和模板的结果，无法体现创作者的个性。即使在实践中有些人工智能生成物受到

① ［美］达斯格普塔等：《算法概论（注释版）》，钱枫、邹恒明注释，机械工业出版社 2009 年版，第 2 页。

② 周辉：《算法权力及其规制》，载《法制与社会发展》2019 年第 6 期。

③ 张凌寒：《算法权力的兴起、异化及法律规制》，载《法商研究》2019 年第 4 期。

④ 丁晓东：《论算法的法律规制》，载《中国社会科学》2020 年第 12 期。

了著作权法的保护，那也是运用证据规则推定署名的自然人为作者情况下的特例。① 第二种是承认说。理由在于人工智能创作出来的智力成果与人的作品之间并无区别。② 再者，人工智能生成物在本质上仍为人类利用技术设备创作完成的作品，因此，仍然需要在著作权法体系下对其进行法律保护。③ 第三种为有限肯定说。从促进产业发展的角度，人工智能生成物的内容可被拟定为作品，其所有权根据不同阶段可能属于程序设计者、人工智能使用者或者投资者。④

人工智能技术还对专利法带来了诸多挑战，如人工智能技术本体的专利法律保护、含有人工智能的技术内容的专利法律保护等。就前一问题，我们应该采用“算法专利权保护的法理思维”，认识到算法技术的专利权保护对激励该领域内的科技创新、实现核心关键技术自主可控具有重大意义，肯定算法的专利适格性。⑤ 就后一问题，在国内外已适时调整了所涉的专利法保护的排除范围而具有被授权可能性的前提下，对人工智能发明成果的实用性、新颖性、创造性的实质性审查均可在现有的专利法框架内加以解决。⑥ 换言之，含有人工智能技术内容的发明创造可以得到现有专利法的保护。

四、人工智能所涉及的数据问题

数据是人工智能技术得以运用的基础资源。从法律的角度视之，人工智能所涉的数据问题主要有二：隐私权问题和财产权问题。人工智能在挖掘、采集和使用数据时，比如人脸识别技术，有可能构成对数据主体隐私权的侵犯。

---

① 王迁：《论人工智能生成的内容在著作权法中的定性》，载《法律科学》2017 年第 5 期。

② 李伟民：《人工智能智力成果在著作权法的正确定性：与王迁教授商榷》，载《东方法学》2018 年第 3 期。

③ 冯刚：《人工智能生成内容的法律保护路径初探》，载《中国出版》2019 年第 1 期。

④ 王渊、王翔：《论人工智能生成内容的版权法律问题》，载《当代传播》2018 年第 4 期。

⑤ 张吉豫：《智能时代算法专利适格性的理论证成》，载《当代法学》2021 年第 3 期。

⑥ 张洋：《论人工智能发明可专利性的法律标准》，载《法商研究》2020 年第 6 期。

为了减少人工智能对隐私权的负面影响，我们既要通过加强隐私权的立法保护和强化技术标准，建立隐私权的事前保护机制，也要建立以公益诉讼和消费者集体诉讼为主题的事后救济机制。① 人工智能所使用和产生的数据是否具有财产权及其归属所引发的争议较多。第一种观点认为数据具有财产属性，可以作为信息财产权客体，归属于数据控制人；②或是作为数据财产权客体，视情况分别归属于个人（初始数据）和企业（增值数据）；③或是作为一种“公共资源”，归属于国家。④ 无论对于数据法律性质的认识有何差异，都不应影响其财产化利益受到法律保护。⑤ 第二种观点否认数据的财产属性。数据既无特定性、独立性，亦非无形物，因而不能被视为民事权利客体，且无独立经济价值，也不宜被独立视为财产。数据纠纷可通过合同救济和民事一般侵权救济以及违反保护他人法律的侵权救济加以解决。⑥ 此外，设立数据财产权的模式保护数据隐藏着逻辑漏洞与风险，并可能制约数据、人工智能行业的发展，而通过行为规制模式保护数据能够更好地防控风险、实现公共利益与个人利益的平衡。⑦

五、人工智能的负外部性风险

智能机器人的广泛使用有可能产生致人损害的侵权风险。在人工智能还未广泛普及的年代，日本和美国就分别发生过工业机器作业时误将工人致死和医疗外科手术机器人致人损害、致死的案例。最近几年，有关自动驾驶汽车

---

① 刘云江：《人工智能对隐私权的影响与法律应对》，载《人民论坛》2020年9月中期。

② 王玉林、高富平：《大数据的财产属性研究》，载《图书与情报》2016年第1期。

③ 龙卫球：《数据新型财产权构建及其体系研究》，载《政法论坛》2017年第4期；石丹：《企业数据财产权利的法律保护与制度构建》，载《电子知识产权》2019年第6期。

④ 张玉洁：《国家所有：数据资源权属的中国方案与制度展开》，载《政治与法律》2020年第8期。

⑤ 冯晓晴：《数据财产化及其法律规制的理论阐释与构建》，载《政法论丛》2021年第4期。

⑥ 梅夏英：《数据的法律属性及其民法定位》，载《中国社会科学》2016年第9期。

⑦ 张素华、李雅男：《数据保护的路径选择》，载《学术界》2018年第7期。

致人死亡的报道也时有发生。① 针对类似这样的情况,在现有的法律框架内,有关部门可以考虑适用产品责任规则和基于技术中立原则所产生的替代责任规则予以解决。②

“信息茧房(Information Cocoons)”是人工智能技术所产生的另一种负外部性风险。该概念出自哈佛大学法学院桑斯坦(Cass Sunstein)教授的著作——《信息乌托邦——众人如何生产知识》。他指出互联网时代的个人都能随意选择定制化、个性化的话题或信息,长此以往,这将会导致“信息茧房”的出现,即将自己的生活桎梏于像蚕茧一般的“茧房”中。人工智能的常见应用——个性化推荐无疑进一步增强了发生“信息茧房”的可能性:个性化推荐根据大数据分析用户的个人喜好并个性化地为用户提供其感兴趣的信息,在大量的“个人喜好”信息的轰炸下,用户局限于接受某一类的信息,并逐渐缺乏与异质化信息接触的机会,最终成为顺从 APP 的“奴隶”。这一风险涉及公民的学习自由、发展自由的基本人权和消费者的知情权、自主选择权和公平交易权等问题,有必要从反垄断和其他角度探索合适的规制方案。③

通过以上的梳理和归纳,可以看到人工智能产生了诸多的法律问题或法律风险,从基本的法理学问题,到具体的算法治理、知识产权等。人工智能对于法律理论和法律制度的影响是全方面的,也是深层次的,极具挑战性。法学界已在人工智能这一领域内形成了一系列的丰硕成果,既有理论上的真知灼见,又有具体的对策提供,并且,随着人工智能技术的不断发展,可以预计该领域的法学研究热度将持续下去。一些学者的建议或意见已经被有关部门吸收或采纳,比如最近几年《数据安全法》《个人信息保护法》的相继出台。然而,需要指出的

---

① “汽车自动驾驶致人伤亡应该谁的责任?”,https://baijiahao.baidu.com/s?id=1627904569963330165&wfr=spider&for=pc,2021 年 10 月 8 日登录。

② 吴汉东:《人工智能时代的制度安排与法律规制》,载《法律科学》2017 年第 5 期。

③ 周围:《人工智能时代个性化定价算法的反垄断法规制》,载《武汉大学学报(哲学社会科学版)》2021 年第 1 期。

是，现有研究成果绝大部分都是围绕硬法展开的，而几乎缺乏对“人工智能软法治理”这一命题的深入研究，或者也仅是在研究人工智能硬法规制的同时，对软法的作用或优势等内容进行点到为止的概括。法学界这种热衷于“硬法思维”的倾向其实并不符合人工智能的治理现状，而这也是下一节将要简述的内容。

第三节　人工智能的软法治理现状

与学界热衷于研究人工智能硬法规制形成鲜明反差的是，现实中人工智能领域大体仍处在软法治理之下。以下将从国际和国内两个方面介绍软法治理的现状。

一、国外人工智能软法治理现状

根据美国亚利桑那州立大学法学院的软法治理项目显示，[①]2001 年至 2019 年间，全球共发布 634 个人工智能软法项目。多数项目来自于美国、英国和欧洲等高收入地区和国家。其中，超过三分之一（36%）的项目是由公共部门创建，这说明政府机构在采用软法治理人工智能方面有着很高的积极性。涉及政府、私营部门和非营利组织的多利益相关者联盟以及非营利/私营部门联盟分别占项目数的 21%和 12%。

（一）官方机构发布的人工智能框架、规划

1. 欧盟有关人工智能的软法

整体而言，欧盟的人工智能技术发展并非世界第一方阵，但是其对人工智能的治理方面却处于世界前沿。早在 2015 年，欧盟议会法律事务委员会（JURI）就专门成立了人工智能发展有关法律问题的工作小组。其后一年，该委

① Gary Marchant, Carlos Ignacio Gutierrez, A Global Perspective of Soft Law Programs for the Governance of Artificial Intelligence, Arizona State University, 2021, p.3, p.9.

员会发布了《有关机器人民事法律规则向欧盟委员会提交的立法建议报告草案》(Draft Report with Recommendations to the Commission on Civil Law Rules on Robotics),并在2017年通过一项包括制定"机器人宪章"(Charter on Robotics)在内的诸多立法建议的决议,请求欧盟委员会就机器人和人工智能提出立法提案。① 2017年,欧洲经济与社会委员会(European Economic and Social Committee)②和欧洲理事会③分别就人工智能发表了各自的意见,并提出了一些发展规划。2018年,欧盟委员会发布了《欧盟人工智能》(Artificial Intelligent for Europe)的发展战略(strategy),提出了以人为本(human-centric approach)的人工智能发展路径,其最终目的是增进人类福祉,并指出了欧盟人工智能战略的三大支柱:第一,提升技术和产业能力,促进人工智能技术的广泛渗透;第二,积极应对社会经济变革,帮助整个社会做好迎接人工智能时代的准备;第三,建立适当的伦理和法律框架。④ 为助力欧洲人工智能战略的执行,欧盟委员会还于同年任命了人工智能高级专家小组(AI HLEG),为其提供来自学术界、产业界和民间的咨询意见。2019年,欧盟先后发布了两份重要文件:《可信人工智能伦理指南》(Ethics Guidelines for Trustworthy)⑤和《算法责任与透明治理框架》(A Governance Framework for Algorithmic Accountability and Transparency)⑥,可视为对其人工智能战略的具体落实之举。2020年,欧

---

① https://www.europarl.europa.eu/doceo/document/A-8-2017-0005_EN.html? redirect,2021年10月1日最后登录。

② https://www.eesc.europa.eu/en/our-work/opinions-information-reports/opinions/artificial-intelligence-consequences-artificial-intelligence-digital-single-market-production-consumption-employment-and,2021年10月1日最后登录。

③ https://www.consilium.europa.eu/media/21620/19-euco-final-conclusions-en.pdf,2021年10月1日最后登录。

④ https://wayback.archive-it.org/12090/3/https://ec.europa.eu/digital-single-market/en/news/communication-artificial-intelligence-europe,2021年10月1日最后登录。

⑤ https://ec.europa.eu/digital-single-market/en/news/ethics-guidelines-trustworthy-ai,2021年10月1日最后登录。

⑥ https://www.europarl.europa.eu/stoa/en/document/EPRS_STU(2019)624262,2021年10月1日最后登录。

盟进一步发表了《人工智能白皮书——通往卓越和信任的欧洲路径》(White Paper On Artificial Intelligence——A European approach to excellence and trust),①主要围绕"卓越生态系统"(ecosystem of excellence)和"信任生态系统"(ecosystem of trust)两个方面的建设展开,旨在打造以人为本的可信赖和安全的人工智能,确保欧洲成为数字化转型的全球领导者。

2. 美国官方机构颁布的有关软法

作为全球人工智能技术的领军者,美国也非常重视人工智能的治理。2016年,美国政府发布了三份具有全球影响力的报告:《为未来人工智能做好准备》②、《国家人工智能研究与发展战略规划》③、《人工智能、自动化与经济报告》④。这三份报告分别针对美国政府及其他实践者如何采取进一步举措、美国人工智能研发的方向以及人工智能对经济方面的影响等提出了相关建议。2018年白宫举办"人工智能峰会",提出由政府协调,整合学界和产业的力量,维护美国在人工智能时代的"领导地位"。2019年美国总统特朗普签署了行政命令——《维护美国在人工智能时代的领导地位》(也被称为"人工智能行动倡议"),旨在集中联邦政府的资源发展人工智能,以促进美国国家繁荣,增强美国国家和经济安全,改善美国人民生活质量。该倡议主要关注五个重点领域:加大人工智能研发投入、开放人工智能资源、设定人工智能治理标准、培养人工智能劳动力、国际参与和保护美国人工智能优势。同年,白宫对《国家人工智能研究与发展战略规划》进行了更新,在保留原来七条战略的基础上⑤,新增

---

① https://ec.europa.eu/info/publications/white-paper-artificial-intelligence-european-approach-excellence-and-trust_en,2021年10月1日最后登录。

② https://aic-fe.bnu.edu.cn/docs/20161015125142982431.pdf,2021年10月1日最后登录。

③ https://www.nitrd.gov/news/national_ai_rd_strategic_plan.aspx,2021年10月1日最后登录。

④ https://obamawhitehouse.archives.gov/sites/whitehouse.gov/files/documents/Artificial-Intelligence-Automation-Economy.PDF,2021年10月1日最后登录。

⑤ 七条战略为:"对人工智能研究进行长期投资"、"开发人机协作的有效方法"、"理解和应对人工智能的伦理、法律和社会影响"、"确保人工智能系统的安全性"、"开发面向人工智能培训和测试的共享公共数据集和环境"、"建立标准和基准评估人工智能技术"、"更好地把握国家人工智能研发人才需求"。

了第八条战略:"扩展公私合作以加速人工智能发展"。也在同一年,美国国防部下属的国防创新委员会发布了《人工智能伦理道德标准》,但该道德标准被认为实质上是一种所谓人工智能军用伦理原则。① 2020 年美国白宫科技政策办公室(OSTP)发布《人工智能应用监管指南》。该指南包括十项管理原则和监管原则,秉承促进技术创新和减少人工智能应用障碍的宗旨,主张少用硬性监管,鼓励行政机构与私营部门合作,突出市场机制的作用。2021 年,美国政府问责局(GAO)组织政府、行业和专家共同制定了《人工智能:联邦机构和其他实体的问责框架》,旨在为联邦机构和参与人工智能系统设计、开发、部署和持续监测的其他企业实行问责制,确保人工智能负责、公平、可靠、可追溯和可治理。该框架分为治理(Governance)、数据(Data)、性能(Performance)和监测(Monitoring)四个部分。每部分都包含关键做法、关键问题和问责程序等内容。2023 年 1 月美国国家标准与技术研究所(NIST)发布《人工智能风险管理框架》,旨在帮助设计、开发、部署或应用人工智能系统的组织机构提高风险管理的能力,并促进发展可信和负责任的人工智能。同年 10 月,拜登政府签署《关于安全、可靠和值得信赖的人工智能》的行政令,旨在确立人工智能安全的新标准,促进公平和公民权利保护,维护消费者和工人利益,保护隐私,确保政府负责任且有效地使用人工智能。除开这些联邦政府层面上的战略、框架之外,美国一些行业部门也发布了相关软法规范。比如,美国交通部的《准备迎接未来交通:自动驾驶汽车 3.0》、美国卫生与公众服务部的《数据共享宣言》等。

3. 经济合作与发展组织(OECD)的《人工智能发展建议》

2019 年,经合组织发布了全球首个政府间人工智能政策标准——《有关人工智能的理事会建议》(Council Recommendation on Artificial Intelligence),②

---

① 杨于泽:《美国 AI 伦理是一种伪伦理》,载于《长江日报》2019 年 11 月 4 日。

② https://legalinstruments.oecd.org/en/instruments/OECD-LEGAL-0449,2021 年 10 月 1 日最后登录。

旨在提供人工智能的可靠性，推动人工智能的创新，提升对人工智能的信任。该项《建议》明确了负责任地管理可信赖的人工智能的五项原则（5 Principles for Responsible Stewardship of Trustworthy AI）：包容性增长、可持续发展与福祉原则、以人为本的价值观和公平原则、透明度和可解释性原则、稳健、安全和可靠性原则、可问责原则。该项《建议》还提出了国家政策建议，以实现可信赖的人工智能：投资人工智能的研发、培育人工智能的数字生态系统、为人工智能塑造有利的政策环境、培养人才能力并为劳动力市场转型做准备、开展可信赖人工智能的国际合作。除此之外，《建议》要求其数字经济政策委员会进一步制定基于证据的人工智能政策的衡量框架；进一步制定执行本《建议》的实际指导意见；提供多利益相关方对话的论坛；监管本《建议》的执行情况，并定期提出报告。

4. 七国集团（G7）的《开发高级人工智能系统的组织国际指导原则》和《开发高级人工智能系统的组织的国际行为守则》

2023年10月，七国集团（G7）发布两份有关人工智能的国际软法。《开发高级人工智能系统的组织国际指导原则》①（以下简称《国际指导原则》）旨在促进全球范围内安全、可靠和可信的人工智能，并将为开发和使用高级人工智能系统（包括最先进的基础模型和生成式人工智能系统）的组织（包括学术界、民间社会、私营部门和公共部门等实体）提供指导。《国际指导原则》包含11项内容，强调各组织在设计、开发和部署高级人工智能系统时，应尊重法治、人权、正当程序、多样性、公平和非歧视、民主以及以人为本；各组织在开发或部署高级人工智能时，不得伤害民主价值观，不得对个人或社区造成特别伤害，不得为恐怖主义提供便利，不得助长犯罪性的滥用，不得对安全和人权构成重大风险。《开发高级人工智能系统的组织的国际行为守则》②是对《国际指导原则》的细化，旨在为相关组织提供自愿行动指南，呼吁各组织以与风险

---

① https://www.mofa.go.jp/files/100573471.pdf，2024年2月8日最后登录。

② https://www.mofa.go.jp/files/100573473.pdf，2024年2月8日最后登录。

相称的方式遵守以下行为规范:人工智能生命周期风险评估、提高透明度(加强问责制)、信息共享、制定风险管理措施、加强安全控制、开发可靠内容认证和来源机制、保护个人数据和知识产权等。

(二)非官方机构倡导的软法规范

除开政府、国际组织的软法规范,以下这些非官方机构主导的软法在全球人工智能的治理过程中发挥着重要作用。

1. 电气与电子工程师协会(IEEE)的"自主智能系统伦理全球倡议项目"(The IEEE Global Initiative on Ethics of Autonomous and Intelligent Systems)

电气与电子工程师协会(IEEE)是世界上最大的专业技术协会,旨在为电气、电子和计算领域以及现代文明基础科学和技术相关领域的专业人士提供服务,致力于促进创新和技术卓越,以造福人类。迄今为止,IEEE有来自160多个国家的40多万的会员,拥有39个技术协会和7个技术委员会,在相关数字图书馆中拥有500多万份文档,拥有近1200个标准和900多个正在开发的项目,出版约200份期刊和杂志等。① IEEE提出的人工智能系统伦理全球倡议项目发起于2016年,旨在确保每个参与自动化与智能系统设计和开发的利益相关者受过教育、培训并被赋能优先考虑伦理因素,从而使该技术的进步能增加人类的福祉。该倡议由250多名专家提出建议,涉及120多个与人工智能相关的道德、政策和法律问题。该倡议包含了两大方面的内容:《人工智能设计的伦理准则》(Ethically Aligned Design)和IEEE P7000标准化项目。前者主要倡导了人工智能设计、开发和应用时应该遵循的原则(人权、福祉、问责、透明、慎用),指出了遵循这些原则所需要的基本权利(个人数据权等)和法律框架、教育政策等,并提出了未来人工智能技术的关切。后者主要是一系

① 参见IEEE官方网站的介绍,https://www.ieee.org/about/at-a-glance.html,2021年9月22日最后登录。

列的开放创建中的具体标准，包括：IEEE P7000（解决系统设计中的伦理问题的建模过程）、IEEE P7001（自动化系统的透明度）、IEEE P7002（数据隐私的处理）、IEEE P7003（算法偏见的处理）、IEEE P7004（儿童与学生数据治理标准）、IEEE P7005（雇主数据治理标准）、IEEE P7006（个人数据的 AI 代理标准）、IEEE P7007（伦理驱动性机器人和自动化系统的本体标准）、IEEE P7008（机器人、智能与自动化系统的伦理驱动标准）、IEEE P7009（自动化和半自动化系统的失效安全设计标准）、IEEE P7010（合乎伦理的人工智能与自动化系统的福祉度量标准）、IEEE P7011（识别和评定新闻来源可信度的过程标准）、IEEE P7012（机器可读个人隐私条款标准）、IEEE P7013（自动面部分析的包含和应用标准技术）。

2. 人工智能合作伙伴组织（Partnership on AI）的最佳实践

人工智能合作伙伴组织是一个由人工智能领域头部企业、学术团体、民间组织、行业组织、媒体组织等组成的非营利性组织，旨在提供最佳实践的解决方案，以使人工智能为人类和社会带来积极影响。[①] 通过汇集众多不同利益相关者的智慧，该组织开发了一些有关人工智能的行为指南、建议等软法规范，并为这些软法规范的采用而积极行动。该组织具体的工作由四个小组承担：人工智能与媒体融合组、人工智能、劳动力与经济组、人工智能安全和关键组、人工智能的公平、透明和问责组。大致的工作方式包括召集跨学科（比如，心理学、哲学、经济学、金融学、社会学、法学以及公共政策等）的专家定期参与讨论，并提供对有关人工智能最新问题的指导性意见；召集人工智能的开发人员、用户以及相关行业代表参与探讨，共同支持人工智能技术在特定领域内的研究、开发与应用实践。我国的百度公司已于 2018 年加入该组织，成为首位中国籍成员。

---

① 参见 Partnership on AI 官方网站，https://partnershiponai.org/about/，2021 年 9 月 28 日最后登录。

3. 生命未来研究所(Future of Life Institute)所提倡的原则等

生命未来研究所是一个慈善和宣传机构,致力于确保未来最强大的技术造福于人类。该机构诞生于2017年美国Asilomar会议中心召开的一次由人工智能实践者和专家组成的会议。也正是在这次会议上,与会者就人工智能研究和应用的23项原则达成了一致意见,即"阿西洛马人工智能原则",比如,"安全性"原则(人工智能系统应当在运行全周期均是安全可靠的,并在适用且可行的情况下可验证其安全性)、"故障透明度"原则(如果一个人工智能系统引起损害,应该有办法查明原因)、"审判透明"原则(在司法裁决中,但凡涉及自主研制系统,都应提供一个有说服力的解释,并由一个有能力胜任的人员进行审计)、"责任制"原则(高级人工智能系统的设计者和建设者是系统利用、滥用和行动的权益方,他们有责任和机会塑造这些道德含义)、"人类价值观"原则(人工智能系统的设计和运作应符合人类对尊严、权利、自由和文化多样性的理想)、"自由与隐私"原则(人工智能对个人数据的应用不能不合理地削减人们的实际或感知的自由)、"共享利益"原则(人工智能技术应使尽可能多的人受益和赋能)、"共享繁荣"原则(人工智能创造的经济繁荣应该广泛共享,造福全人类)等。

二、我国人工智能软法治理的现状

在我国,党中央、国务院高度重视人工智能发展的重大战略机遇,作出了重大战略决策部署,并明确提出了人工智能治理目标。2015年,在国务院出台的《关于积极推进"互联网+"行动的指导意见》中,人工智能首次被纳入重点任务之一,提出要加快人工智能核心技术突破。2017年,国务院印发《新一代人工智能发展规划》,将人工智能上升至国家战略,并提出"三步走"的战略目标。同年,党的十九大报告进一步强调"推动互联网、大数据、人工智能和实体经济深度融合"。至2019年,人工智能连续三年被写入政府工作报告。

在党中央、国务院明确人工智能发展的战略目标之外,我国官方机构还积极探索治理人工智能的具体实践方案。2016 年,发改委、科技部、工信部、中央网信办制定了《"互联网+"人工智能三年行动实施方案》。2017 年,工信部发布《促进新一代人工智能产业发展三年行动计划(2018—2020 年)》。2018 年,教育部出台《高等学校人工智能创新行动计划》。同一年,国家标准化委员会指导、中国电子技术标准化研究院编写《人工智能标准化白皮书》。2019 年,新一代人工智能治理专业委员会发布《新一代人工智能治理原则——发展负责任的人工智能》,提出人工智能治理框架和行动指南,强调和谐友好、公平公正、包容共享等八条原则。2020 年,国家新一代人工智能创新发展试验区专家咨询委员会治理工作组成立,并提出构建"1 个平台+4 项工作+4 个体系"的人工智能治理原则的行动建议。2020 年,国家标准化管理委员会等部门联合发布《国家新一代人工智能标准体系建设指南》,指导人工智能领域标准体系建设,并将安全/伦理标准作为核心组成部分。2021 年中共中央、国务院印发《国家标准化发展纲要》,强调在人工智能领域的标准研究。同年,国家新一代人工智能治理专业委员会发布《新一代人工智能伦理规范》,旨在将伦理道德融入人工智能全生命周期,为从事人工智能相关活动的自然人、法人和其他相关机构等提供伦理指引。同年 9 月,国家互联网信息办公室、中央宣传部、教育部等九部委制定《关于加强互联网信息服务算法综合治理的指导意见》,提出在三年左右时间,逐步建立治理机制健全、监管体系完善、算法生态规范的算法安全综合治理格局。2022 年中共中央办公厅、国务院办公厅发布《关于加强科技伦理治理的意见》,要求加强科技伦理治理制度保障,制定人工智能的科技伦理规范、指南等,完善科技伦理相关标准,明确科技伦理要求,引导科技机构和科技人员合规开展科技活动。2023 年国家市场监督管理总局和国家标准化管理委员会发布国家标准 GB/T 42888-2023《信息安全技术机器学习算法安全评估规范》,为监管评估提供参考。

我国的科研机构、互联网企业、行业组织也积极寻求人工智能治理的软法方案。2017 年,中国科学院科技战略咨询研究院与腾讯研究院联合发布人工智能发展的六大原则：自由原则、正义原则、福祉原则、伦理原则、安全原则、责任原则。① 2018 年，中国人工智能产业发展联盟发布《人工智能行业自律公约(征求意见稿)》，旨在引导和规范行业从业者行为。2019 年，人工智能伦理与安全研究中心联合北大、清华、中科院、新一代人工智能产业技术创新战略联盟和其他学术机构及产业组织共同发布《人工智能北京共识》，提出了人工智能研发、使用和治理应遵循的“有益于人类命运共同体的构建和社会发展”的 15 条原则。同年，深圳人工智能行业协会与旷视科技、科大讯飞等数十家企业联合发布《新一代人工智能行业自律公约》。2021 年 11 月，为贯彻落实九部委有关算法综合治理的指导意见，中国网络社会组织联合会联合会员单位以及相关企业共同发布了《互联网信息服务算法应用自律公约》，旨在加强互联网信息服务行业自律，引导平台及企业担当社会责任，促进算法应用向上向善，强化算法应用示范引领，推动用主流价值导向驾驭“算法”，助力共建算法良好生态。

三、总结

通过以上国内外人工智能软法治理现状的梳理，可以得知主要国家在宏观层面有不少共同点。比如，中国、美国、欧盟都非常重视人工智能技术的发展，都将其上升到国家/组织战略层面，对其进行长远规划；都在谋求发展与安全、促进与规制的平衡，以及发展安全、可信可靠、负责、透明的治理原则和目标；都在数据安全、算法规制、个人隐私/个人信息权利保障等重点领域进行规则布局。

但在具体的软法治理路径上，美国、欧盟、中国三方的差异明显。美国人工智能软法治理的色彩最为纯粹。在现有硬法规制的基础上，美国政府通过倡议、框架、行政令等方式主要发挥引导和组织作用，更多通过市场、行业自律

① 《人工智能六大原则发布：腾讯研究院院长司晓表示 AI 要规则先行》，搜狐新闻，2017 年 4 月 13 日，https://www.sohu.com/a/133801301_115035，2021 年 9 月 19 日最后登录。

等方式实现多方协同治理。目前美国尚未出台国家层面的综合立法，官方层面的硬软法内容也多以原则性要求为主，但在不同技术应用场景颁布了具体规制性文件，在自动驾驶、算法推荐等具体领域积累了较为成熟的治理经验。前述拜登政府的行政令在构筑美国人工智能治理蓝图的同时，授权 NIST、能源部、国土安全部等机构制定指导方针、行业标准和最佳实践。此外，2023 年美国白宫先后两次组织谷歌、OpenAI、微软等 15 家人工智能产业巨头签署自愿承诺，在遵守安全、可靠和可信原则的基础上负责任地推动人工智能的发展。① 欧盟虽然在软法治理上也做出诸多努力，但其重心显然放在转化硬法方面。自 2021 年起，欧盟一直在推动《人工智能法案》的立法进程。2023 年 6 月，欧洲议会通过了其关于人工智能法案的谈判立场。同年 12 月，欧盟理事会和欧洲议会就人工智能法案达成了一项临时协议。该法案旨在对人工智能系统及模型在欧盟的部署、使用等行为提供统一的法律框架，为不同风险程度的人工智能系统设定不同的义务。虽然其提出的风险分类、价值链责任、负责任创新和实验主义治理思路值得借鉴，但面对人工智能技术的快速迭代以及由此不断衍生的新问题，欧盟的此项硬法法案可否在全球范围内再次产生"布鲁塞尔影响"，尚需观察。中国更多地采用硬软法混合治理的方式治理人工智能技术。中国秉持"发展与安全并重"的治理理念，在持续加强和完善顶层设计的前提下，出台一系列硬软法规范，强调包容审慎和分类分级监管，已经基本形成人工智能混合型治理的基本框架。进而言之，我国已经建构以《互联网信息服务算法推荐管理规定》、《互联网信息服务深度合成管理规定》和《生成式人工智能服务管理暂行办法》三项部门规章和《网络安全法》、《数据安全法》、《个人信息保护法》三部法律的人工智能基础硬法框架，结合前述的科技伦理治理、标准化建设等若干软法规范的混合治理模式。相较而言，中

① 郑雪、冯恋阁：《白宫发布首个 AI 行政命令！或以美式标准划定"生态圈"?》，载《21 世纪经济报道》，2023 年 11 月 1 日，https://news.sina.com.cn/minsheng/2023-11-01/doc-imztaxhn6598448.shtml，2024 年 1 月 18 日最后登录。

国的政府监管更为强势，市场对于政府监管信号的依赖性更强。但中国通过诸多软法规范和安全评估、备案、约谈等治理工具，呈现出对人工智能产业精准灵活治理的特点。

第四节　人工智能软法治理的正当性

一、软法的回应性适应法律与科技关系的演变

任何的法治实践都离不开相关法学理论的指导。人工智能的法律规制问题本质上属于"法与科技"这一宏大法理命题下的子课题。法律与人工智能技术之间相互关系是什么？有什么特殊性？两者之间的关系该怎样处理？这些抽象理论问题的探索，能对人工智能法律规制的具体实践提供宏观指导。横亘在"法与科技"法理命题入口处的一个经典问题就是"技术中立"，这也是人工智能法律规制不可回避的一个问题。日常中，人们经常将"科学"与"技术"合在一起表述为"科技"，事实上，两者之间是有区别的。科学是有关人类认识和理解世界的系统性知识的一种整理和思考。科学并不总是等同于真理。[①] 技术是在人类制造工具过程中产生的、改变或控制客观环境的手段或活动。[②] 科学属于"认识世界"的范畴，一般具有真理性的价值。技术属于"改造世界"的范畴，具有功利性的价值。只是因为进入近现代以来，技术逐渐以科学理论和科学实验为发展基础，两者关系才密切起来。科学有其基本定律、基本理论、自身发展规律，是不依赖主体价值观念的客观性存在。就此而言，科学是"价值中立"的。以科学为基础的技术，虽然受科学客观性的影响，也具有客观性的属性，但是，当人们用技术改造世界时，必然存在目的性，而成为价值客体。技术不是在真空实验室中而是在社会中发生作用，它有着

---

① 苏力:《法律与科技问题的法理学重构》，载《中国社会科学》1999 年第 5 期。
② 苏力:《法律与科技问题的法理学重构》，载《中国社会科学》1999 年第 5 期。

不可忽视的社会属性，很有可能带有科学界和产业界的价值偏好。世上不存在绝对的“技术中立”。法兰克福学派哈贝马斯甚至认为，科学和技术都是意识形态。① 技术的社会属性表明：技术一旦被用来改造世界，必然会被社会上的各种利益、诉求和价值判断所影响。这也为法律的介入规制，以协调相关的价值冲突提供了理由。即使立法机关和司法机关也有过确立“避风港”规则这样体现“技术中立”理念的做法，但是，这是建立在技术仅发挥客观工具性作用的前提之上。倘若技术的目的和价值有悖于法治的要求，技术必然会受到法律的审视和干涉。

如果因技术的社会属性而导致法律介入不可避免，那么，人们该如何处理两者之间的关系呢？这个时候，软法思维就显示出它的独有优势。在传统硬法思维惯性下，法与科技之间的关系的处理主要采用“管制型模式”，即国家运用法律对科技进行管制。这种模式建立在两点认识之上：第一，技术被视为实现特定社会目标的工具，一旦某种技术不能达成该目标或者与既有的观念相冲突，国家就将对该种技术进行限制或否定；第二，对技术采用单向的社会效用标准，即如果技术有利于社会发展，国家将通过法律对技术进行保护，反之，则通过法律进行压制。② 然而，管制模式实为压制型法在技术领域的具体体现，体现了国家在社会事务上独断和强硬的角色。③ 该种模式在人工智能时代是有严重缺陷的。管制模式建立在对技术效用的全面、准确评估之上。在人工智能时代，技术对于社会的影响是广泛而深远的，人们很难在短时间内对某项技术的效用进行全面而准确的评估，故而产生对技术效用的论证危机。其次，管制模式倚靠“技术工具论”，忽视了技术在人工智能时代的社会建构

---

① ［德］哈贝马斯：《作为“意识形态”的技术与科学》，李黎、郭官义译，学林出版社 1999 年版，第 38—83 页。

② 郑双玉：《破解技术中立难题——法律与科技关系的法理学再思》，载《华东政法大学学报》2018 年第 1 期。

③ ［美］P.诺内特、P.塞尔兹尼克：《转变中的法律与社会：迈向回应型法》，张志铭译，中国政法大学出版社 2004 年版，第 31—36 页。

价值，最终也很有可能破坏技术的社会效用。① 在当代，技术不再只是被动的工具，同时也在塑造和改变法律所处的社会环境。法律与技术的关系不再是决定与被决定的关系，而是一种互为系统与环境的结构耦合关系。② 具体到人工智能，其是一种模拟人类理性的技术，可以作为人类之外的自主力量参与社会活动的运行，从而引起社会关系的产生、变动和消灭。质言之，人工智能是有可能对现有法律秩序基本假设——以人类为唯一行为主体产生颠覆性冲击的新兴技术。在此背景下，"技术工具论"显然不合时宜。

相反，建立在软法思维上的回应型模式，因其不再把法律局限于既定的规则和权威结构，而是崇尚在协商、多中心、优势互补、合作共赢之下解决社会冲突，回应社会的多元利益要求，能更好地适应法律与科技关系的演变。在这种模式下，法律不把科技作为压制或驯化的对象，而是将其看成是可以回应、交流和"互动伙伴"。在软法的视野里，科技本身都有可能成为一种"法"的存在。正是在这种开明的心态下，软法通过回应来调和技术引发的不同社会主体的合理权益诉求，化解技术发展的潜在风险。回应型模式看重法律目的的权威，而非服从法律的权威，为建构较少僵硬而更多文明的民间性公共秩序提供了可能，同时也使法制具有更多的开放性和弹性。人工智能时代，回应型模式能够尊重人工智能技术的本身规律和其产生的社会价值，尊重人机关系边界日益模糊的大势，并对其引起的价值冲突或社会纠纷，提供有针对性的回应方案。相比强制型模式，回应型模式更加宽容、柔和、灵活，不急于对新兴的人工智能技术作出没有充分论证的否定性评价，而是选择"让子弹多飞一会儿"，采取一种更为开放包容的心态迎接人工智能革命，保证人工智能技术红利在经济社会发展中的最大释放，因而是一种更加可行的模式。我国近年来提倡对新兴领域实施"包容审慎"的监管理念，即是这种回应型模式的直接体

① 郑双玉：《破解技术中立难题——法律与科技关系的法理学再思》，载《华东政法大学学报》2018 年第 1 期。

② 余盛峰：《临界：人工智能时代的全球法变迁》，清华大学出版社 2023 年版，第 2 页。

现。我国交通运输部从最开始强硬否定网约车地位，到最终出台相关规定，赋予网约车合法地位，也可视为在“法与科技”的关系处理上，由管制型到回应型观念的转变。

需要指出的是，回应型模式也被认为存在缺陷，比如，该模式只是通过法律对技术所承载之价值的制度性应对，并不包含价值分析的框架，因此，仍然不能解决法与科技之间的难题。① 因此，有的学者建议法与科技之间的最好关系模型是“重构型模式”，即将技术之价值与法律价值纳入一个重新评估和衡量的语境之中，既含有对技术的社会价值的解释，又将技术纳入法律规范的意义结构之中。② 但是不管如何表述与论证，重构型模式下，法律针对技术价值的不同面向能进行自我调整的功能，也在暗示着法律应该要以协商、合作共赢的态度与科技产生互动。因此，即使重构型模式或许优于回应型模式，两者所体现的软法思维却是相同的。

二、软法的协商性破解智慧社会的“治理赤字”

凭借人工智能技术的飞速发展，人类社会已走入了智能社会时代。这是一个希望、机会与风险、挑战显著并存的时代。如何破解智能社会的“治理赤字”，即“现行的治理体系、治理规则、治理能力、治理技术已不能有效应对现代智能科技的全方位挑战，以致出现失控失序甚至危及公民权利、社会福祉、公共秩序、国家安全、全球和平的严重态势”③，是摆在党和人民面前一道迫切求解的难题。智能社会的治理是一项复杂的系统工程，需要国家、行业、组织、企业、个人等多元主体，在党的领导下共同参与治理。为此，党的十九大报告指出，“坚持和完善共建共治共享的社会治理制度，保持社会稳定、维护国家

---

① 郑双玉：《破解技术中立难题——法律与科技关系的法理学再思》，载《华东政法大学学报》2018 年第 1 期。

② 郑双玉：《破解技术中立难题——法律与科技关系的法理学再思》，载《华东政法大学学报》2018 年第 1 期。

③ 张文显：《构建智能社会的法律秩序》，载《东方法学》2020 年第 5 期。

安全”。党的十九届四中全会进一步指出:“必须加强和创新社会治理,完善党委领导、政府负责、民主协商、社会协同、公众参与、法治保障、科技支撑的社会治理体系,建设人人有责、人人尽责、人人享有的社会治理共同体”。党的二十大报告再次强调:“健全共建共治共享的社会治理制度,提升社会治理效能。”据此,“评价智能社会治理成效的根本标准就是共同体成员能否公平合理地参与智能社会治理、能否公正合理地分享智能科技带来的成果、能否切实感受到智能社会中的各种便利和权益”①。

人工智能时代,科学技术与经济社会以异乎寻常的速度整合和相互建构,但其高度的专业化和技术化使“圈外人”很难对其中的原理和涉及的风险有准确的认知和判断,②事实上,人工智能造成的许多风险都难以被纳入现有的监管范围,比如,算法歧视、算法黑箱、技术失业等。而国家官僚体系相对封闭和低效,处理新兴技术产生的问题时,往往力不从心,结果可能不尽如人意。尤其是,风险趋避(保守)的秉性使得国家官僚机构及其监管制度更难以适应新兴技术。③ 相比之下,人工智能的“圈内人”——科技企业、平台公司、人工智能技术专家等,在智能社会治理方面有着不可替代的天然优势,因此,人工智能“圈内人”参与治理就显得非常重要。智能社会的治理一定要避免决策者和从业者的脱节,否则,任何一种智能社会的治理模式都很难奏效。此外,人工智能产业往往是跨多个行业、多个利益相关者团体的,比如,智慧医疗至少包括智慧医院系统、区域卫生系统、家庭健康系统,涉及医院、社区、患者等多个主体,这就势必导致利益诉求的多元。与此同时,在人工智能赋能的时代背景下,各类非政府组织、团体也不断涌现,并逐步发展壮大。因此,智能社会

① 张文显:《构建智能社会的法律秩序》,载《东方法学》2020年第5期。

② 曹建峰、方龄曼:《欧盟人工智能伦理与治理的路径及启示》,载《人工智能》2019年第4期。

③ Ryan Hagemann, Jennifer Huddleston Skees, Adam Thierer, “Soft Law for Hard Problems: The Governance of Emerging Technologies in an Uncertain Future”, Colorado Technology Law Journal 17, No.1(2018):63-64.

的治理也必然需要多元主体参与。

软法治理正是一种追求多主体、多方式、法治化的治理，尤其强调民主协商性，完美契合智能社会的治理需求。软法可以整合不同主体的利益诉求，以民主的方式将各类社会组织、涉人工智能科技企业、人工智能技术专家、公民等吸收为法规范的创制主体，在软法的领域里，“立法者”不再是一个高高在上的“局外人”，而是一个个通过协商达成共识的“利益共同体”。也正是因为软法注重对话与沟通，强调认同与共识，它能够促进不同利益主体之间的相互理解，最大程度地体现合意，形成集体意向，并且以利益导向机制为基础，保障软法规范的顺利实施，形成智能社会治理的合力。在这种治理合力的作用下，集体意向达成的某种制度安排，在一段时间的积淀下，被塑造成制度性事实，①成为智能社会的某种生活常规，最终形成智能社会的某种生活常态。软法正是通过这样的方式，完成对智能社会的治理目标。此外，软法提供的这种沟通途径，还有助于减缓社会转型、人工智能发展时期不满情绪的蔓延，化解相关的矛盾。②

需要指出的是，科学技术本身蕴含着巨大的不确定性，使得现代社会系统的复杂程度显著增加，以至于产生“测不准性”的特征。③ 互联网、大数据、人工智能等技术更是对现代社会产生了巨大冲击，进一步加深了现代社会的复杂程度。因此，在法律应对不确定的科技风险时，“预防原则”应该被赋予更重要的地位。④ 在实践中，预防原则的实施路径是需要认真考虑的事项。传统硬法的规制模式是政府自上而下的外部监管，但是，该模式容易形成“决策于不确定性之中”，从而导致“有组织的不负责”的后果。⑤ 相比之下，近年来

---

① 张龑：《软法与常态化的国家治理》，载《中外法学》2016 年第 2 期。

② 肖季业：《人工智能软法治理的正当性探析》，载《湖北第二师范学报》2020 年第 4 期。

③ 陈春生：《“测不准原理”的认识论思想初探》，载《哲学研究》1986 年第 11 期。

④ 陈景辉：《捍卫预防原则：科技风险的法律姿态》，载《华东政法大学学报》2018 年第 1 期。

⑤ 金自宁：《风险中的行政法》，法律出版社 2004 年版，第 40—41 页。

在网络安全、食品安全、医疗卫生、环境保护等领域兴起的“自我规制”，可视为应对现代科技风险的有效探索。① 这种自下而上的“自我规制”正是软法所擅长的规制模式，因其有利于发挥某领域行业内的专业力量，从而增加决策中的确定性，且为决策后果自行承担后果，所以，能为“预防原则”的实施落地提供有力的保证。美国在自动驾驶汽车领域多颁布行业自治性质的指南、最佳实践等非强制性的软法规范，在其有着优良行业自律传统的加持下，长时间内处于该领域的制高点，②取得了比其他强调外部监管国家更优的效果。

三、软法的灵活性契合敏捷治理理念

人工智能技术在给人们带来新事物的同时，也因其高渗透性，与旧有制度的冲突日渐增多。在这一背景下，对相关法律规则和监管制度的革新要求也与日增多。然而，这与法（主要是硬法）本身的稳定性要求产生了直接冲突。法的稳定性，要求整个法律规范体系保持自身的稳定性从而能被人们最大程度地遵守。法的稳定性决定了硬法即使在面对新兴技术时也不能“朝令夕改”，同时，新兴技术的社会后果在早期阶段难以被预料的现实也强化了硬法对其保守特质的固守。面对人工智能技术引起的诸多问题，硬法的传统做法一般是在保持现状的前提下，有步骤、有节制地对既有规则进行修正、修改，只有当这些举措都无效时，才不得已新立规则。此外，从立法程序的耗时方面来看，按照全国人大常委会的立法程序，至少需要经过“三审”，通常需要 3—5 年才能获得通过，现有记录中最快的立法周期是 2 年。③ 而根据摩尔定律，信息技术更新换代速度大约为 18 个月，人工智能的迭代速度更甚。因此，在人工智能技术引发法律纠纷时，硬法规则短暂性的缺位是大概率的事。即使立

① 邓达奇：《科技发展中法律与伦理的双重变奏：案例、逻辑与建构》，载《伦理学研究》2019 年第 6 期。

② 邓达奇：《科技发展中法律与伦理的双重变奏：案例、逻辑与建构》，载《伦理学研究》2019 年第 6 期。

③ 吴志攀：《“互联网+”的兴起与法律的滞后性》，载《国家行政学院学报》2015 年第 3 期。

法机关努力跟上科技发展的步伐,甚至于制定前瞻性的法案,也有可能因为硬法的刚性放大了并未处理好的利益失衡,产生意料之外的负面影响。近年来,欧盟努力成为世界信息科技领域内的立法标杆,看似加强了对用户个人信息的保护力度,但是,却有可能以牺牲相关技术的快速发展为代价。比如,有研究表明:2018 年生效的欧盟《一般数据保护条例》(GDPR)阻碍了人工智能、数字经济等新技术、新事物在欧盟的发展,给企业经营增加了过重的负担和不确定性。① 另一方面,当新兴技术的负面后果已然显现时,该项技术往往已经实现了整个经济的渗透或已深刻改变社会结构,以至于很难对其控制。等到此时再通过制定法律介入意味着极大的经济社会成本代价。这就是所谓的"科林里奇困境"(Collingridge Dilemma)。②

要解此困境,唯有"预期治理"(anticipatory governance)或者"上游治理"(upstream governance),即在监管控制变得不可能之前,通过某种方式或措施来监管新兴技术。③ 当生性迟钝、耗时费力的硬法难以胜任之时,灵活敏捷、不拘一格的软法开始崭露头角。多数国家政府、非政府组织、学术团体、私营公司等实体都尝试通过大量的原则、指南、建议、私人标准、最佳实践等方式来解决人工智能技术相关的问题。与硬法相比,这些软法具有前瞻性、可操作性、指引性等特点,可以补充或完善硬法,填补硬法规则的空白,作为主要治理工具或备用选项。同时,它们更具灵活性、适应性强,效率高,时间成本低,可以相对迅速地被采纳和修订,而不必经过严格的立法程序。在运行过程中,软法也更容易应对新情况,根据人工智能技术发展持续动态更新。这种敏捷、灵

① https://itif.org/publications/2019/06/17/what - evidence - shows - about - impact - gdpr - after-one-year,2021 年 10 月 1 日最后登录,转引自曹建峰、方龄曼:《欧盟人工智能伦理与治理的路径及启示》,载《人工智能》2019 年第 4 期。

② David Collingridge,The Social Control of Technology(1980),at 11.

③ David Guston,Understanding"Anticipatory Governance",*Social Studies of Science*,44,2013,at 218,227 - 228. Wendell Wallach,A Dangerous Master:How to Keep Technology from Slipping Beyond Our Control,2015,at 72.

活的治理方式符合我国《新一代人工智能治理原则——发展负责任的人工智能》中的“敏捷治理”理念,尤其符合生成式人工智能治理范式革新的需要,正是软法的优势所在。①

敏捷理念肇始于美国制造业领域,发展于美国软件工程领域,后被运用于社会治理、公共管理、企业管理等诸多领域。世界经济论坛将“敏捷治理”(agility governance)定义为“一种柔韧性、灵活性或适应性的行为或方法”,旨在转变政府政策的产生、制定、执行方式,以期跟上由新兴技术驱动带来的社会快速变革。② 在公共治理的语境下,软法之治与敏捷治理同为一种治理理念或治理模式,在许多方面有颇多相通之处。在思维方面,两者均以摆脱单向性的“命令—控制”模式之桎梏为己任,遵循人本逻辑,强调以适应治理对象的需求为导向、自下而上的治理;在精神内核方面,两者都有民主、自治、宽容的价值追求;在治理主体上,两者都是“多元主体参与”的积极践行者;尤其在治理工具方面,两者均强调灵活响应、刚柔相济,且有重合的部分。敏捷治理密切关注环境变化,及时调整监管措施,综合使用技术、政策、法律手段来达到治理目标,其中包括伦理规范、标准指南、行业自律公约、决策实验室、监管沙盒等工具或制度措施,而这里本身就包含了许多软法规范。

第五节　我国人工智能领域内的主要软法规范和存在的问题

近年来,我国在人工智能领域颁布了一些重要的软法规范,有力地推动了该领域的软法治理。以下将分类对这些软法规范予以梳理,分析其特征并归

---

① 张凌寒、于琳:《从传统治理到敏捷治理:生成式人工智能的治理范式革新》,载《电子政务》2023 年第 9 期。

② World Economic Forum, White Pater“Agile Governance: Reimagining Policy-making in the Fourth Industrial Revolution”,January 2018.

纳存在的问题。

一、我国人工智能领域内的主要软法规范

（一）国务院及其所属部委颁布的产业政策

1. 国务院的“互联网+”行动的指导意见以及四部委的行动实施方案

如前所述，我国早在2015年就对人工智能技术的发展予以了高度重视，国务院发布了《关于积极推进“互联网+”行动的指导意见》。该政策文件分为“行动要求”、“重点行动”、“保障支撑”三大部分。在这份文件中，国务院将人工智能列为11项“互联网+”的重点行动之一，并就培育产业、产品创新、终端产品智能化水平三个方面进行了具体阐述。关于培育产业，文件指出，要建设支撑超大规模深度学习的新型计算集群，构建包括语音、图像等数据的海量训练资源库，加强人工智能基础资源和公共服务等创新平台建设，进一步推动关键技术的研发和产业化，以及人工智能的规模商用。在产品创新方面，文件强调，要鼓励传统家居企业、汽车企业、安防企业等与互联网企业开展积极合作，加快相关技术产品的研发与应用，创造新的消费市场空间。就提升终端产品的智能化，文件提出，要做大高端移动智能终端产品和服务的市场规模，提高移动智能终端核心技术研发及产业化能力，要鼓励相关企业开展差异化细分市场需求分析，丰富不同设备的应用服务，要推动智能技术在机器人领域的深入应用。涉及人工智能的保障支撑，文件中有提到：要巩固网络基础，加强创新能力建设，鼓励构建以企业为主导，产学研用合作的“互联网+”产业创新网络或产业技术创新联盟；加快制定融合标准；推动数据资源开放；加强相关人才的培养和各级人才应用能力的培训；等等。

国务院“互联网+”行动的指导意见，引导了我国人工智能产业、产品的早期发展，并为后续的进一步深化奠定了初步基础。但是，彼时我国人工智能产业尚处发展初期阶段，相关的业态也不成熟，国家对这一新兴领域的认识有待

深入，只能暂时将其定位于“互联网+”行动的一个方面，还缺少针对性更强、更系统化、更具体的政策。

为贯彻落实国务院的上述指导意见，国家发改委、科技部、工信部、中央网信办于2016年制定了《“互联网+”人工智能三年行动实施方案》。该方案是对国务院指导意见的进一步细化，贯彻落实创新、协调、绿色、开放、共享发展理念，以提升国家经济社会智能化水平为主线，以突破若干人工智能关键核心技术、加强产业链协同和产业生态培育、加强人工智能应用创新和推广、加快发展“互联网+”新模式新业态为具体实施支线，对国务院指导意见中的“培育发展人工智能新兴产业”、“推进重点领域智能产品创新”、“提升终端产品智能化水平”三个方向，提出了具体的主要任务和重点工程，并从资金支持、标准体系、知识产权、人才培养、国际合作、组织实施六个方面，对如何实施保障措施进行了具体阐述。

2. 国务院有关人工智能的发展规划以及工信部的行动计划

随着我国人工智能技术的迅速发展，人工智能逐渐成为经济发展的新引擎，为社会建设带来了新机遇，同时也成为了国际竞争的新焦点。2017年，国务院适时发布了《新一代人工智能发展规划》，将人工智能上升至国家战略。该份产业政策文件系我国在人工智能领域第一个系统部署文件，主要包含战略态势、总体要求、重点任务、资源配置、保障措施、组织实施六个方面的内容。

该文件首先明确了我国新一代人工智能发展的三阶段战略目标，并指出了“构建一个体系、把握双重属性、坚持三位一体、强化四大支撑”的战略发展路径。该文件进一步列出了六大重点任务：构建开放协同的人工智能科技创新体系、培育高端高效的智能经济、建设安全便捷的智能社会、加强人工智能领域军民融合、构建安全高效的智能化基础设施体系、前瞻布局新一代人工智能重大科技项目。就人工智能发展的资源配置，该文件指出，要建立财政引导、市场主导的资金支持机制；优化布局建设人工智能创新基地；统筹国际国内创新资源。文件还从制定相关法律法规和伦理规范、重点政策、技术标准与知识产权体系、安全监管与评估、劳动力培训、科学普及等方面提出了相关保障措施，并就如何组织实施作出了相关规定。

国务院的发展规划系统全面、内容详尽，既立足于当下的大数据人工智能应用与产业发展，又含有对人机混合智能、群体智能、量子智能计算等未来前瞻性的探索，给我国人工智能发展指出了重要的方向和路径，具有里程碑式的重大意义。

同年，工信部出台了《促进新一代人工智能产业发展三年行动计划（2018—2020年）》，对国务院上述发展规划中的相关任务进行了细化和落实。该政策文件遵循“系统布局、重点突破、协同创新、开放有序”的原则，提出四个方面重点任务（人工智能重点产品规模化、人工智能整体核心基础能力显著增强、深化发展智能制造和应用、构建和完善行业训练资源库等公共支撑体系），确定了重点发展产品的典型技术指标，并提出了五个方面的保障措施：加强组织实施、加大支持力度、鼓励创新创业、加快人才培养、优化发展环境。该政策文件以三年为期明确了多项任务的具体指标，具备很强的操作性和执行性。

（二）官方机构发布的有关治理原则、伦理规范

2017年科技部成立了新一代人工智能发展规划推进办公室和新一代人工智能战略咨询委员会。2019年该办公室在战略咨询委员会的基础上成立了国家新一代人工智能治理专业委员会，旨在进一步加强人工智能相关法律、伦理、标准和社会问题研究，深入参与人工智能相关治理的国际交流合作。专业委员会的成员主要由来自高校、科研院所和企业的相关专家组成。就在同一年，该专业委员会发布了《新一代人工智能治理原则——发展负责任的人工智能》（以下简称《治理原则》），这是我国官方机构首次在人工智能领域提出治理原则，旨在更好协调人工智能发展与治理的关系，确保人工智能安全、可控、可靠，推动经济、社会和生态的可持续发展，共建人类命运共同体。在这

份框架性文件中，该专业委员会提出了八大原则，即和谐友好、公平公正、包容共享、尊重隐私、安全可控、共担责任、开放协作，敏捷治理。整份文件重点突出发展负责任的人工智能，并且“负责任”覆盖人工智能产品和服务的全生命周期：从源头设计的合乎伦理，到最终应用的禁止滥用、恶意使用等。这份规范性文件主要起宏观引导作用，会根据形势的变化和需要进行调整，可为后续的人工智能立法提供重要依据。

2021 年，新一代人工智能治理专业委员会发布了《新一代人工智能伦理规范》（以下简称《伦理规范》），旨在将伦理道德融入人工智能全生命周期，为从事人工智能相关活动的自然人、法人和其他组织等提供伦理指引。该份规范文件分为“总则”、“管理规范”、“研发规范”、“供应规范”、“使用规范”、“组织实施”六章内容。在“总则”部分，该文件阐明了立规目的、适用范围和基本伦理规范（增进人类福祉、促进公平公正、保护隐私安全、确保可控可信、强化责任担当、提升伦理素养）。在“管理规范”一章中，该文件从“推动敏捷治理”、“积极实践示范”、“正确行权用权”、“加强风险防范”、“促进包容开放”五个方面，对从事人工智能相关的战略规划、政策法规和技术标准制定和实施、资源配置以及监督审查等活动的相关主体提出了规范要求。在“研发规范”一章中，该文件强调在人工智能相关的科学研究、技术开发、产品研制活动中，相关主体要强化自律意识、提升数据质量、增强安全透明、避免偏见歧视。在“供应规范”一章中，该文件指出在人工智能产品与服务相关的生产、运营、销售等活动中，相关主体应该要尊重市场规则、加强质量管控、保障用户权益、强化应急保障。在“使用规范”一章中，该文件提出在人工智能产品与服务相关的采购、消费、操作等活动中，相关主体要提倡善意使用、避免误用滥用、禁止违规恶用、及时主动反馈、提高使用能力。最后，在“组织实施”一章中，该规范文件规定了新一代人工智能治理专业委员会的解释和指导实施的权力，明确各级管理部门、企业、高校、协会等可结合实际制订更为具体的伦理规范和相关措施，并确定了该文件的实施日期和可适时修订。

（三）行政机关就某些具体领域制定的指导意见

2021年，国家网信办、中宣部、公安部等九部门联合出台了《关于加强互联网信息服务算法综合治理的指导意见》（以下简称《指导意见》），提出在三年左右的时间内，逐步建立以“治理机制健全”、“监管体系完善”、“算法生态规范”三大目标为特征的算法安全综合治理格局。就健全治理机制方面，该份文件指出，制定完善互联网信息服务算法安全治理政策法规，算法安全治理的主体权责明确，治理结构高效运行，形成有法可依、多元协同、多方参与的治理机制；就监管体系方面，该份文件强调创新性地构建形成算法安全风险监测、算法安全评估、科技伦理审查、算法备案管理和涉算法违法违规行为处置等多维一体的监管体系；在算法生态规范上，该份文件提出，算法要导向正确、正能量充沛，算法应用公平公正、公开透明，算法发展安全可控、自主创新，有效防范算法滥用带来的风险隐患。该份文件还对这三大目标进行了进一步的细化。比如，文件明确要完善安全治理措施，制定标准、指南等配套文件；要进一步明确政府、企业、行业组织和网民在算法安全治理中的权利、义务和责任，科学合理布局治理组织结构，规范运作、相互衔接，打造形成政府监管、企业履责、行业自律、社会监督的算法安全多元共治局面；要加强行业自律，积极开展算法科学技术普及工作，逐步组建算法安全治理力量，吸引专业人才队伍，汇聚多方资源投入，承担算法安全治理社会责任，为算法安全治理提供有力支撑；等等。

（四）有关人工智能的标准

标准对人工智能的发展具有基础性、支撑性、引领性的作用。上述的国务院《新一代人工智能发展规划》中就将人工智能标准化作为重要的支撑保障。工信部的“三年行动计划”也指出要建设人工智能产业标准规范体系，建立并完善基础共性、互联互通、安全隐私、行业应用等技术标准。2018年国家标准化委员会批准成立国家人工智能标准化总体组和专家咨询组。总体组主要在人工智能标准化工作中承担统筹协调、规划布局的角色。专家咨询组由国内人工智能方面的知名专家学者组成,为总体组提供规划、体系和政策措施等方面的咨询。① 同年,国家标准化委员会指导、中国电子技术标准化研究院编写《人工智能标准化白皮书(2018 版)》,研究制定能够适应和引导人工智能产业发展的标准体系。2020 年国家标准化管理委员会、中央网信办、国家发改委等五部门联合发布《国家新一代人工智能标准体系建设指南》,旨在指导人工智能国家标准、行业标准、团体标准等的制定和修订,形成标准引领人工智能产业全面规范化发展的新格局。2021 年,国家标准化委员会指导、中国电子技术标准化研究院编写《人工智能标准化白皮书(2021 版)》,在 2018 版的基础上,介绍了国际上普遍认可的系统生命周期模型等,制定了人工智能标准体系框架及标准体系明细表,并提出我国人工智能标准化重点工作建议。2023 年国家市场监督管理总局和国家标准化管理委员会发布国家标准 GB/T 42888-2023《信息安全技术机器学习算法安全评估规范》,规定了机器学习算法技术和服务的安全要求和评估方法,以及机器学习算法安全评估流程。

由于人工智能涉及跨领域的多技术融合,人工智能标准之间存在互相依存和互相制约的关系。因此,人工智能标准化工作需要顶层设计,建立标准体系,统筹协调,不断优化标准之间的关系,避免标准之间的不协调。人工智能标准化体系结构包括八个部分:"A 基础共性"、"B 支撑技术与产品"、"C 基础软硬件平台"、"D 关键通用技术"、"E 关键领域技术"、"F 产品与服务"、"G 行业应用"、"H 安全/伦理"。

目前,我国已经发布了一些人工智能标准。在术语词汇领域,全国信息技术标准化委员会发布了《信息技术 词汇 第 28 部分:人工智能基本概念与专

---

① 《人工智能标准化白皮书(2018 版)》,第 47 页。

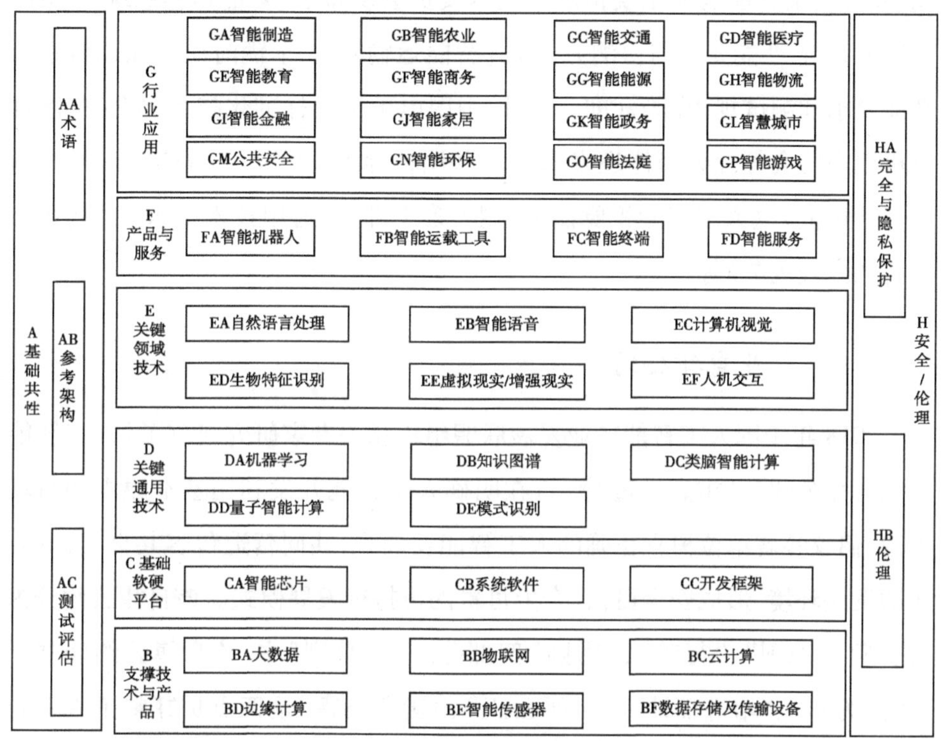

图 6-1　人工智能标准体系结构①

家系统》、《信息技术 词汇 第29部分：人工智能语音识别与合成》、《信息技术 词汇 第31部分：人工智能机器学习》、《信息技术 词汇 第34部分：人工智能神经网络》四项基础国家标准；在人机交互领域，全国信标委发布了《中文语音识别系统通用技术规范》、《中文语音合成系统通用技术规范》、《自动声纹识别（说话人识别）技术规范》、《中文语音识别互联网服务接口规范》、《中文语音合成互联网服务接口规范》五项语音交互标准；在机器人领域，全国自动化系统与集成标准化技术委员会发布了《工业机器人 特性表示》、《工业机器人 坐标系和运动命名原则》、《机器人与机器人装备 词汇》等标准；在智能运

① 国家标准化委员会、中央网信办、国家发展改革委、科技部、工业和信息化部：《国家新一代人工智能标准体系建设指南》，国标委联［2020］35号，第5页。

输领域，全国智能运输系统标准化技术委员会发布了《智能运输系统 换道决策辅助系统 性能要求与检测方法》、《智能运输系统 车辆前向碰撞预警系统 性能要求和测试规程》等标准。此外，中国电子工业标准化技术协会、中国计算机用户协会等社会团体还发布了一些团体标准，如《人工智能深度学习算法评估规范》、《人工智能视觉隐私保护 第1部分：通用技术要求》、《病历文本智能处理规范》等。

（五）行业自律公约

2018年中国人工智能产业发展联盟组织相关专家研究起草了《人工智能行业自律公约（征求意见稿）》，旨在明确人工智能开发利用基本原则和行动指南，倡议签署单位树立正确的人工智能发展观，共同营造包容共享、公平有序的发展环境，形成安全可信、合力可责的可持续发展模式。该自律公约分为"总则"、"原则"、"行动"、"附则"四部分。在"总则"中，该自律公约确立了"以人为本"、"增进福祉"、"公平公正"、"避免伤害"这四点贯穿整个人工智能开发和利用过程中的根本理念。在"原则"一章中，该自律公约主要就人工智能系统的开发和使用，提出了"可靠可控"、"透明可释"、"保护隐私"、"明确责任"、"多元包容"五项基本原则。在"行动"一章，该自律公约提倡在"自律自治"、"制定标准"、"促进共享"、"普及教育"、"持续推动"五个方面积极行动，践行公约内容，接受社会监督。在最后的"附则"一章中，该自律公约规定了签署单位必须遵守法律法规和国家有关规定，鼓励企业、高校、科研院所、行业组织等共同践行公约内容，支持相关单位或组织制定细分行业或领域的自律准则，明确公约的立改释的主体。

2019年，深圳人工智能行业协会与旷视科技、奥比中光、云译、科大讯飞等数十家企业联合发布《新一代人工智能行业自律公约》，旨在落实新一代人工智能治理专业委员会发布的人工智能原则，构建人工智能道德伦理体系，促进人工智能健康可持续发展。该自律公约包括八个方面的倡议：坚持以人为本、促进正义公平、确保安全可控、注重隐私保护、促进包容共享、确保权责明晰、加强协同合作、健全行业标准。

2021年,中国网络社会组织联合会联合105家会员单位以及相关企业共同发起了《互联网信息服务算法应用自律公约》,意在加强互联网信息服务行业自律,推动行业健康有序发展,助力共建算法良好生态。该公约主要从"严守法律法规"、"落实主体责任"、"维护个人权益"、"筑牢安全防线"、"促进算法公平"、"推动创新发展"六个方面,就互联网服务算法应用主体提出了自律倡议,助力网络技术文明、网络精神文明和网络制度规范文明的建设。

(六)科研机构、企业发布的有关共识、伦理框架、宣言等

近年来,我国的一些科研机构和互联网企业相继发布了一些共识、宣言、伦理框架之类的文件。2019年,北京智源人工智能研究院联合北京大学、清华大学、中科院自动化研究所等高校、科研院所、企业代表等发布了《人工智能北京共识》(以下简称《北京共识》)。《北京共识》针对人工智能研发、使用和治理三个方面,提出了有益于人类命运共同体构建和社会发展的15条原则。申言之,在人工智能研发方面,提倡要促进社会与生态的福祉,符合人类价值观和整体利益,对潜在的伦理、法律、社会风险与隐患负责,提高系统性能控制各种风险,设计上合乎伦理,体现多样与包容,开放平台、共享成果。在人工智能使用方面,提倡善用和慎用,避免误用和滥用,将益处最大化,将风险最小化,确保利益相关者对其权益的影响有充分的知情和同意,并能通过教育与培训适应人工智能的影响。在人工智能的治理方面,对人工智能在人类就业的可能影响和冲击采取包容和谨慎态度,广泛开展全方位的合作,避免恶意竞争,共享治理经验,对人工智能的准则和政策法规作出适应性修订,并分场景和领域作出不同细则,促进准则和细则的实施,并贯穿于研发与应用的整个生命周期,开展持续研究,进行长远规划。

2019年腾讯研究院和腾讯AL Lab联合发布了人工智能伦理报告——

《智能时代的技术伦理观——重塑数字社会的信任》。该份报告认为,在“科技向善”理念下,需要在三个层面上倡导面向人工智能的新的技术伦理观:技术信任,人工智能等新技术需要价值引导,做到“四可”(可用、可靠、可知、可控);个体幸福,确保人人都有追求数字福祉、幸福工作的权利;社会可持续,善用技术塑造健康包容可持续的智慧社会,持续推动经济发展和社会进步。①

2021 年,由北京智源人工智能研究院和北京瑞莱智慧科技有限公司联合发起,华为、百度等多家研究机构和互联网企业参与的《人工智能产业担当宣言》正式发布。该宣言倡议人工智能系统的设计、研发、实施和推广都应符合可持续发展理念,以促进社会安全和福祉为目标,以尊重人类尊严和权益为前提。在技术能力方面,该宣言提出要最大限度保障人工智能系统安全可信,增强算法透明性和可解释性,保障各方权利和隐私;在践行行业共治方面,该宣言指出要建立开放共享协作机制,倡导企业积极参与,构建企业间深度合作关系,与政府、专家、公众等其他主体沟通交流;在加强企业自治方面,该宣言提出人工智能从业者应具有高度的社会责任感和自律意识,倡导企业成立人工智能治理委员会或工作组、设立伦理研究院岗位等。②

二、我国人工智能软法规范的特征分析以及存在的问题

(一)产业政策的分析及存在的问题

产业政策是政府围绕一定的产业发展目标,而使用多种手段制定的一系列具体政策的总称。一般而言,产业政策因在提升某产业的竞争力、促进创新发展、纠正市场失灵等方面有着明显的优势,已成为多数国家广泛采用的经济

① 腾讯研究院:《智能时代的技术伦理观——重塑数字社会的信任》,2019 年 7 月 8 日,https://baijiahao.baidu.com/s? id=1638484356360631835&wfr=spider&for=pc,2021 年 10 月 8 日最后登录。

② 《〈人工智能产业担当宣言〉在京发布,五项倡议共举科技担当》,新华网,2021 年 8 月 4 日,http://www.bj.xinhuanet.com/2021-08/04/c_1127727515.htm,2021 年 10 月 8 日最后登录。

治理手段。从法学视角来看,产业发展政策存在以下一些特征。

第一,本质上,产业政策是一种具有“组织规则”特质的软法规范。① 首先,它基本符合罗豪才教授就软法的经典定义:“效力结构未必完整、无需依靠国家强制保障实施、但能够产生社会实效的法律规范”。② 前述的国务院“互联网+”行动指导意见、发展规划,以及发改委等部委的行动实施方案等规范文件中,均未寻到明确的“法律责任”条款,也未有名义上“依靠国家强制力保障实施”的文字表述,但是,效力结构的不完整并未影响这些产业政策的实际约束力。截至2021年,《“互联网+”人工智能三年行动实施方案》和《促进新一代人工智能产业发展三年行动计划(2018—2020年)》两份文件的实施期限均已届满,从我国人工智能这几年的发展来看,两份文件均得到了不同程度的落实。比如,2020年由中国电子技术标准化研究院牵头,依托国家人工智能标准化总体组和有关产学研用单位共同编制了人工智能标准体系,即为对《“互联网+”人工智能三年行动实施方案》中“建设人工智能领域融合标准体系”要求的落实。又比如,我国某企业开发的人脸识别技术已达到99.8%的准确率③,已达到了《促进新一代人工智能产业发展三年行动计划(2018—2020年)》中提到的“到2020年,复杂动态场景下人脸识别有效检出率超过97%,正确识别率超过90%”的要求。其次,产业发展政策因“刻意达致一种有助益于实现人之目的的秩序”④的手段来建构一种“人造秩序”,进而形成产业政策等型构人造秩序的规则,所以,它还具有“组织规则”特质。⑤ 比如,为实现“三步走”战略目标的实现,《新一代人工智能发展规划》既指出了战略

① 黄茂钦:《论产业发展的软法之治》,载《法商研究》2016年第5期。

② 罗豪才、宋功德:《认真对待软法——公域软法的一般理论及其中国实践》,载《中国法学》2006年第2期。

③ 《重庆云从科技人脸识别准确率达99.8%　2秒钟能从上千万张人脸中识别出你》,华龙网新闻,http://www.qianjia.com/html/2018-03/16_287288.html,2021年11月1日最后登录。

④ [英]弗里德里希·冯·哈耶克:《法律、立法与自由》(第一卷),邓正来等译,中国大百科全书出版社2000年版,第78页。

⑤ 黄茂钦:《论产业发展的软法之治》,载《法商研究》2016年第5期。

发展路径,又明确了重点攻关任务,并在资源配置、实施保障和组织实施等方面作出了诸多安排,强烈地显示了构建“创新型国家和世界科技强国”的决心。

第二,国家对产业政策的创制和实施有着明确规定,且已形成了固有模式。早在1989年,国务院颁布的《关于当前产业政策要点的决定》就规定,产业政策的制定权在国务院。为了保证国家产业政策的实施,国务院所属各部委和各省、自治区、直辖市等人民政府,应根据国家产业政策,结合本部门、本地区的特点,拟定实施办法,并报国务院备案。如果需要对国家产业政策作补充规定,必须报国务院审批。要运用经济、行政、法律等多种手段保证产业政策的实施。各部门必须目标一致,协同运作,各项调解手段和措施要互相配套。1994年国务院颁布的《90年代国家产业政策纲要》规定,制定国家产业政策必须遵循符合工业化和现代化进程的客观规律、充分发挥市场资源配置基础作用、突出重点、具备可操作性四项原则。有关部门提出的产业政策草案和对产业发展有重大影响的政策草案,须经国家计委审查和协调,并由国家计委组织国务院有关部门、产业界、学术界和消费者群体进行科学论证和民主审议后,由国家计委会同有关部门报国务院批准后发布执行。国家计委会同有关部门负责对产业政策的实施进行监督、检查和分析,定期向国务院报告实施情况和效果,并根据经济形势、产业结构的变化,提出修改建议。经过多年的运行,我国产业政策已经形成了固有模式。在政策制定方面,产业政策通常会有征求意见的前置程序和宣传培训的后置程序,这在一定程度上体现了软法重视商谈沟通的风格。在政策实施方面,产业政策依靠行政力量的推动而具有很高的约束力。一方面,产业政策借助直接的行政命令,分解任务,明确责任单位和进度安排;另一方面,产业政策在实施过程中也注意运用财政补贴、税收优惠、信贷扶持等间接诱导手段。由此,产业政策采取制约与激励并用,在直接和间接手段组合下,形成了外在强制与自愿服从为特征的实施效果。只是,这里的约束力和强制力不是来源于法律,而是政府的意愿与能力。①

虽然产业政策推动了我国人工智能的发展,但以软法视角审视之,该类规范在制定层面仍存在一点不足:产业政策制定过程中伦理、法律部门和民众参与程度似乎不够。以《新一代人工智能发展规划》为例,该文件虽是科技部、发改委、工程院会同相关单位在广泛征求意见的基础上研究起草的,②但是,具体征求意见过程未向外公布,制定过程中伦理组织、法律部门和民众参与程度到底如何,是否有吸收这些主体的意见和建议,根据现有公开的文献,尚难以知晓。该文件的技术色彩非常浓厚,非常重视人工智能技术创新体系能力的建设,并作出了从前沿基础理论、关键共性技术、基础平台、人才队伍培养等全方位系统部署。然而,仅从文件内容来看,该文件似乎对伦理、法律相关领域和民众实际需求等社会方面的关注度不够,只将"制定促进人工智能发展的法律法规和伦理规范"作为一项从属于人工智能技术发展的保障措施。人工智能技术属性和社会属性高度融合的特征,要求在制定相关产业政策时,需要特别注意相关主体的广泛参与。否则,有可能导致政府推出的产业发展政策不能全面促进人工智能的健康发展,也不能充分体现民众的需求,进而使其科学性和民主性受到影响。

(二)治理原则和伦理规范

1. 治理原则的分析及存在的问题

原则是在社会共同体共识基础上形成的标准化形式。原则虽也是一种行为规范,但是相比有着明确内容、结构和直接效果的规则,其定义相对模糊、笼统,覆盖范围更广,也更有弹性。原则是所属规则的基础或是稳定性原理,体

① 刘桂清:《产业政策实效法律治理的优先路径——"产业政策内容法律化"路径的反思》,载《法商研究》2015 年第 2 期。

② 《〈新一代人工智能发展规划〉政策解读》,国新网,2017 年 7 月 24 日,http://www.scio.gov.cn/34473/34515/document/1559231/1559231.htm,2021 年 8 月 16 日最后登录。

现了所属规则根本价值倾向的指导思想，贯穿于相关活动之中。前述的《新一代人工智能治理原则——发展负责任的人工智能》（以下简称《治理原则》），存在这样一些特点：性质上，类比法律原则的相关原理，治理原则应该是一种“理想应然”①，或“最佳化命令”②。前者意味着治理原则只能要求尽可能地被实现，但最终能否被实现却依赖于相关事实条件。后者意味着治理原则是一种要求某事在事实上可能的范围内尽最大可能被实现的规范。由此，治理原则的强制性色彩相对较弱，不具有否定性法律后果；结构上，《治理原则》的行文结构非常简单，以“目的—内容”的形式呈现：开篇首先介绍人工智能治理的目的：“促进新一代人工智能健康发展，更好协调发展与治理的关系，确保人工智能安全可靠可控，推动经济、社会及生态可持续发展，共建人类命运共同体”，接着依次阐明八项基本原则。这样的结构与法律文本开篇写明立法目的的结构有较大的相似性，体现了一种目的性法律思维；内容上，《治理原则》提出的多项基本原则与国内外其他主体提倡的人工智能的有关原则，有较多的相似之处，比如，都有增进人类福祉、以人为本、保护隐私、安全可靠、问责等方面的内容，但也有自己的特色原则：敏捷治理原则；功能上，治理原则能够为有关人工智能的具体规则提供指引和评价，也能起到填补具体规则空白或漏洞的作用。

《治理原则》是一份框架性、拘束力不甚明显的文件，主要发挥宏观引导作用，是我国渐进性推进人工智能治理思路的第一步。但是，以软法视角审视之，该文件存在有待进一步检验和发展之处：第一，《治理原则》的普适性有待进一步检验。普适性是原则应有的特质。民法中的诚信原则、当事人意思自治原则等原则均建立在普遍认同和深厚历史积淀基础之上。《治理原则》的

---

① R.Alexy，Theorie der Grundrechte，S.75，转引自张嘉尹：《法律原则、法律体系与法概念轮——Robert Alexy 法律原则理论初探》，载《辅仁法学》2002 年第 24 期。

② ［德］罗伯特·阿列克西：《法律原则的结构》，载［德］罗伯特·阿列克西：《法：作为理性的制度化》，雷磊编译，中国法制出版社 2012 年版，第 132 页。

调整对象应是有关人工智能的一切社会关系，因此，它也应该是在人工智能共同体达成广泛共识的基础上，且经过了较长时间的实践之后形成的。根据有关报道，《治理原则》在起草过程中，曾在网上公开动员公众参与，收集从业人员甚至普通用户对人工智能的期待和愿景，还多次召开有关高校科研院所和企业代表参加的座谈会，广泛凝聚社会共识。① 然而，这里的"共识"是否经过软法创制过程中所强调的充分讨论、协商，有没有专门的意见收集和反馈程序，我们不得而知。此外，虽然八项原则中有些内容应该来源于相关法律的规定、伦理要求和民众的生活经验，并且已经在国际层面上达成了共识。但是，在新一代人工智能技术对社会颠覆性影响还未完全显现的背景下，《治理原则》中所列的所有原则是否都能够经得起实践的检验，还是一个未知数。至少，治理专业委员会需要以动态发展的眼光来对待《治理原则》。第二，《治理原则》还有待发展相关的冲突规范。如前所述，治理原则有着填补具体规则空白或漏洞的功能。在还未建立具体规则的某问题上，治理原则可替代规则起到直接的规范作用。倘若在直接适用治理原则时，面临着两种原则有可能产生冲突的情形，规范主体该如何作出选择？比如，为了保证符合"安全可控"原则，有可能会要违背"敏捷治理"原则。在目前还缺少相关答案的情况下，这些都需要日后进一步发展探索。

2. 伦理规范的分析及存在的问题

在讨论《新一代人工智能伦理规范》（以下简称《伦理规范》）之前，有必要先讨论一下软法与伦理规范（成文化表达的伦理观念）的关系。伦理一般指处理人与人之间关系、人与社会之间关系、人与国家之间关系、人与自然之间关系的行为规范、秩序和准则。谈及伦理，又有必要讨论一下它与道德之间的关系。"伦理"和"道德"两词一般被合在一起使用，容易使人产生误解，以为它们是同义反复。实质上，伦理和道德是有区别的。伦理是一种外在行为

① 《我国发布〈治理原则〉发展负责任的人工智能》，环球网，https://baijiahao.baidu.com/s?id=1636636654850892827&wfr=spider&for=pc，2021 年 10 月 8 日最后登录。

规范,调整人与家庭、社会、国家、自然之间的关系。道德是一种个体行为、态度以及将外在行为规范内化而形成的品质、情感等心理状态。两者之间有一些共通之处,都涉及人的行为品质、善恶正邪等,能起到调节社会成员之间关系的作用。但是,伦理强调人与人之间的关系,包含着双向性义务,是他律的。而道德强调个体,一般仅含有单向性义务,是自律的。辨析清楚伦理与道德的区别,有助于本书对软法与伦理规范关系的讨论。这是因为在软法学界,虽然有少数学者认为软法包括道德规范,①但多数学者认为软法区别于道德规范,②且后者观点似已成通说。那么,伦理规范是不是一种软法呢?美国学者 Gary Marchant 将 IEEE 发布的《人工智能设计的伦理准则》视为现有人工智能软法的示例。③ 而国内学者对两者之间的关系鲜有论及。本书认为,基于两者都为外在行为规范且均含有"善治"的价值观,只要伦理规范也存在"权利—义务"的构架,有明确的制定主体和制定程序,依靠非国家强制的约束力保障实施,伦理规范可视为一种软法。以此为基础,下面将对《伦理规范》的软法特征做一番分析。

如前所述,《伦理规范》有着类似"总则—分则—附则"的结构,在"总则"中有阐明立规目的和适用范围,在"组织实施"(几乎相当于"附则")中有规定解释和实施主体,这些都与法律文本极为相似。《伦理规范》除了含有大量的义务规定之外,也具备一些权利或权力要素。比如,第四条第(四)项规定:"……保障人类拥有充分自主决策权,有权选择是否接受人工智能提供的服务,有权随时退出与人工智能的交互,有权随时中止人工智能系统的运行,确

---

① 李正华认为:"道德从某种意义上来说更像是一种'软的法律'(soft law),它是通过对人们内心的拷问来加以内部约束的一种行为准则。"转引自梁剑兵:《软法律论纲——对中国法治本土资源的一种界分》,载罗豪才等:《软法与公共治理》,北京大学出版社 2006 年版,第 331 页。

② 罗豪才、宋功德:《认真对待软法——公域软法的一般理论及其中国实践》,载《中国法学》2006 年第 2 期;徐靖:《软法的道德维度——兼论道德软法化》,载《法律科学》2011 年第 1 期。

③ https://escholarship.org/content/qt0jq252ks/qt0jq252ks.pdf? t = po1uh8, 25th jan. 2019, p.5.

保人工智能始终处于人类控制之下"。又比如,第七条规定:"正确行权用权。明确人工智能相关管理活动的职责和权力边界,规范权力运行条件和程序……"这些规定更像是从权利或权力内容方面的正向表述。《伦理规范》的创制、解释主体为新一代人工智能治理专业委员会。该文件有一定的制定程序,需要经过专题调研、集中起草、意见征询等环节。该文件的实施主要是依靠治理专业委员会的指导。综合起来看,《伦理规范》具备了较多的软法特征。

《伦理规范》虽然填补了我国人工智能领域伦理规范的空白,但是,仍然存在一些不足之处。在内容上,《伦理规范》没有对"人工智能伦理"的内涵作出明确解释,而只是规定了其外延。考虑到人工智能技术的迭代更新,仅规定外延的做法难免会发生不周延的情况。此外,《伦理规范》在人机关系、研究者多元化和中立性要求等方面也存在缺失。在程序上,虽然新一代人工智能治理专业委员会经过专题调研、集中起草、意见征询等程序制定文件,但在这些过程中委员会仅是"充分考虑社会各界的伦理关切",缺少多元主体的参与讨论与协商。民主协商本是软法的最大特色,也是人工智能时代治理的必然要求。在实施方面,虽然《伦理规范》有专章规定"组织实施",但该章总计只有3条规定(分别规定了实施主体、细致伦理规范的制定、规范生效日期及适时修订),更像是法律文本的"附则",并未含有实质性的内容。相比之下,IEEE的人工智能社会伦理规范已经初步形成了实施机制。①

(三)指导意见的分析及存在的问题

有关行政机关指导意见的定义,中外学者已有诸多阐述。罗豪才教授认为,行政指导是指行政主体为适应复杂多变的经济和社会生活的需要,基于国家的法律原则和政策,在行政相对方的同意或者协助下灵活地采取非强制性

① 黄国彬、黄恋、陈丽:《IEEE 人工智能社会伦理规范实施机制研究》,载《情报工程》2021年第7期。

手段,以有效实现一定的行政目的,不直接产生法律效果的行为。① 姜明安教授将行政指导定义为:基于国家的法律、政策的规定而作出的,旨在引导行政相对人自愿采取一定的作为或者不作为,以实现行政管理目的的一种非职权的行为。② 莫于川教授认为,行政指导是行政机关在其职能、职责范围内,为适应复杂多样化的经济和社会管理需要,适时灵活地采取符合法律精神、原则、规则或政策的指导、劝告、建议等不具有国家强制力的方法,谋求相对人同意或协力,以有效地实现一定行政目的之行为。③ 日本学者室井力认为,行政指导是指行政机关为实现一定的行政目的,通过向相对方做工作,期待实施行政机关意图行为的行为方式。④

《关于加强互联网信息服务算法综合治理的指导意见》(以下简称《指导意见》),即为国家网信办等行政机关发布的行政指导类文件。它有着明显的软法特征。第一,《指导意见》没有法律上的强制力。根据上述行政指导的定义,虽然行政指导是一种行政管理行为,但多借助"指导"、"劝告"、"建议"的手段,并以此希望得到行政相对方的同意或协助,因此,行政指导没有直接的法律强制力。否则,行政指导就成了行政命令。纵观《指导意见》中的措辞,多为"倡导"、"积极开展"、"推动"、"鼓励"等诱导性、柔性色彩的词汇。虽然该文件第(十一)项的内容为"严厉打击违法违规行为",显得较有强制性色彩,但是,一来,类似内容所占比例不大;二来,在该文件未规定具体"法律责任"的情况下,这些有着强制性色彩的规定更多的仅起到宣示的作用。《指导意见》的非法律强制性特点,意味着即使受指导者拒绝接受该文件的内容时,行政主体既不能自身强迫其实施,也不能申请法院强制执行。第二,《指导意

---

① 罗豪才:《行政法学》,北京大学出版社 2006 年版,第 298 页。

② 姜明安:《行政法与行政诉讼法》,北京大学出版社 2015 年版,第 300 页。

③ 莫于川:《行政指导与建设服务型政府——中国的行政指导理论探索与实践发展》,中国人民大学出版社 2015 年版,第 26 页。

④ [日]室井力:《日本行政法》,吴微译,中国政法大学出版社 1994 年版,第 154 页。

见》有事实上的约束力。《指导意见》毕竟出自国家网信办、中央宣传部、教育部、公安部、国家市场监督管理总局等行政机关，受指导者基于对官方背景和权威的习惯性遵从，一般会选择按照行政主体的意见行事。尤其在作出意见的行政机关为受指导者的主管机关时，受指导者往往会选择接受。第三，《指导意见》的内容兼具规制性和促进性。为了实现健全治理机制、完善监管体系等行政目标，《指导意见》在加强算法治理规范、优化算法治理结构、强化企业主体责任，开展算法安全评估、打击违法违规行为、防范算法滥用风险等方面提供了较为细致的指导意见，旨在对算法可能存在的危害公共利益和破坏公共秩序的行为，起到规制或者预防的效果。而为了促进、保护相关主体的利益，《指导意见》也就树立算法正确导向、推动算法公开透明、鼓励算法创新发展等方面进行了较为具体的指导。综合起来看，《指导意见》是一份规制和促进并举的、较为全面的行政指导意见。

以软法视角审视《指导意见》，它还存在这样一些可能的不足。从现有公开的信息源来看，《指导意见》在出台之前似乎没有经过与相关受指导者的沟通和交流。行政机关是否充分听取了相关受指导者的意见和建议，还是仅仅单方面作出的决定，这些都不甚明了。行政指导强调的是行政机关和受指导者之间的合作，而合作的达成首先需要行政机关公布充分、准确、可靠的信息以及充分的协商沟通。此外，鉴于一些行政机关借行政指导之名，行行政处罚、行政强制之实的现象时有发生，行政机关在实施《指导意见》时是否能受到有效监督，这是一个值得关注的问题。尤其是《指导意见》中含有严厉打击违法违规行为的规定，倘若行政机关以此对受指导者处以实际处罚，受指导者往往缺乏救济手段，因为在实务中行政指导一般不适用行政复议、行政诉讼和国家赔偿救济。

（四）人工智能标准的分析及存在的问题

我国《标准化法》规定，标准是农业、工业、服务业以及社会事业等领域需要统一的技术要求。本书认为，标准是特定范围内的主要以技术要求为表现形式的自治规则，是一种典型的软法。人工智能时代，硬法的更新速度远不及技术的迭代，作为一种快速回应企业与市场需求的规则，标准在人工智能治理问题上占据了重要地位。兼具技术性、专业性、规范性等诸多特点的标准，对人工智能的发展也有着重要的意义。标准的推行可以固化技术成果，实现人工智能产品的快速推广；可以统一规范人工智能产品和服务，提升其质量和保障用户的安全；可以实现不同厂家产品和服务之间的互操作和协同，有助于营造公平开放的人工智能产业生态。

然而，目前我国人工智能领域内的标准化工作还存在以下一些问题。第一，标准制定主体的反应速度够不上人工智能技术发展的步频。我国国家标准和行业标准的制定程序较为繁琐。一项标准的全生命周期需要经过九个阶段，即预备立项、立项、起草、征求意见、审查、批准、出版、复审、废止。这意味着一项国家标准或行业标准的制定周期可达 20 多个月以上。在人工智能时代，这样的制定速度已跟不上技术发展的步伐，很有可能导致某些技术标准刚一出台即落伍。对于急需标准引导和支撑的行业而言，标准的缺失有可能制约甚至阻碍行业的发展。第二，人工智能技术标准制定过程中的协商性和开放性不足。协商性和开放性是软法的重要特征，也是软法的正当性所在。目前人工智能技术标准制定过程中，标准化组织未有充分利用信息技术的优势来加强相关主体的参与程度以及充分协商的程度。以国家标准为例，目前我国在制定人工智能国家技术标准时，通常仅通过标准化组织的官方网站、电子信息技术化平台以及纸质文件和 Email 等形式征求意见，且不具备常规化和制度化的意见反馈环节。① 第三，标准制定各主体工作边界有待进一步明晰。由于人工智能的广泛渗透性，我国存在众多的标准制定主体。仅在国家层面，就有全国信息技术标准化委员会，全国自动化系统与集成标准化技术委员会，

---

① 中国电子技术标准化研究院、全国信息技术标准化技术委员会：《信息技术标准化指南(2019)》，电子工业出版社 2019 年版，第 4 页，转引自张欣：《我国人工智能技术标准的治理效能、路径反思与因应之道》，载《中国法律评论》2021 年第 5 期。

全国音频、视频和多媒体标准化技术委员会，全国信息安全标准化技术委员会，全国智能运输系统标准化技术委员会五家单位。虽然不同单位的具体分工不一，但是也存在一些重合之处，比如，全国信息技术标准化委员会和全国信息安全标准化技术委员会都有涉及生物特征识别领域的标准化工作。再加上人工智能标准涉及共性技术领域较多，更有可能导致标准化工作交叉重复。第四，某些领域的标准供给不足。截至 2020 年，我国人工智能基础通用标准中，术语方面的标准数为 3，参考框架方面的为 3，测试评估方面的为 4。这三方面标准占比分别为 1.65%、1.65%、2.75%。① 这表明我国人工智能基础性标准供给严重不足，也能够反映我国尚未对人工智能的概念、内涵、应用模式、智能化水平等达成共识。此外，我国现行的国家标准主要集中在物联网、云计算、生物特征识别等人工智能技术应用领域，尚缺乏与伦理道德直接相关的人工智能标准，仅若干有关个人信息安全的技术标准。② 第五，人工智能技术标准与硬法的衔接不畅。人工智能时代，标准与硬法的"混合治理"不可避免。只有发挥好两者的协同作用，才能够有效开展人工智能的治理。考虑到硬法的基础地位，有必要在硬法中设置相关的准用性条款，确定标准的规范作用以及适用情形。然而，目前我国硬法中有关标准的准用性规范明显不足，导致在有关标准已经颁布实施的情况下，相关法律法规也未借助标准化成果解决问题。最近几年，我国网络与信息法领域中的立法虽然都含有涉及技术标准的条款，比如，《网络安全法》第 15 条、《数据安全法》第 10 条、《个人信息保护法》第 62 条等，但这些条款仅是有关制定标准的委任性规范。③ 委任性规范仅涉及由谁来制定标准的问题，并不能解决标准的效力和适用范围的问题，而

---

① 熊娅岚、郎威、郑豪、黄雅坤、朱培武：《我国人工智能标准化发展现状及对策》，载《第十八届中国标准化论坛论文集》，中国广东佛山：第十八届中国标准化论坛，2021 年 10 月 21 日，第 181 页。

② 张斌、鲁路加、王法中：《国内人工智能标准化现状综述》，载《信息技术与信息化》2020 年第 8 期。

③ 蔡星月：《人工智能的"标准之治"》，载《中国法律评论》2021 年第 5 期。

后者才是标准与硬法协同治理的基础。

（五）行业自律公约的分析及存在的问题

因在第四章“网络空间传统软法之治”已就中国互联网协会有关的行业自律公约进行过特征分析，考虑到人工智能行业自律公约的相似性，故本节不再就此展开讨论。以软法的视角审视之，上述的三份人工智能行业自律公约还存在一些不足。首先，行业自律公约制定过程的协商性和公开性不明显。根据现有公开的报道，仅中国人工智能产业发展联盟组织在起草《人工智能行业自律公约（征求意见稿）》过程中，有过向会员单位和社会各界公开征求意见的环节。而《新一代人工智能行业自律公约》和《互联网信息服务算法应用自律公约》在公开的信息源中都未提及制定过程，并且也难以搜索到这两份公约征求意见的信息痕迹。其次，目前的人工智能行业自律公约大体上操作性和实施性不强。上述三份公约似乎更像是一种态度宣扬书，内容较为简单。比如，《新一代人工智能行业自律公约》只有七条内容，几乎仅是人工智能相关原则的阐述，缺乏操作性。而《互联网信息服务算法应用自律公约》则缺乏实施方面的规定。仅《人工智能行业自律公约（征求意见稿）》的内容和结构相对完整，在操作性和实施性方面相对较好。

（六）科研机构、科技企业发布的共识、伦理框架、宣言等的分析及存在的问题

非官方机构、科技企业发布的有关软法规范在内容上偏重技术层面，专业性色彩强，提出了不少较为具体的指引，并提出了一些微观层面实施机制的建构设想。这些都是民间创制的软法规范的优势所在。然而，囿于制定主体地位所限，这些软法规范较少考虑社会公平、现实问题、组织层面和法律政策层面的问题。此外，企业的逐利本质也使得其制定的软法规范受到公正性方面的质疑。美国学者约柴·本科勒（Yochai Benkler）就认为，互联网企业对于塑

造人工智能的未来是非常重要的,但是,它们不能保留权力去研究其系统对社会的影响和对其效用的道德评估,而且它们所制定的准则规范有可能作为抵制政府监管的借口而流于形式。① 再者,这些民间创造的软法规范在制定程序上也存在协商性、代表性、开放性不够的问题。比如,现有的软法规范多为头部互联网企业作出,中小企业的参与程度不高,导致规范的代表性存疑。再比如,由于科研机构的技术专家以男性居多,若规范起草过程中的开放性、协商性不够,有可能导致制定出的规范体现较强的性别差异,缺乏对情感伦理、同情心的重视。②

第六节　完善我国人工智能软法治理的建议

通过上述对我国人工智能软法规范的分析讨论,可以得知它们还存在一些不足。以此为基础,下面将从确定准据、打造体系以及具体措施三个方面讨论如何完善我国人工智能软法治理。需要指出的是,本节将不会对上文所列的所有具体问题一一作答,主要理由有二:一是本书的其他章节已对其中一些类似问题提供过解决之道,比如,标准制定周期冗长等问题;二是因为某些软法规范出台时间较近,其问题主要是基于其他领域的经验或者合理怀疑所致,对这些可能的问题暂不解决尚不会产生过多的负面影响,比如,《指导意见》在实施中可能存在对受指导者侵害的问题。本节主要是从整体上对上文所列问题的共性之处作出回应,以提出完善我国人工智能软法治理的建议。

一、以良法善治为准据

人工智能时代的迅猛到来,让硬法有点猝不及防。在硬法还未做好充分

---

① Yochai Benkler,"Don't let industry write the rules for AI",*Nature*,2019,569(7754):161.

② 贾开、薛澜:《人工智能伦理问题与安全风险治理的全球比较与中国实践》,载《公共管理评论》2021 年第 1 期。

应对之时,软法在人工智能治理的“舞台”上已登台上演多时。在“科技向善、以人为本”的终极目标之下,国内外已就“增进人类福祉”、“安全可靠”、“问责”、“共治”等方面达成共识,并已经创制了相当数量的软法规范。为了保证人工智能软法治理的成效,须以良法善治为其发展目标和评价准据。有关“良法”和“善治”的定义,本书已在“网络空间新型软法之治——平台规则之治研究”一章讨论过,故本章不再赘述。以良法的要求审视之,人工智能领域有关的软法须兼具实质上和形式上的合理性。申言之,人工智能领域有关的软法,在内容方面,应该要合乎人工智能技术发展的自身规律,能够促进人工智能的可持续发展;在价值方面,应该要符合公平和正义并促进公共利益;在形式方面,应该要具备民主参与和协商沟通的制定程序,以保证软法规范的合法性。以善治的要求审视之,制定良好的软法应该被有效地付诸实施。概言之,人工智能领域有关的软法应该在“共治”理念下,以不违背相关硬法为前提,采用敏捷的方式①快速回应治理的需求,以实现其立法目的。

二、打造人工智能软法治理体系

根据《新一代人工智能发展规划》(以下简称《发展规划》)的要求,我国到2025年要初步建立人工智能法律法规、伦理规范和政策体系,形成安全评估和管控能力。因此,打造人工智能软法治理体系也是其中的任务之一。

在宏观层面上,首先,政府要结合人工智能发展现状及其趋势,制定合适的人工智能发展规划、治理原则、伦理框架等基本指引文件,为人工智能的治理指明方向,提出基本要求。如前所述,我国已初步制定了这些规范性文件。但是,它们还存在一些不足。政府应该适时修改完善这些文件。国务院可以考虑适时完善《发展规划》,将“制定促进人工智能发展的法律法规和伦理规范”提升至“重点任务”的高度,以突出建设人工智能法律制度和伦理规范的

---

① 薛澜、赵静:《走向敏捷治理:新兴产业发展与监管模式探究》,载《中国行政管理》2019年第8期。

重要性。新一代人工智能治理专业委员会应根据人工智能的最新发展适时调整《治理原则》,可以考虑制订有关原则的冲突规范,并可考虑在《伦理规范》中就"人工智能伦理"的内涵作出一般性的解释,为人工智能的治理提供更加完整和明确的指引。政府还可以考虑在治理框架中尝试风险的做法,以帮助其他主体识别和确定下一步治理事项的优先级。例如,德国数据伦理委员会提出了一个基于风险的5级监管体系,严格程度从"对无害人工智能系统不进行监管",到"完全禁止最危险的人工智能系统"。① 其次,政府可以考虑推动建立软法规范体系。如前所示,我国软法规范种类繁多,有必要对这些规范进行一定程度的梳理和整理,使不同类型的软法规范各司其职、各行其是,减少潜在冲突,以便形成不同软法规范之间的合力,助推人工智能的治理。一般而言,软法更侧重反映的公共意志主要表现为一种横向平行关系,因此,不同软法规范之间的法律位阶不甚明晰。但这并不代表软法规范就是杂乱无序的。至少,同一或同类主体制定的不同软法规范可以有相应的排列方式,比如,有关人工智能标准就有基础共性标准和行业应用标准之分。国内外人工智能软法规范的现状表明,现阶段由国家主导制定的软法规范占据了主要部分,这就为建立软法规范体系奠定了基础。一方面,具有隶属关系的上下级政府就同一主题制定的产业政策天生就具有位阶区别;另一方面,政府可以推动社会组织、科研机构、科技企业在其制定的治理原则、伦理框架基础之上制定各自具体的软法规范,并可作相应的备案要求,以确保其他社会主体创制的软法规范符合已达成国内共识的基本原则和精神。最后,政府需要构建有效的人工智能治理交流平台,鼓励利益相关者的广泛参与,促进其自身、社会组织、科技企业、大学和科研机构和公众能围绕人工智能治理议题开展协商对话,增进理解,凝练共识,这是人工智能时代共建共享共治的合作基础。

---

① 程莹、朱家豪:《世界经济论坛发布〈人工智能治理历程:发展和机遇〉报告》,信通院互联网法律研究中心微信公众号,2021年12月6日,https://mp.weixin.qq.com/s/2viDH7XHCZQRYsi58i8NoQ,2021年12月8日最后登录。

在中观层面上，社会组织、大学及科研机构、科技企业等主体应该积极合作，加大软法规范的供给力度，满足人工智能治理的需求。人工智能的高度复杂性、风险性、迭代性等特点，意味着任何单一的治理模式都不可能胜任。本质上，人工智能治理需要多方主体之间的协同与合作。无论是政府主导的治理，还是民间形成的治理，都有各自的优缺点，只有所有主体协同合作，取长补短，才能实现人工治理的有效治理。根据上文的研究分析，目前我国软法规范多以政府机关主导，社会组织、科技企业自主创制的较少，科研机构自主创制的则更少。这就需要社会组织、科技企业、大学和科研机构等多元主体，提高积极主动性，依据官方主导的治理原则和伦理框架，围绕人工智能的治理目标，采取多样化的治理策略，创制不同阶段、不同场景的软法规范，并积极贯彻实施之。尤其是大学和科研机构，凭借其在科学技术研究方面的权威性以及非市场主体的地位，创制的软法规范能得到社会更广泛的认同，还可开展对官方有关政策的影响评估。遗憾的是，大学和科研机构近几年在人工智能软法创制方面多为配角角色，多数情况下似乎仅起到为其他创制主体作信誉背书的作用。因此，大学和科研机构需要以更多的"主人翁"姿态参与人工智能有关软法规范的创制活动之中。在具体规范路径上，多元主体可以采取行业标准、自律公约、最佳实践做法、技术指南等敏捷灵活的治理方式来规范、引导人工智能的发展应用。

在微观层面上，首先，要培育民众对人工智能产品的信任。软法格外强调规范主体的自愿性。保证各主体对人工智能有关软法规范遵从的基础在于民众对人工智能产品的信任。只有民众对人工智能产品接受度高，人工智能产品普及率才能提升，人工智能的各类软法规范才有用武之地。提升民众对人工智能产品的信任关键在于建立相应的质量认证体系和信任评价体系。两者可帮助消费者对人工智能系统的可靠性和问责性加深了解，以便建立信任。为此目的，我国应坚持以质量为核心的评价标准，改变政府作为唯一"裁判员"的传统做法，扩大核心评价的主体范围，将民众和第三方质量评估机构引入人工智能治理的评价之中，以"量化"和"质化"指标，实行结果评价和过程评价并举之策。[①] 国外已有探索尝试之例，比如，欧盟委员会白皮书已提出了“自愿标签计划”，IEEE 也提出了自律和智能系统伦理认证计划等措施。其次，多元主体要加强内部治理。人工智能的治理缺少不了多元主体的参与，而多元主体内部治理水平的高低则是其能否发挥软法治理功能的关键所在。目前，我国有关人工智能的社会组织的自治水平还有待提高，其组织成员的代表性还有待加强。科技企业有关社会责任的意识和实施机制还有待加强。大学及科研院所和科技企业需要建立伦理委员会，指导人工智能伦理风险评估、监控和实时应对，使人工智能伦理考量贯穿在人工智能设计、研发和应用的全生命周期之中。最后，国家要加大有关人工智能的基础教育和培训。一方面，需要提升民众的数字素养，提高其对人工智能相关产品的技能水平。目前，我国已发布了《提升全民数字素养与技能行动纲要》，在这方面作出了初步部署。[②] 另一方面，需要针对技术人员和从业者开展伦理教育，使其做到自律，在工作和服务中，自觉地将伦理要求嵌入人工智能系统。这些都将为人工智能软法治理打下坚实的底层基础。

三、完善我国人工智能软法治理的具体措施

（一）建立或完善多元参与和民主协商机制

纵观我国各类有关人工智能的软法规范，可以发现一定程度上都存在的共性问题：创制过程欠缺多元参与性和民主协商性。即使是国务院、新一代人工智能治理专业委员会、相关的全国标准化委员会等在创制过程设有征集意见环节，但这更接近于传统硬法重视民意的做法，而非软法所应具备的民主协

① 张勇、刘爱莲：《人工智能治理精准化论要》，载《江汉大学学报（社会科学版）》2021 年第 8 期。

② 中央网络安全和信息化委员会印发《提升全民数字素养与技能行动纲要》，中国网信网，2021 年 11 月 5 日，http://www.cac.gov.cn/2021-11/05/c_1637708867331677.htm，2021 年 12 月 8 日最后登录。

商形式。软法的民主协商是其正当性的来源所在,也只有在创制过程中注重对话与沟通,强调共识和认同,才能最大限度地基于合意作出公共决策。因此,建立或完善多元参与和民主协商机制才能真正实现人工智能社会的共建共享共治。

从横向上看,应该尽最大可能地扩大参与主体的范围。人工智能具有跨行业、跨领域、多场景应用的特点,决定了其软法治理必然离不开多元主体的参与。每个利益相关者都有其重要的视角,都有确保人工智能治理的既得利益。在民主协商过程中,利益相关者还可以分享其人工智能治理的实践经验,帮助制定主体开阔思路,集思广益。多元参与还有助于增加人工智能商业上的收益,据某调查显示,72%的受访者认为富有参与性的治理策略提高了人工智能的盈利效益,同时62%的受访者认为它们降低了运营风险。[①] 目前,人工智能的软法规范创制中多重视专家意见和业界意见,对民众意见重视和采纳程度不高,导致许多软法规范技术色彩浓重,而民众需求反映度不高。虽然民众意见多偏感性,价值偏好和自身利益较为明显,但专家的意见也难保完全客观理性,而业界的意见也有其明显的价值倾向。只有将政府、业界、专家、社会组织、民众置于同一平台,就相关软法规范进行协商,互相交流,表达彼此,尽可能地充分综合所有利益相关者的意见,并从中剔除非理性之处,才能保证所制软法规范的科学性和合理性。

从纵向来看,应该提高利益相关者的参与程度。根据美国学者谢里·安斯坦(Sherry Arnstein)的市民参与阶梯理论,公众参与可划分为三种层次:假参与、表面参与、深度参与。其中表面参与通常表现为:一般公开说明会、听证会、民意调查等。[②] 从现有公开的信息源来看,我国人工智能软法创制中征集

① 程莹、朱家豪:《世界经济论坛发布〈人工智能治理历程:发展和机遇〉报告》,信通院互联网法律研究中心微信公众号,2021年12月6日,https://mp.weixin.qq.com/s/2viDH7XHCZQRYsi58i8NoQ,2021年12月8日最后登录。

② 桂萍:《重大行政决策的公众参与制度研究》,苏州大学出版社2016年版,第162—164页,转引自冯子轩、刘捷鸣:《环境标准治理的软法进路》,载《治理现代化研究》2020年第5期。

民意的环节几乎可视为该理论中的“表面参与”。这种程度的参与并未充分体现软法的沟通和协商最大特征，也不利于发挥软法独有的功能。因此，应该尽可能地提高利益相关者在软法创制中的参与程度。除开国家层面的重大战略规划，官方机构可在治理原则、伦理框架、标准制定等方面下放一定的权力，给予利益相关者参与权、决策权和监督权，切实提高利益相关者的主体地位，以平等的姿态与各方主体协商后再作出最终决策方案。此外，官方机构、民间机构、社会组织等要建立常态化的意见反馈机制，让利益相关者的意见得到有效反馈，以便了解和掌握其意见是否被采纳以及采纳的程度。最后，由于人工智能的技术性和专业性，利益相关者，尤其是普通民众，应该尽量学习有关知识，培训有关技能，提高自身的参与能力。

（二）建立或完善软法规范的实施机制

法律的生命在于实施，于软法也不例外。根据美国亚利桑那州立大学的研究显示，当前全球仅有大约30%的人工智能软法项目公开提到了执行或实施机制。① 总体看来，目前全球人工智能软法治理停留在原则层面较多，还缺乏操作层面的具体规范。根据上文的研究，我国人工智能软法规范对实施机制的设置或是着墨不多，或是未有提及。当然，这并非意味着我国人工智能软法规范实际缺乏实施。官方机构的产业政策、指导意见等规范性文件一般都有相应的实施机制，并已运行多年。比如，国务院颁布的产业政策类软法规范就有着强力的直接手段（行政命令、市场准入限制等）和诱导的间接手段（财政、税收、政府采购等）来保障其实施。而行政指导意见类软法主要依靠国家权威，或者国家强制力的某种暗示来促成软法目标的实现。相较之下，治理原则、共识宣言之类的更多提供指引功能的软法规范，主要凭借社会舆论、道德自律等产生的社会压力，来迫使相关主体自觉遵循软法规范。而对于伦理规

① Gary Marchant, Carlos Ignacio Gutierrez, A Global Perspective of Soft Law Programs for the Goverance of Artificial Intelligence, Arizona State University, 2021, p.9.

范、非强制性标准、行业自律公约等更多起到规范功能的软法,则需要在实施机制方面作更多的完善。本小节主要是针对这部分软法规范来展开完善其实施机制的探讨。

首先,要明确软法规范的实施主体。如前所述,除了《伦理规范》中有对实施主体作出一般规定之外,其他的行业自律公约中几乎未有提及实施主体。因此,制定主体应适时修改这些规范,明确其实施主体。需要注意的是,人工智能在研发、供应、应用等不同阶段,有可能存在多个实施主体,相应的要求也不同。因此,需要明确不同阶段实施主体的自身角色属性,划分好各自实施工作的范围和重点,并强调相互之间的合作共赢。其次,要建立"预备—实施—监督"的全过程实施机制。申言之,在预备的事前阶段,政府、社会组织、科技企业等需要构建相应的文化氛围。人工智能全生命周期的实施都需要社会各界的投入与支持。为了保证实施过程的顺畅,政府、社会组织等需要通过教育培训或社会宣传不断向从业者和民众传播治理原则、伦理意识、共同价值观等内容,以增加从业者和民众对相关软法规范的普遍认同和理解,避免他们的抵触情绪。在具体实施的阶段,实施主体要分场景和领域做出有针对性的实施举措,将治理原则、伦理规范等意识嵌入到人工智能项目之中。由于人工智能存在较大的不确定性,实施主体可以考虑建立风险分类清单,以便优先考虑和处理已经确定的风险。另外,实施主体要注意采取多样的实施手段,比如,借助利益刺激,因势利导,激励相关受体遵循软法规范;也可以通过内部罚则,剥夺成员资格或限制其行为能力,以迫使成员遵守软法规范。软法规范的实施要始终处于监督之下。各软法项目应该建立相关的监督机构或监督人员,或者通过第三方的外部监督,对实施规范的效力,实施主体的能力,各利益方责任的分配、权限等进行监督,保证实施规范运行。

(三)建立软硬法衔接与融合机制

人工智能的复杂性、风险性、跨行业、跨部门、多场景等诸多特点决定了其治理需要软硬法的有效衔接和融合。如前所述，目前我国网络信息领域的硬法虽然有涉及技术标准的条款，但多为委任性质，明确援引技术标准的准用性规范并不多见。即使硬法已设置了准用性条款，也因其对相关软法的不甚了解，出现过两者规定不相符的情形。[①] 因此，在人工智能领域，我国软硬法衔接机制仍然欠缺，影响了两者之间的融合。为了改善此种局面，立法机关和软法制定主体应该积极协作，构建以"基础性硬法+具体软法规则"为基本框架，"硬中有软"、"软中带硬"的软硬法混合治理体系。

就硬法方面而言，我国正在逐步形成有关数据、个人信息保护方面的基本法律制度，同时也在探索制定以人工智能应用场景的专项法律制度，比如，2021 年 7 月最高人民法院发布有关人脸识别的司法解释。[②] 为了做好软硬法衔接和融合，立法机关应该注意三点：第一，在制定有关人工智能基础性法律时，注意将有关的治理原则、伦理规范吸收进法律条文之中。治理原则和伦理规范等软法规范一般是社会民众取得共识的成果，如果在实践中能够有效运行，则证明它们已经得到了社会民众的普遍认可，这时硬法可以将其中的伦理道德精神吸收进法律条文，以增加其被社会认同的可能，进而真正起到规范作用，所谓"硬中有软"。第二，在制定有关人工智能专项法律时，注意多设置一些准用性条款，为软法带来硬度，所谓"软中带硬"。一般而言，硬法的任务多在规定价值目标、法律关系内容以及总体的制度框架。对于实现立法目的的具体的技术路线和实现方式，硬法因需恪守一定的稳定性要求，不便过多涉及。而这正是标准之类的软法规范最佳发挥的空间。准用性规范能够为软法规范确立"硬"的效力以及适用情形。通过准用性规范，硬法可以将难以预先确定原理及进路的技术规制任务交由软法实施，而其自身只需为软法的选择

---

① 张欣：《我国人工智能技术标准的治理效能、路径反思与因应之道》，载《中国法律评论》2021 年第 5 期。

② 《最高人民法院关于审理使用人脸识别技术处理个人信息相关民事案件适用法律若干问题的规定》，法释〔2021〕15 号。

和运用确定前提条件与具体目标。[①] 如此，硬法同样可以对人工智能应用实现精准规制。第三，在涉及有关人工智能技术术语、分类、操作规程等基础性概念时，应注意与已经制定并实施的国家标准、行业标准相衔接，保持在使用术语和分类、界定技术流程等方面的连贯与一致，避免法律与技术实践的脱节。

就软法方面而言，要做好软硬法衔接和融合的前提是软法“自身硬”。该处的“硬”并非指软法具备国家强制力保障实施，而是指软法必须要“有硬气”和“质量硬”。“有硬气”指的是在软法制定过程中，制定主体要严格遵守硬法的各项规定，确保软法内容不与相关硬法规定相违背，尤其不能损害义务主体的法定权利。“质量硬”指的是制定主体应该努力提升软法在制定时的民主协商性和内容上的科学性、规范性，要注意各项软法之间的协调一致，这对人工智能领域的标准制定来说尤为重要；也可考虑借鉴硬法的立法后评估制度，建立制度化的软法后评估机制，及时反馈更新。相比国外，我国人工智能领域软法规范在整体数量上并不占优。各软法制定主体应该进一步开展新技术新应用的前瞻性研究以及治理需求调研，为我国人工智能的不同应用场景提供更多规则产品，填补硬法的空白，也为将来相关硬法的制定奠定基础。

（四）加强内部治理

加强治理主体的内部治理是提升人工智能软法治理的重要举措。人工智能软法治理的主要主体有政府部门、社会组织、人工智能科技企业等。由于本书之前的章节已就互联网行业组织的内部治理问题进行过阐述，考虑到问题的相似性，故本节不再对此展开讨论。而政府部门的内部治理是一个更为宏大和复杂的命题且不在本书的研究范围，故本节仅对加强科技企业的内部治理问题作一番简要思考。

---

① 蔡星月：《人工智能的“标准之治”》，载《中国法律评论》2021 年第 5 期。

1. 建立企业人工智能伦理委员会

人工智能科技企业既是人工智能治理的受体，也是人工智能治理的主体。如前所述，我国的腾讯等头部科技企业已就人工智能提出了自己的伦理框架，但是目前这些类似原则和伦理规范似乎只是停留在纸上，从公开的信息源来看，我国科技企业并没有具体的技术和制度方案。如何将官方机构以及企业本身提出的治理原则和伦理规范落地实施，这是我国科技企业需要认真对待的一个问题。在国外，谷歌公司和微软公司成立了伦理审查委员会，①可为我国相关企业提供借鉴。人工智能伦理委员会成立的目的主要在于确保合伦理性在人工智能产品开发时作为一项重要的考量因素，以及在产品全生命周期进行独立、专业的伦理审查。委员会一般具备这些职能：领导人工智能伦理风险控制流程的实施及监督、参与人工智能伦理风险评估、审查伦理评价结果、定期审查决策执行情况等。委员会的成员可以是本企业的产品开发、法律事务、人力资源等部门负责人，也可以是多样化背景的外部人员，比如，经济学家、伦理学家、计算机学家等。我国人工智能科技企业可探索建立自身的人工智能伦理委员会制度，从企业发展的角度对涉及的伦理问题作出分析，协助企业作出正确的决策，落实相关人工智能伦理规范。目前我国已有企业做出了初步探索。2018 年，今日头条成立了技术战略委员会，这一委员会实质上承担了目标伦理委员会的职能。②

2. 强化企业的社会责任

强化科技企业的社会责任也是提高我国人工智能治理水平的重要途径。企业的社会责任一般是指企业承担的对消费者、社区、环境等方面的责任，强调不能仅把利润作为企业的唯一目标。本书认为我国人工智能科技企业的社

---

① 《人工智能企业要组建道德委员会，该怎么做?》，《新京报》2019 年 7 月 26 日，https://www.sohu.com/a/329496405_114988，2021 年 10 月 8 日最后登录。

② 《今日头条成立技术战略委员会　张一鸣：AI 企业要对未来负责任》，和讯新闻网，2017 年 12 月 1 日，http://news.hexun.com/2017-12-01/191838791.html，2021 年 10 月 8 日最后登录。

会责任应该包含如下几个方面。①

（1）对国家和政府

人工智能科技企业作为“公司公民”，首先应该遵守国家的各项法律法规和政府的各项规定，接受政府的监督。这些都是全体社会公民所必须遵守的行为准则，是社会秩序得以维护的基本保障手段。在守法和守规的过程中，人工智能科技企业就承担了最基本的社会责任，对社会基本秩序的维护做出了自己的贡献。除开最基本的守法义务，人工智能科技企业还需要额外承担一些网络和信息安全保障义务，比如，健全内部安全体系建设，增强技术防范能力等，积极融入到国家的信息安全建设。此外，某些人工智能科技企业作为社会媒介，比如搜索引擎公司，能够控制信息的流动，掌握了一定的话语权和监督权，因此，还需承担正确引导网络舆论，积极传播正能量，弘扬社会主义核心价值观，尊重社会公序良俗，恪守社会公德、商业道德和反映民意等义务。②

（2）对客户

人工智能科技企业对客户的责任包括：第一，保障客户个人信息和财产的安全。客户在购买、使用和接受服务时，享有个人隐私不被泄露，个人财产不被侵犯的权利。第二，保障客户的知情权。人工智能科技企业需要做出一定的信息披露，使客户对其各项服务的情况有所了解，建立算法应用反馈投诉举报渠道，积极回应客户意见和建议。第三，保障客户的自主选择权。客户有权自主选择信息服务的经营者，自主选择服务方式，自主决定接受或不接受任何一项服务，提供不针对个人特征的选项、便捷选择或退出算法应用服务的选项。第四，积极审查客户的相关资质。人工智能科技企业在提供有偿服务之前，应该严格审查客户的相关资质。对于不具备资质条件的客户，应该拒绝对其进行商业推广。③ 第五，尊重客户的求偿权。当客户的合法权益受到损害

① 龙龙：《论搜索引擎公司的社会责任》，载《学术探索》2018 年第 2 期。
② 龙龙：《论搜索引擎公司的社会责任》，载《学术探索》2018 年第 2 期。
③ 龙龙：《论搜索引擎公司的社会责任》，载《学术探索》2018 年第 2 期。

时,人工智能科技企业应该积极与之协商解决,弥补客户受到的损失,构建和谐的消费环境。第六,努力提升客户体验,提供多样化的信息服务。互联网经济强调客户体验,人工智能科技企业应该积极创新,以客户需求为导向,努力提高自身的服务质量,丰富自己的服务种类。

(3)对一般网民

鉴于国内外著名的搜索引擎公司都是人工智能科技企业的翘楚,比如谷歌公司和百度公司,而搜索引擎公司的实际法律地位是基于"算法的信息发布者",是一般网民进入网络空间的"守门人",有必要就搜索引擎公司对一般网民的特殊企业责任做一点探讨。在信息爆炸的时代,每个网民几乎都离不开搜索引擎的信息检索服务,搜索引擎对网民的认知、行为决策,乃至思想都有着重大影响。因此,搜索引擎公司在设计算法责任框架时,应考量算法处理数据所涉的利益类型以及算法对用户行为的干预能力等。搜索引擎公司应该尽可能地提供公正、客观、权威的搜索结果,从技术上和政策上保障网民的信息自主权和知情权,保证信息传播的多样性,保证信息整合、筛选和排列的质量,设立举报投诉通道,以便更好地为网民提供信息检索服务。当一般信息检索服务和商业营销服务有可能冲突时,搜索引擎公司应该采取一定的克制态度,不能过于偏向后者,至少要做到醒目区分自然搜索结果与付费搜索信息,并对网民因受商业推广信息误导而造成的损失予以先行赔付。当然,由于网络空间的信息良莠不齐,搜索引擎公司需要抵制网络违法与不良信息的传播,积极参与网络生态治理,努力为网民建构清朗网络空间。

(4)对其他竞争者

人工智能科技企业对与之存在竞争关系的其他企业,也需承担一定的社会责任。人工智能科技企业应该诚信经营,不采取垄断、不正当竞争等手段排挤其他同类企业,应该与其他互联网企业加强互动合作,发挥各自特长,实现优势互补,促进良性竞争,才可能形成健康的市场竞争环境,推动互联网经济的发展。

(5)对相关权利人

互联网是侵权行为的高发地。提供信息服务的人工智能科技企业在给人们提供便利的同时,也有可能成为网络侵权行为的助推器。因此,人工智能科技企业对相关权利人也存在一定的社会责任。当相关的人格权、知识产权等权利人受到第三方侵害时,人工智能科技企业不能对侵权行为提供任何帮助,也不能怠于采取措施而使侵权影响扩大,更不能鼓励、教唆第三方侵害权利人的权利。人工智能科技企业应该对权利人的维权活动予以积极配合和提供技术帮助,并且还应该主动建立相关机制事先减少侵权行为的产生。当然,由于海量信息监管的困难和成本问题,以及鼓励技术创新的考虑,人工智能科技企业在这一点上只承担适当的社会责任。

(6)其他

跟其他企业一样,人工智能科技企业还对雇员、债权人、社区以及社会公益事业承担社会责任。比如,在劳动法意义上对雇员实现其就业和择业权、劳动报酬索取权、休息权、劳动安全卫生保障权等;对债权人承担合同义务和相关法定义务;积极参与并资助社区活动;积极参与社会公益活动、福利事业和慈善事业等。

人工智能科技企业的社会责任可以通过法定义务、行业自律等多种途径实现。① 法定义务是人工智能科技企业最低限度的社会责任行为准则。我国《公司法》第5条明确规定公司应当承担社会责任。这一条款是软法性质的倡导性、宣示性条款,无具体的义务内容,但是具备了法律原则的功能,对人工智能科技企业的行为有一定的指引作用。2016年的《网络安全法》首次就"网络运营者的社会责任"作出了原则性的规定,根据其第9条的规定,网络运营者开展经营和服务活动,必须遵守法律、行政法规,尊重社会公德,遵守商业道

① 龙龙:《论搜索引擎公司的社会责任》,载《学术探索》2018年第2期。

德，诚实信用，履行网络安全保护义务，接受政府和社会的监督，承担社会责任。2021年《个人信息保护法》第58条规定，提供重要互联网平台服务、用户数量巨大、业务类型复杂的个人信息处理者应当定期发布个人信息保护社会责任报告，接受社会监督。此外，人工智能科技企业社会责任的法定义务还散见于各个公司行为的立法中，如《消费者权益保护法》等。

法律法规虽然可以凭借国家强制力推行，但不能囊括所有的社会行为。行业自治性规则和标准等软法规范可以填补法律法规的空白，并且具有提供法律法规所不具备的灵活性、针对性和高要求的特点。自治规则和标准对公司的声誉、准入资格、产品服务竞争力方面有很强的影响，并提供了具体量化的标准，能对企业的行为产生较大的约束力。比如，由社会责任国际组织（SAI）制定的企业社会责任国际标准（SA8000），把企业的人本管理、商业道德和精神文明等要求指标化，得到了很多大企业的广泛接受和认可。① 当然，由于人工智能科技企业的特殊性，这类通用的国际标准不一定完全适用，还需要专门的行业自治规则和标准。在这方面，前述的《人工智能自律公约（征求意见稿）》和《互联网信息服务算法应用自律公约》已经做出了有益的尝试。前者的第十条自律自治规定，强化企业的社会责任意识，在人工智能相关活动各环节中融入伦理原则，实施伦理自查。后者也要求互联网信息服务企业在算法应用的设计、研发、运营、推广等全生命周期，严格遵守该公约的各项条款约束，以实际行动积极承担算法治理社会责任。目前我国还缺少独立的第三方认证和审核机构。如若人工智能科技企业社会责任标准认证机制建立起来，对公司履行社会责任的情况给予客观的评估和审核，并定期公布评估结果，可以促使其更好地履行社会责任。

① 胡晓静：《论公司社会责任：内涵、外延和实现机制》，载《法制与社会发展》2010年第2期。

第七章　网络空间的国际软法之治

网络空间是人类共同的生活空间,相互依存,休戚与共。基于网络空间的无国界性,国际软法之治也是网络空间软法治理的重要组成部分。囿于篇幅和研究重点,本章仅对网络空间的国际软法之治作一点简略研究。

第一节　网络空间国际软法概述

一、国际软法的概念

软法的概念肇始于国际法领域。因本书之前有关章节已就软法的基本概念有过讨论,这里不再赘述。借鉴弗朗西斯·施耐德(Francis Snyder)教授对软法的定义,在国际法语境下,国际软法是与国际条约之类的硬法相对的概念,一般指国际组织、政府、非政府组织、行业协会、民间团体等主体制定的、不具有法律约束力但却有实际行为规范效力的国际文件。需要指出的是,如同国内软法一样,有关国际软法的争议也是一直存在。在国际软法的概念争议上,有学者指出,法即有约束力,法律本就是硬性的,因此,"软法"的概念是自相矛盾。[1] 有

① L.Henkin et al., *Human Rights*(2th ed.), New York:Foundation Press:245.

学者认为“软法”的提法可能具有误导性。[①] 有学者认为软法的概念没有实际意义，有让人误以为法律约束形式存在不同阶次的弊端。[②] 在国际软法的规范属性分析上，马尔科姆·肖（M.Shaw）指出，即使软法在环境和经济领域具有重要作用和影响力，但它们在性质上并非法律规范。[③] 贾兵兵也指出，软法并不在《国际法院规约》第38条所立的列表之内，软法的表述方式没有准确地反映出国际法具有法律约束力的性质，因而不是国际法的一种渊源。[④] 但何志鹏认为《国际法院规约》的列举并非穷尽，有必要超越非黑即白二分法认知的窠臼，软法对国际法渊源形式具有推动作用，而且可以成为一种新的渊源。[⑤] 而居梦则认为，软法可以成为《国际法院规约》第38条第四款所谓的辅助性资料，构成说明现有国际法原则、规则或产生新的国际法原则、规则的重要证据。[⑥]

二、网络空间国际软法的勃兴

网络空间层出不穷的网络安全事件是催生国际软法的直接原因。2007年4月，因搬迁苏联士兵雕塑决定所引起的争议，爱沙尼亚遭遇了一场大规模且深入的网络袭击，导致该国议会、政府、银行和媒体在内的许多网站瘫痪、崩溃并被迫关闭。因爱沙尼亚当时政治和商务活动的网络化程度很高，此次网络攻击几乎切断了该国与外界的联系，严重影响了该国人民的日常生活，被国际社会视为人类历史上第一场国家层面的网络战争。2013年的“棱镜门”事件则向国际社会证实：美国国家安全局联合美国互联网巨头有能力且已长久

① M.E.O' Connel et al.(2010), *The International Legal System: Cases and Materials*, New York: Foundation Press: 159.

② J.Klabbers(2013), *International Law*, Cambridge: Cambridge University Press: 38.

③ M.Shaw(2014), *International Law*, Cambridge: Cambridge University Press: 84–85.

④ 贾兵兵：《国际公法：和平时期的解释与适用》，清华大学出版社2015年版，第52页。

⑤ 何志鹏：《逆全球化潮流与国际软法的趋势》，载《武汉大学学报（哲学社会科学版）》2017年第4期。

⑥ 居梦：《网络空间国际软法研究》，武汉大学出版社2021年版，第33页。

监视/监听使用相关网络服务的各国用户，并曾对包括中国在内的一些国家实施大规模网络攻击。这两起代表性网络安全事件直接导致了相关国际软法文件的产生。在爱沙尼亚遭受网络攻击事件之后，北约授权其智库“网络合作防御卓越中心”出台了《关于可适用于网络战的国际法的塔林手册》。而在“棱镜门”计划被曝光之后，在德国、巴西等多个国家联合提出决议草案的情况下，联合国大会通过了数字时代隐私权的第 68/167 号决议，敦促所有国家尊重并保护数字通信领域内公民的隐私权。

多利益攸关方模式是网络空间国际软法形成的另一重要推力。“多利益攸关方”(multi-stakeholder)模式为网络空间全球治理领域提及率较高的一种治理模式。该模式在信息社会世界峰会(WSIS)上被明确提出，指的是不同的利益攸关方可以参与互联网的集体发展和塑造进程，①由联合国 56/183 号决议所确认。② 在互联网领域之外，“多利益攸关方”作为一种治理模式在公司治理、环境治理、金融治理等领域有着悠久历史。在互联网领域，该模式起源于互联网社群(Internet Community)③对互联网治理的认识，受自由主义思想的影响较深，后为美国所主导。多利益攸关方模式推动了国际软法文件的形成。比如，《日内瓦原则宣言》《日内瓦行动计划》《突尼斯承诺》《突尼斯议程》等在 2003 年和 2005 年两次信息社会世界峰会上作为成果文件被发布，为全球顶级域名解析系统的根目录管理、域名分配与管理、安全与可接入性、言论自由与信息自由流动等问题提供了原则框架。除此之外，该模式还促进了相关国际进程的形成。比如，2011 年倡导网络空间治理“公私伙伴关系”

---

① Avri Doria,“Use [and Abuse] of Multistakeholderism in the Internet”2013, available at: https://psg.com/~avri/papers/Use%20and%20Abuse%20of%20MSism-130902.pdf., 2024 年 2 月 2 日最后登录。

② Resolution adopted by the General Assembly, World Summit on the Information Society, UN General Assembly Documents A/RES/56/183, 31 January, 2002.

③ “互联网社群”指创造和发明互联网的科学家、工程师以及相关研究人员所组成的跨国网络组织，其成员来自技术标准制定、软件开发、硬件研发、互联网法律法规制定等不同背景领域。见鲁传颖:《网络空间治理与多利益攸关方理论》，时事出版社 2016 年版，第 7 页。

(public private partnership,PPP)的"伦敦进程"(London Progress),是网络安全相关问题的重要国际磋商和对话进程。该进程由西方国家发起和主导,有着较为严重的缺陷,①但其中多次会议及其成果文件对于推动网络空间国际软法获得世界认同起到了重要作用。②

最后,网络空间国际硬法的供给不足也在客观上促进了国际软法的兴起。网络空间本身的虚拟性、技术性等特点,再加上各国在该领域内意识形态和价值观的分歧,严重阻碍了国际条约的制定或者国际习惯的形成。网络空间国际硬法的出台严重滞后于网络空间的发展节奏,尤其在发展速度更快、利益更加多元、技术存在不确定性的人工智能时代。在此局面下,网络空间对灵活高效、适用成本低的国际软法产生了很大的需求,而国际软法也在很多具体领域起到了"规则填充器"的作用。

三、网络空间国际软法的渊源

网络空间国际软法规范涉及的主题、内容繁多,既有互联网治理这样的大议题,又有网络安全、网络犯罪、人工智能等具体问题。根据不同的制定主体,可大致将网络空间国际软法的渊源分为三类。第一类是国际组织颁布的不具有约束力的决议、指南、宣言、建议、框架等文件。联合国及其下属机构颁布的多项国际文件是这一类型的典型代表,比如,《反对将信息通信技术用于犯罪》的决议、上述《日内瓦原则宣言》等四份国际文件、《信息安全国际行为准则》、《机器人伦理报告》、《人工智能伦理问题建议书》、《儿童在线保护行业指南》等。除此之外,区域性国际组织也颁布过不少国际软法文件,比如,欧盟的《欧盟网络安全战略》、《为欧洲儿童提供更好互联网》、北大西洋公约组织的《塔林手册》(包括1.0版和2.0版)、亚太经济合作组织的《隐私框架》、

① 黄志雄:《2011年"伦敦进程"与网络安全国际立法的未来走向》,载《法学评论》2013年第4期。

② 居梦:《网络空间国际软法研究》,武汉大学出版社2021年版,第47页。

上海合作组织的《关于数字化和信息通信技术领域合作的构想》。第二类是国家间联合发布的公告、声明、谅解备忘录以及多边或双边非强制性协议。比如,巴西公布的《NETmundial 多利益攸关方声明》,中国与阿拉伯国家联盟、中亚五国《中阿数据安全合作倡议》、《“中国+中亚五国”数据安全合作倡议》,美国联合二十多个国家发布的《关于在网络空间促进负责任的国家行为的联合声明》等。第三类是非政府组织、国际性科研机构等提出的规范建议、原则、愿景、倡议、标准等。比如,电气与电子工程师协会(IEEE)发布的《合伦理设计:利用人工智能和自主系统(AI/AS)最大化人类福祉的愿景》、生命未来研究所(Future of Life Institute)发布的《阿西洛马人工智能原则》、互联网工程任务组(IETF)制定的各项国际互联网技术标准等。

第二节　网络空间国际软法治理的优势与局限

一、网络空间国际软法治理的优势

本书第三章已阐述过网络空间软法治理的现实性和优越性,因此本章不再赘述一般性的相关内容,而是从国际法层面上对国际软法治理的优势作一番具体分析。国际法视角下,软法治理的一大主要优势在于其适用成本低,这一点在网络空间领域内尤为重要。随着信息革命所带来的深刻变革,网络空间早已成为人类活动的第五空间。以美国为首的西方国家凭借其技术实力,一直在试图抢占这一领域的制高点。网络空间也因此成为了大国角逐的“竞技场”。网络空间的国际秩序之所以一直处于较为混乱的状态,除开技术带来的难题原因之外,就在于不同国家之间价值观、理念上的分歧和根本利益的冲突。在这样一个错综复杂的新兴领域内,签订具备法律约束力的国际条约需要各国付出更多的精力进行磋商、谈判,反复斟酌。高昂的时间成本是导致网络空间国际硬法难产的一大阻力。相较之下,软法虽然没有约束力,但因其较低的适用成本而受到国际社会的青睐。这方面,美国学者 Andrew Guzman 和 Timothy Meyer 提出的“损失规避理论”(loss avoidance theory)很好地解释了为什么国家偏向采用软法。因为具备约束力,硬法的制裁更为严厉,制裁不但会阻止更多违反规则的行为,并且因其在国际体系中是负和的(negative-sum),也会增加各参与方的净损失。当违反规则的预期损失而产生的边际成本超过了禁止违反规则的边际收益时,国家就会倾向于选择软法。① 在网络空间治理的探索阶段,国家的治理责任还未明晰,若采用刚性的国际硬法治理网络空间,有可能会对国家施加过重的义务,在违反硬法义务所遭受严厉制裁的预期下,一个国家会更加谨慎,因而对进入网络空间国际治理领域踌躇不前。② 而软法不会对参与主体施以国家义务以及违反软法规则时处以严厉制裁。因此,在吸引广大国家积极参与网络空间治理,进而促进各国就网络治理议题达成共识并付诸实践方面,软法相比硬法具有明显的成本优势。

国际软法治理的另一大优势在于能够推动国际社会在网络空间治理中形成共识。作为数字技术下的新生事物,国家对国际法规则能否适用于网络空间是存在很大争议的。网络主权是这一方面的争议代表。在互联网发展的早期阶段,不少西方国家受自由主义思想的影响,主张互联网应是自由开放、互联互通的,应由其自我规制,而不应受国家或政府的干预。这种认识实质上是排除了国家主权原则在网络空间的适用。而中国、俄罗斯等国则与之针锋相对,始终强调国家主权原则适用于网络空间,应尊重各国的网络主权。2011 年中国、俄罗斯等国向联大提交《信息安全国际行为准则》草案,呼吁各国在联合国框架内就制订有关国际规则、规范信息和网络空间行为展开进一步讨论,重申与互联网有关的公共政策问题的决策权是各国的主权,并明确指出:“各国有责任和权利依法保护本国信息空间及关键信息基础设施免受威胁、

① Andrew Guzman, Timothy Meyer, International Soft Law, 2 *Journal of Legal Analysis* (2010): 171.

② 张玉凯:《互联网国际治理的软法之维》,载《宁夏社会科学》2017 年第 4 期。

干扰和攻击破坏”。[①] 然而，这一呼吁在当时并未受到西方主流国家的积极响应。随着后续几年网络安全事件的频发，尤其是“棱镜门”事件震惊了世界各国，包括欧美发达国家在内的国际社会不约而同地加强了对网络安全问题的重视。在这一背景下，一些欧美国家与中国、俄罗斯等国家在网络主权问题上逐渐产生了共识基础。在这个过程中，形式灵活、未有约束力但有影响力的相关国际软法，比如，2013 年北约发布的《塔林手册 2.0》、2013 年伦敦进程的《首尔框架》、2015 年联合国第四届信息安全政府专家组的报告等[②]，对于推动国家主权原则在网络空间的适用起到了“逐步确认、渐进发展”的作用。[③]

二、网络空间国际软法治理的局限

虽然国际软法在网络空间治理中发挥着重要的作用，但其仍然存在一些局限性。其一，网络空间国际软法的制定和实施受西方国家立场、价值观、政策等影响颇深，不利于网络空间国际秩序的建构。作为互联网诞生地，美国一直在网络空间国际治理领域占据着主导地位。西方国家阵营在相关场合一直不遗余力地宣扬“互联网自由”、“人权保障”、“反对政府监管”等立场；在国际软法规则制定中，维护西方国家核心利益的意图十分明显。比如，被称之为“网络战国际法典”的《塔林手册 1.0》的起草专家组成员和涉及的内容及援引的国家实践，都属于纯正的“西方血统”。[④] 即使在后续的《塔林手册 2.0》中，西方国家阵营作出了适当改变：邀请非西方专家进入起草专家组，听取非西方国家政府代表声音，对“网络主权”的规则作出了较为深入的剖析和具体描述，但其整体立场上仍然以西方国家所持价值观为本位，对可能被用来制约

① 参见联合国大会文件：UN，A/69/723。

② 参见联合国大会第一委员会政府专家组报告：UN，A/70/174。

③ 居梦：《网络空间国际软法研究》，武汉大学出版社 2021 年版，第 81—83 页。

④ 转引自黄志雄：《网络空间国际规则制定的新趋向——基于〈塔林手册 2.0 版〉的考察》，载《厦门大学学报（哲学社会科学版）》2018 年第 1 期。

西方国家利益的数据主权和管辖权、数据跨境流动、网络内容监管等新兴国家所关切的重要问题只字未提。[①] 又比如，作为“多利益攸关方”模式的成功典范——互联网名称与数字地址分配机构（ICANN），自2016年美国政府移交管理权后，表面上获得了完全独立地位，但实质上美国凭借据有的多数主根服务器及辅根服务器以及占据多数的内部工作人员，仍能对其施加控制。在“多利益攸关方”模式的外衣下，美国以保障互联网自由之名，行互联网渗透之实。其二，网络空间国际软法规则自身的模糊性有可能导致缺乏实操性的结果。为了在国际社会最大程度地达成共识并采纳接受，网络空间国际软法创制过程中大量采用模糊性措辞和宽泛性语义的条款，这些条款更接近于法律原则，而非具体的法律规则，有可能在实施过程中导致国家的理解恣意性和裁量的宽泛性问题，难以保证实施的效果。比如，联合国大会第一委员会政府专家组报告中指出，“一国不应违反国际法规定的义务，从事或故意支持蓄意破坏关键基础设施或以其他方式损害为公众提供服务的关键基础设施的利用和运行的信息通信技术”[②]，但对于如何确定网络攻击的归因，以及攻击所在国应负有何种责任等关键问题却未提供具体指引。其三，网络空间国际软法规则存在碎片化和分散化问题。网络空间国际软法参与主体多元化带来了规则渊源多样性的特点。国际组织、国家、非政府组织、公民社会都力图使自己在网络空间治理中的某一主张、意志或观点转化为软法规则。比如，在人工智能治理领域，从联合国教科文组织，到经合组织，到电气与电子工程师协会，再到科研院所均有发布相关的软法文件。虽然这些软法文件共享不少基本原则，但也不可避免地存在冲突的可能，不利于规则的适用。此外，在未有一定的国际硬法协调和保障之下，因各自利益并非完全一致，国际软法参与主体之间是否能够稳定地开展合作共赢，也是一个不容忽视的问题。

① 居梦：《网络空间国际软法研究》，武汉大学出版社2021年版，第94页。

② 联合国大会文件：UN，A/70/174，paras.28（f）.

第三节　中国参与网络空间国际软法治理的现状和建议

一、中国参与网络空间国际软法治理的现状

在习近平法治思想的指引下，中国统筹推进国内法治和涉外法治，运用法治方式维护国家和人民利益能力明显提升。在国际法领域，中国曾长期处于“跟随者”的地位。但作为互联网大国，中国在“网络空间国际规则”这一具体领域的影响力却不可忽视。近年来，中国政府积极参与网络空间国际软法治理，取得了明显的成效。

首先，中国在多场合通过多途径积极发声，向国际社会表达中国关于全球网络空间治理的主张和立场，争取网络空间国际规则制定的话语权。为了破解全球网络空间治理难题，中国贡献了著名的“网络空间命运共同体”理念。在2015年第二届世界互联网大会上，习近平总书记指出：“网络空间是人类共同的活动空间，网络空间前途命运应由世界各国共同掌握。各国应该加强沟通、扩大共识、深化合作，共同构建网络空间命运共同体”。① 这一理念以及其蕴含的“四原则”、“五主张”和新发展的“三倡导”等内容为全球网络空间治理提供了中国智慧和中国方案，得到了国际社会的广泛认同和积极响应。此外，中国政府先后发布《网络空间国际合作战略》、《携手构建网络空间命运共同体》、《新时的代中国网络法治建设》等文件，并向联合国提交《中国关于全球数字治理有关问题的立场》。2023年10月中央网信办发布《全球人工智能治理倡议》，②全面阐述了人工智能全球治理的11项中国主张，其中提到：“发

① 《同心打造网络空间命运共同体》，载《人民日报》2015年12月17日。

② 《全球人工智能治理倡议》，中央网信办，http://www.cac.gov.cn/2023-10/18/c_1699291032884978.htm，2024年2月8日最后登录。

展人工智能应该坚持相互尊重、平等互利的原则，各国无论大小、强弱，无论社会制度如何，都有平等发展和利用人工智能技术的权利……积极支持在联合国框架下讨论成立国际人工智能治理机构，协调国际人工智能发展、安全与治理重大问题”。这些官方文件明确地向国际社会表达了中国有关网络空间国际法治的基本立场和主张：即坚定维护以联合国为核心的国际体系、以国际法为基础的国际秩序，在联合国框架下制定网络空间国际规则和国家行为规范。

其次，中国通过一系列具体实践参与国际软法规则的制定。在上述立场和主张的指引下，中国特别支持发挥联合国在网络空间国际治理中的主渠道作用，与上海合作组织其他成员国一道向联合国提交《信息安全国际行为准则》；提出《全球数据安全倡议》，为讨论制定全球数据安全规则提供蓝本；参与推动联合国达成“网络空间负责任国家行为规范框架”；参与联合国教科文组织制定《人工智能伦理建议书》；与世界知识产权组织等联合国专门机构在域名规则和争议解决等具体领域开展广泛合作。①

最后，中国与不少国家和地区建立网络空间治理交流机制，为国际软法的制定和实施凝聚共识，奠定基础。比如，中俄信息安全磋商机制、中欧网络工作组机制、中国—东盟网络事务对话机制、中日韩三方网络磋商机制等对话机制。又比如，中国与相关国家联合举办“2019 中德互联网经济对话”“中英互联网圆桌会议”“中韩互联网圆桌会议”“中古（巴）互联网圆桌论坛”“中巴（西）互联网治理研讨会”等论坛交流活动，就相关领域的硬软法规则和网络法治实践等方面开展互动交流，平等协商解决分歧。再比如，中国与泰国、印度尼西亚等签署网络安全合作备忘录，积极进行网络安全政策法规交流分享。②

---

① 《新时代的中国网络法治建设》白皮书，国务院新闻办公室，2023 年 3 月。http://www.scio.gov.cn/zfbps/zfbps_2279/202303/t20230320_709278.html，2024 年 2 月最后登录。

② 《新时代的中国网络法治建设》白皮书，国务院新闻办公室，2023 年 3 月。http://www.scio.gov.cn/zfbps/zfbps_2279/202303/t20230320_709278.html，2024 年 2 月最后登录。

二、中国参与网络空间国际软法治理的建议

网络空间国际软法治理是一个较新的国际法领域，中国通过各项有力举措，几乎与西方国家处于同一起跑线上。然而，由于国际法底蕴、国家整体话语权、自身网络法治体制机制等因素的限制，中国也面临“被超车”的风险，有必要进一步加强我国在该领域内的建设。

（一）持续提升中国在网络空间国际软法治理中的话语权

国际软法的应然设定不具有约束力，但通过民主协商和合作参与机制凝聚共识，发挥作用，在实然状态下产生影响力和感召力，以达到规范目的。尤其是，软法的目标不限于实践，还可以塑造认识，诱发期待，寻觅未来硬法。① 因此，在网络空间国际软法治理中争取更大的话语权，让国际社会充分了解中国立场和主张，进而影响、推动国际社会就某些网络治理问题形成国际共识，以维护中国国家利益，最终实现网络空间国际公平正义，是中国需要认真加以研究的策略。通过多年来的不懈努力，中国已经搭建了若干具有国际影响力的话语平台。比如，连续多年举办的世界互联网大会和世界互联网法治论坛，已成为中国向各国政府、国际组织、互联网企业、行业协会、技术社群等各界宣传中国立场、主张和分享网络法治经验的重要平台。然而，与我国官方话语权提升产生鲜明对比的是，我国学者在网络空间国际软法研究中的影响仍然有限。事实上，我国目前只有极少数学者对该领域展开研究。② 权威公法学家学说本是国际法的一大渊源。在国际软法领域，权威学者的学说对于国际共识的影响和塑造同样不可忽视，也契合互联网治理共建共享共治的需要。诚如英国学者麦克格鲁所言："在全球性风险社会中，社会生活的各方面开始受

① 何志鹏、申天娇：《国际软法在全球治理中的效力探究》，载《学术月刊》2021 年第 1 期。

② 截至 2024 年 2 月，中国知网上以“网络空间国际软法”为主题的相关学术论文不到 20 篇，主要由黄志雄、居梦、熬海静、张玉凯等几位学者完成。

到专家的控制,这样一来,全球治理的许多常规领域以及某些最关键领域,就成了职业性的或专家委员会即知识共同体的专有领域。”①因此,中国政府可以考虑进一步加强与学界的联系和投入,吸收相关学者参与决策咨询和国际交流,整合学术资源,加强网络空间国际软法智库建设力度,着力培养一支有一定国际影响力的学者队伍,加大对我国权威学者学说的宣传力度,让学者的学说成为中国在网络空间国际软法领域话语权的有机组成部分。除此之外,相关部门还要通过调整学科布局,组建专门的培养培训基地,加快培养与网络空间国际法治相关的涉外法治后备人才。另一方面,我国学界也需加强对该领域的深入研究,探讨网络空间国际软法基本理论和运作机理,考察网络空间国际软法的形成、演变史,实证分析网络空间国际软法的实际效果,展开网络空间软法的国别比较以及该领域与国际金融、国际环保、外层空间等领域的比较研究,以为我国的网络空间国际战略、网络空间国际软法规则的制定和实施提供智力支持。

切实增强非国家行为体在网络空间国际软法治理中的话语力量也是中国需要认真考虑的问题。纵观“伦敦进程”等场合,各种非国家行为体已经成为网络空间国际软法治理的“第三种力量”。② 习近平总书记强调:“国际网络空间治理有其自身特点,不仅主权国家发挥重要作用,非国家行为体作用也很突出,很多标准协议、技术规范、基础资源掌握在国际组织、互联网企业、技术社群等手中。”③然而,目前我国互联网行业组织和企业代表参与国际软法治理的程度仍然有限。仅有中国互联网协会参与信息社会世界峰会和华为公司参加“伦敦进程”等为数不多的例子。④ 因此,中国应当引导本国的非国家行

① 徐崇利:《跨国法律体系:硬法与软法间的“中心—外围”之构造》,载罗豪才主编:《软法与治理评论》,法律出版社 2013 年版,第 103 页。

② 黄志雄:《2011 年“伦敦进程”与网络安全国际立法的未来走向》,载《法学评论》2013 年第 4 期。

③ 《习近平关于网络强国论述摘编》,中央文献出版社 2021 年版,第 163 页。

④ 居梦:《网络空间国际软法研究》,武汉大学出版社 2021 年版,第 148 页。

为体走出去，积极进行国际交往，继续在各种国际场合争取更大话语权，增强其在网络空间国际软法的制定、执行、监督和评估中的作用。我国的互联网行业组织、互联网企业等国家行为体也要加强自治能力建设，将自身的技术治理偏好向国际软法渗透，争取特定领域国际标准等软法文件制定的话语权。

（二）不断夯实中国科学技术发展的保障基础

美欧等主要西方国家之所以能在网络空间国际软法领域扮演重要角色，根本原因在于他们强大的网络技术实力，因此占据了许多互联网技术标准的高地，强大的话语权由此而来。中国引领网络空间国际软法治理，是一个由内而外的过程。

大力提升国家的科技实力，不断完善相关的硬软法体系和制度，是提高中国在网络空间国际软法治理领域地位的根本保障。这方面，相关硬法的完善和修订是重要的制度保障基础。本书聚焦《科学技术进步法（修订草案）》提供一些完善建议。①

作为我国科技领域具有基本法性质的硬法，《科学技术进步法》对保障和促进科学技术健康发展、推动科技创新为经济社会发展服务等方面发挥着重要作用。《科学技术进步法》自 1993 年制定颁布之后，于 2007 年为适应当时国内外科技发展的形势变化作了重要修改。随着我国科技进步和创新发展面临的国内外环境的深刻变化，尤其是以大数据、物联网、区块链、人工智能等技术带来的深刻变革，迫切需要与时俱进修改科技进步法，促进科技治理体系和治理能力有效提升，进一步保障我国科技的稳步发展。2021 年 8 月，全国人大常委会法制工作委员会印发《科学技术进步法（修订草案）》，并向全社会公开征求意见。本书就其中的几项条款，提出以下修改意见。

---

① 本书写作之时，正逢《科学技术进步法（修订草案）》向社会各界征求意见，本书作者作为长沙市人大常委会立法咨询专家，以本节内容为基础，就该草案提供了几条完善建议，并通过长沙市人大常委会向全国人大常委会转呈。

1. 关于加强科学技术基础研究,提升原始创新能力方面的意见和建议

本书建议在第二章"基础研究"里增加一条:"公民对自己的科学发现享有发现权,国家保护科学发现权人的合法权益。"理由是:(1)确立科学发现权有利于基础研究的发展和科技创新的源头保护。基础研究一般以探索物质世界客观存在的规律、现象和特征为目标,其研究成果多以"科学发现"的形式呈现。然而,我国现有的知识产权制度中并未设立"科学发现权"。其原因在于科学发现只是人类对自然界的认识,无法满足专利的"创造性"要求。但是,科学发现人在探究世界客观规律的过程中,同样付出了艰辛的智力劳动,且对于后续的科技创新有着奠基性的重大贡献。科学发现权的缺位,不利于基础研究的持续开展,也使科技创新丧失了"源头活水"。(2)科学发现权权利属性的争议并不影响该项权利的正当性。1986 年《民法通则》第 97 条曾确认过科学发现权的知识产权属性及相关内容,但是该条在实践中并未被严格贯彻实施。《国家科学技术奖励条例》和曾经的《侵权责任法》对发现权及其奖励办法也有所涉及。但是,2017 年颁布的民法总则以及其后的《民法典》均未将"科学发现"纳入知识产权客体的范围。这在一定程度上反映了立法上对科学发现权是否属于知识产权存有争议。法律的本质在于对人的行为选择的干预。根据知识产权的激励理论,若不对知识产品创造人的相关权益进行保护,知识产品的非物质性和非竞争性特征将会导致"搭便车"现象的泛滥,进而严重影响创造人的积极性,长此以往,社会上有价值的知识产品将越来越少。虽然科学发现并非发明创造,但是由于发现人在科学揭示客观规律时,同样需要投入大量的智力劳动,同样需要发挥其独有的聪明才智,考虑到客观规律一经发现,即成为人类共同的知识财富,科学发现人的工作积极性和科研热情更加需要得到法律的明确保护,才能保证发现人努力探索客观世界规律的持续投入。因此,建议立法机关借此《科学技术进步法》修订的机会,在法律层面上先确立科学发现权,虽在世界各国类似的立法实践相对较少,但知识产权的开放性和动态性的特征并不会对此设置障碍,况且,早在 1967 年《建立世界知识产权组织公约》就明确科学发现权属于知识产权的客体。当然,考虑到科学发现权对于现有知识产权制度的某些“不适”,就其有关具体的设计,比如,权利主体、权利内容、权利客体、相关程序等,可在充分研究论证之后,通过颁布专门实施细则的方式予以明确。

2. 关于营造良好科学技术创新环境,加强科研诚信和科技伦理制度建设等方面的意见和建议

本书建议在修订草案第 58 条中,增加对科学技术人员实行股权、期权、分红等激励措施方面的规定,以期最大程度上激发科技人员创新创造活力。此外,本书还建议在修订草案第 63 条中,增加“为女性科学技术人员孕期、哺乳期提供合适的工作环境”的内容,以体现对女性科技工作者的人文关怀。

3. 其他方面的意见和建议

《科学技术进步法》修订草案是否适用于人文社会科学领域需要具体明确。纵观整篇草案,除了第 6 条提到了“鼓励自然科学与人文社会科学交叉融合和相互促进”之外,缺少对“人文社会科学”的提及。我国《宪法》第 20 条规定:“国家发展自然科学和社会科学事业,普及科学和技术知识,奖励科学研究成果和技术发明创造。”这说明国家把人文社会科学与自然科学摆在了同等重要的位置。因此,《科学技术进步法》是否适用于人文社会科学领域,本法中对于“科学技术人员”规定的相关权利和义务是否适用于人文社会科学工作者,这些都需要在法律文本中予以明确。若本法也适用于人文社会科学领域,则还需就人文社会科学的独有特征,比如难以量化评价等,进行专门的规定。

第八章　迈向良法善治的网络空间国内软法治理

第一节　网络空间国内软法治理的共性问题

本书的主要目的旨在为网络空间国内软法治理的建设提供些许建议。本书第四章、第五章、第六章已分别对国内互联网行业自治、平台规则之治、人工智能软法之治三个具体领域进行了一番研究，大致可以从中归纳出以下一些共性问题。

一、软法制定方面的问题

三个领域内的软法规范都存在共性的制定问题。申言之，第一，这些领域内的软法在制定的程序方面大多存在参与性不够，程序欠科学，过程不透明等问题。比如，互联网行业组织自治规范多为内部制定，而非经过广大会员充分协商的结果；平台用户不能及时获取有关规则制定的消息通知，因而导致实际参与程度并不高；某些人工智能软法规范更偏好专家意见，而对民众意见相对重视程度不够；等等。在这些软法规范创制的过程中，虽然制定主体都有公开征求意见的环节，但多数情况下，这仅是一种“表面参与”。而几乎所有的制定主体都未设计意见反馈机制，无法判定会员/用户的意见以及意见是否真正得到重视和采纳的程度。有些平台看似在规则制定中尊重了民意，但实际上，通过一些“别有用心”的设计，致使用户并不能完整表达其意见，比如，阿里平台在规则草案征求用户意见阶段并未提供“反对”的选项。而几乎所有的制定主体对软法规则的修改程序重视不够。比如，人工智能领域里的一些软法规则仅规定了制定主体的修改权，但对修改程序却只字未提。就目前的情况而言，本书研究中的这些软法规范实质上并未达到“开门立法”。软法贵在灵活，但灵活并不是不重程序的借口。软法最核心的价值在于民主和协商，这是其正当性的来源。

第二，部分软法规范的内容方面存在欠缺，主要表现在对相关主体的基本权利和对相关负责人的责任和义务规定得不够。比如，互联网行业自治规范普遍对会员提案权、陈述权、申辩权等的忽视，又缺少对组织领导义务和责任方面的规定。而平台规则在格式条款的“保护伞”下，设置了不少免责条款，问题更为明显。此外，在制定程序缺乏民主协商的情况下，制定主体自我的价值偏好，有可能导致出台的软法内容带有明显的某种利益倾向，影响了软法规范的公正性，进而增加相关主体的抵触情绪，比如，阿里平台规则中的“直通车”引流条款。

二、软法实施方面的问题

三个领域内的软法也都存在实施方面的问题。虽然自律机制是软法的一条主要实施途径，但是，这并不意味着软法就能忽视实施机制的建设。就目前网络空间的软法实施而言，最突出的问题是缺乏相关的监督机制。实施过程的不透明，“执法”人员的不受监督，都很有可能导致软法实施不畅，消解了软法的公信力。尤其对于平台规则而言，基于代码/算法的执行，虽让其具备了极强的执行力，但是，过程的不透明，使得民众内心深处对其始终抱有“黑箱操作”的怀疑。虽然平台往往都会设立投诉机制，但其主要作用在于反映平台用户碰到的经营业务问题，并非用来监督平台执行规则的情况。此外，在对行业组织、平台企业的社会监督以及第三方独立评估方面，我国目前还比较缺乏。最后，网络空间软法还存在救济方面的共性问题。互联网行业组织和平台企业对会员/用户的权利保障和救济重视不足，表现在缺乏相关会员/用户权利保障和救济的基本规定以及内部维权机制。在实践中，若会员/用户的相关权利遭受侵害时，他们难以通过内部渠道得以解决，只能被迫去选择维权成本高昂的诉讼或仲裁途径。

三、软硬法协同方面的问题

软硬法协同问题是在这三个领域内都出现了的共性问题。根本上而言，网络空间软法还未被国家纳入统一的法治体系，其功能定位以及与硬法之间的界线划分还不明晰。硬法缺少对软法的引导和统合，也经常忽视软法的作用，导致硬法与软法之间兼容性不高。此外，目前网络空间软法与硬法之间的行政化、司法化衔接机制建设不足，客观上促使了软法与硬法的事实分野，尚未有效整合两者的优势资源。相关硬法缺乏有关技术标准的准用性规范是这一问题的典型代表。最后，政府部门与互联网行业组织、平台企业之间的有关信息交流机制还有待加强，这是政府与这些主体能够采取联合措施的有效保证。

第二节 良法善治目标下网络空间软法之治的建设路径

党的二十大报告首次将法治中国建设单独作为一个部分进行专章论述、专门部署，指出“以良法促进发展、保障善治”。有关良法善治的涵义，本书前面章节已有论述，这里不再重复。此外，由于本书在前面章节已分别就三个领域软法之治存在的具体问题提供了解决之策，故本书也不再赘述。这里，本节关注的是，如何从整体上将我国网络空间的软法之治朝着良法善治的目标推进的问题。本书认为,大致可以从以下三个方面来努力。

一、政府发挥基础性作用

即使是在网络空间,由于传统习惯、资源优势、权威性等因素,政府仍然充当着"元治理"的角色。在我国情况更是如此。因此,虽然软法强调多元治理,强调政府与其他主体协作治理,但在我国众多非政府主体自治能力尚不能胜任的情况下,我们不能忽视政府在软法治理中发挥的基础性作用。申言之,政府可在主体建设、框架打造、平台搭建三个方面更多地发挥基础性作用。在主体建设方面,政府首先要改变传统的单向管控的思维,践行"共建共治共享"理念,增加对互联网行业组织、平台企业、利益相关者的信任,要将他们视为网络空间治理的"合伙人"。其次,根据不同的情况,政府要采取不同的措施培育软法利益共同体的治理能力。比如,针对大多数互联网行业组织依附政府的事实,政府要适当赋权,明确并尊重其软法制定主体的地位,并可考虑采取一些资金上的扶持;针对大多数平台企业超然地位的事实,政府要考虑限权,或者制定"负面清单"之类的制度,促使平台企业落实主体责任,明确平台企业的有关权限,明确禁止平台经营者在其制定的规则中对平台用户基本人身权、财产权等进行限制;针对行业组织会员、平台用户等地位不高的事实,政府应该督促行业组织对会员、平台企业对用户基本权利的尊重和保障。

在框架打造方面,首先,政府要着眼于打造宪法统领下的网络空间软硬混合法治体系。为此目的,政府可以考虑借鉴欧盟的"开放协调机制"(Open Method of Coordination,OMC),厘清各类主体关系,界定网络法治各类主体的权力边界,制定网络空间法治建设的短期、中期、长期目标和指导方针,并设定实现这些目标的具体时间表。同时政府建立满足不同软硬法主体需要的定量、定性指标和基准,作为比较最佳实践的方法。各软硬法主体根据各自的情况,将政府制定的目标转化为自身制定的各项软硬法。其次,政府还需要创新完善软硬法衔接和转化机制,促进软法硬法协同共治。比如建立政府与行业组织、平台企业之间的常态化交流机制和突发事件联络机制，以统一目标和行动。最后，政府还要建立社会软法的备案制和合法性的矫正机制。政府要加强备案审查制度和能力建设，针对硬法规范和软法规范的不同特点，设立区别化的审查机制，[①]将社会软法纳入备案审查范围，维护法治统一。当社会软法具有不当价值偏好、损害公共利益、侵犯弱势者权益之时，或者与国家软硬法产生冲突之时，需要政府的依法干预、限制和矫正。

在平台搭建方面，政府要适时建立多元主体沟通交流平台，建设网络空间法治文化。网络空间软法治理面临复杂利益格局，唯有经过充分协商交流，才能最大程度上在各个主体之间达成共识，这点在人工智能领域更为明显。但现实中，此类交流平台尚不多见，况且民间交流平台受到的重视程度也不高。因此，政府需要构建有效交流平台，鼓励网络法治利益相关者广泛参与，促进其自身、行业组织、平台企业、大学和科研机构以及网民能围绕网络治理的多项议题开展协商对话，增进理解，凝练共识。

二、非政府主体加强自身建设

互联网社会组织、互联网平台企业、有关科研院所等主体是网络空间中社会软法的主要制定者和实施者，其自身水平的高低决定了相关网络治理的成效。首先，他们都要以“立法者”的心态重视软法规则的制定。组织章程的“千人一面”，自律公约的“长久未修”，平台规则的“客服解释”无不体现着行业组织和平台企业自身对软法规则欠缺应有的重视和尊重。有鉴于此，互联网社会组织要摆脱以往那种将自治规范仅作装点门店之用的心态，平台企业则要纠正那种对平台规则仅以合规工作或者法务工作处之的心态，而是要秉着“造法”的心态重视软法规则。其次，互联网社会组织等多元主体在组织制定和实施软法规范时，要尊重人民主体地位，坚持网络法治为了依靠人民、保

① 陈惊天、耿振善：《互联网时代呼唤软法硬法的协同治理——专访罗豪才教授》，载《人民法治》2015 年第 12 期。

护人民，要注意严格恪守法治精神，尊重会员和用户，保证他们的提案权、陈述权和申辩权，软法条款不能对宪法和相关硬法的规定相违背和相抵触。在实施软法之治时，若涉及侵害相关主体的基本法律权利且无硬法上的合法依据，两者必须及时纠正。最近几年，一些网络行业组织联合平台企业对失德、劣迹艺人采取了“封杀”措施。比如，2021年8月，中国网络视听节目服务协会就联合平台企业对某艺人的作品进行了“下架”处理，百度给其打上了“违法失德艺人”数据标签，新浪微博也对其予以禁言。① 行业组织依据内部章程的相关规定，对会员可以进行内部惩戒。但是，是不是一定要让劣迹艺人在某行业无“立足之地”？惩戒之后，有无“复出程序”以给人以改过自新的机会？全面“封杀”有没有损害劣迹艺人依法享有的基本权利？这些都是需要行业组织和平台企业认真对待的问题。再次，两者还需要建立或完善相关的内部权力制衡机制与约束机制、自上而下的审查机制、自下而上的检举机制等，避免出现“内部人控制”的现象。再次，两者还要注意吸收和招纳相关的法律专业人才，建立专门的职能部门，确保软法制定和实施过程中的合法性、规范性。最后，鉴于网络空间的无国界性和统筹国内外法治的考虑，我国的一些互联网社会组织、平台企业等非国家行为体也要有胸怀全球的规则建设意识，积极进行国际交往，将自身的技术治理或规则偏好向国际软法渗透，争取特定领域国际标准等软法文件制定的话语权。

三、提高全民的软法法治观念和素养

法治的真谛，在于全体人民的真诚信仰和忠实践行。习近平总书记强调：“要充分调动人民群众投身依法治国实践的积极性和主动性，使全体人民都成为社会主义法治的忠实崇尚者、自觉遵守者、坚定捍卫者，使尊法、信法、守

① “多名违法失德艺人被‘封杀’后重返网络平台，不让演戏就能直播带货吗？”，上观网，2021年9月7日，https://export.shobserver.com/baijiahao/html/403052.html，2021年10月8日登录。

法、用法、护法成为全体人民的共同追求。”进入新时代，我国强调拓展“互联网+普法”新模式、普及网络法律法规、面向重点对象开展网络普法和强化网络法治研究教育进而提升全社会网络法治意识和素养，取得了不小的成就。① 但是，需要指出的是，以往的普法宣传主要局限在普及硬法方面，对于软法鲜有涉及。“软法亦法”，软法也需要提高在社会中的普及程度。为此目的，在普法目标的顶层设计上，要注意将规则意识的培养纳入其中，在全社会形成“尊法与尊规”、“守法与守规”同等重要的观念和相关的法治文化。在具体的实际操作中，可以考虑采取两种途径。对于国家软法，可以在官方组织的各种普法活动以及全媒体的公益普法活动中，加大对它们的普及力度。尤其在那些硬法尚属空白的领域，更有必要做好国家软法的普及工作。比如，考虑到伦理规范对人工智能领域的基础性作用，应该运用多种形式对《人工智能伦理规范》这类的国家软法进行解读和宣传，并积极倡导落实。而对于社会软法，除开该类软法制定主体自身的宣传之外，最重要的普法途径在于“立法中普法”：引导利益相关者广泛参与其立法，完善好相关的意见反馈机制，提高立法过程透明度，充分保证参与者在民主协商的基础之上制定社会软法，如此，将软法的立法过程变为宣传软法的过程，让参与者真正体验到法治精神。

习近平总书记指出，“网络空间是亿万民众共同的精神家园。网络空间天朗气清、生态良好，符合人民利益”。网络空间已经成为新型生活秩序的载体，网络秩序关乎数字时代人民群众合法权益和社会公共利益。网络空间不是法外之地，而是国家主权之下的、为适应和促进数字国家发展而施行特殊法律制度和运行特殊法治模式的区域。网络治理是信息时代国家治理的新内容、新领域，既与现实社会治理深度融合、高度关联，又有其自身特点和规律。法治是互联网治理的基本方式，运用法治观念、法治思维和法治手段推动互联网发展治理，已经成为全球普遍共识。为了“让互联网在法治轨道上健康运

① 《新时代的中国网络法治建设》白皮书，国务院新闻办公室，2023 年 3 月 16 日，http://www.scio.gov.cn/zfbps/zfbps_2279/202303/t20230320_709278.html，2024 年 2 月 18 日登录。

行”，我们需要积极探索构建与互联网发展相适应的法治体系。在这个法治体系内，软法不能缺席，应该与硬法一道“齐头并进”，共同撑起网络法治的蓝天，共同为网络强国建设提供重要保障。软法虽有局限和缺陷，但仍然是一把治网利器，在过去、现在、未来都有着重要地位和作用。在推进中国式法治现代化的道路上，我们既要做到硬法要硬，也要做到软法不软，让亿万人民群众在网络空间拥有更多获得感、幸福感、安全感。

参考文献

邓正来主编:《布莱克维尔政治学百科全书(中译本)》,中国政法大学出版社 2002 年版。

电子商务法起草组编:《中华人民共和国电子商务法条文释义》,法律出版社 2018 年版。

弗里德里希·冯·哈耶克:《法律、立法与自由》(第一卷),邓正来等译,中国大百科全书出版社 2000 年版。

姜明安:《行政法与行政诉讼法》,北京大学出版社 2015 年版。

姜奇平:《新文明概略》,商务印书馆 2015 年版。

金自宁:《风险中的行政法》,法律出版社 2004 年版。

居梦:《网络空间国际软法研究》,武汉大学出版社 2021 年版。

黎军、高俊杰、周卫:《行业自治研究》,中国社会科学出版社 2018 年版。

李德毅:《人工智能导论》,中国科学技术出版社 2018 年版。

罗豪才、宋功德:《软法亦法——公共治理呼唤软法之治》,法律出版社 2009 年版。

罗豪才:《行政法学》,北京大学出版社 2006 年版。

罗豪才:《为了权利与权力的平衡——法治中国建设与软法之治》,五洲传播出版社 2016 年版。

厉以宁:《宏观经济学的产生和发展》,湖南出版社 1997 年版。

鲁传颖:《网络空间治理与多利益攸关方理论》,时事出版社 2016 年版。

莫于川:《行政指导与建设服务型政府——中国的行政指导理论探索与实践发展》,中国人民大学出版社 2015 年版。

全球治理委员会:《我们的全球伙伴关系》(*Our Global Neighborhood*),牛津大学出版社 1995 年版。

孙宝文、李涛、欧阳日辉:《互联网经济蓝皮书:中国互联网经济发展报告(2019)》,社会科学文献出版社 2019 年版。

屠世超:《契约视角下的行业自治研究——基于政府与市场关系的展开》,经济科学出版社 2011 年版。

汪火根:《基于行业共同体的我国行业自治研究》,经济科学出版社 2019 年版。

汪莉:《行业自治与国家干预》,经济科学出版社 2015 年版。

徐向华:《立法学教程》,上海交通大学出版社 2011 年版。

[英]卢恰诺·弗洛里迪:《信息伦理学》,薛平译,上海译文出版社 2018 年版。

杨立新:《网络交易民法规制》,法律出版社 2018 年版。

余盛峰:《临界:人工智能时代的全球法变迁》,清华大学出版社 2023 年版。

张静:《法团主义》,东方出版社 2015 年版。

张清、武艳:《社会组织的软法治理研究》,法律出版社 2015 年版。

张文显:《法理学》,高等教育出版社 2003 年第 2 版。

张文显:《法治与法治国家》,法律出版社 2011 年版。

周辉、张心宇:《互联网平台治理研究》,中国社会科学出版社 2022 年版。

中国电子技术标准化研究院:《人工智能标准化白皮书(2018 版)》。

中国社会科学院语言研究所:《现代汉语词典》(第七版),商务印书馆 2016 年版。

朱国华等主编:《行业协会信用契约制度研究》,同济大学出版社 2015 年版。

[奥] 尤根·埃利希:《法律社会学基本原理》,叶名怡、袁震译,九州出版社 2007 年版。

[德] 伯恩·魏德士:《法理学》,丁小春、吴越译,法律出版社 2003 年版。

[德] 哈贝马斯:《作为"意识形态"的技术与科学》,李黎、郭官义译,学林出版社 1999 年版。

[德] 罗伯特·阿列克西:《法律原则的结构》,载[德] 罗伯特·阿列克西:《法:作为理性的制度化》,雷磊编译,中国法制出版社 2012 年版。

[德]康德:《道德形而上学原理》,苗力田译,上海人民出版社 1986 年版。

[法]卢梭:《社会契约论》,何兆武译,商务印书馆 2003 年版。

[法]皮埃尔·布迪厄、华康德:《实践与反思———反思社会学导论》,李猛、李康译,商务印书馆 2015 年版。

[美] P.诺内特、P.塞尔兹尼克:《转变中的法律与社会:迈向回应型法》,张志铭译,中国政法大学出版社 2004 年版。

［美］埃里克·波斯纳:《法律与社会规范》,沈明译,中国政法大学出版社 2004 年版。

［美］达斯格普塔等:《算法概论(注释版)》,钱枫、邹恒明注释,机械工业出版社 2009 年版。

［美］罗伯特·达尔:《多元主义民主的困境:自治与控制》,周军华译,吉林人民出版社 2006 年版。

［美］迈克尔·海姆:《从界面到网络空间:虚拟实在的形而上学》,金伍伦、刘刚译,上海科技教育出版社 2000 年版。

［美］诺内特、塞尔兹尼克:《转变中的法律与社会》,张志铭译,中国政法大学出版社 1994 年版。

［美］埃莉诺·奥斯特罗姆:《公共事务的治理之道——集体行动制度的演进》,余逊达、陈旭东译,上海译文出版社 2012 年版。

［日］室井力:《日本行政法》,吴微译,中国政法大学出版社 1994 年版。

［瑞］英瓦尔·卡尔松、［圭］什里达特·拉法尔编:《天涯若比邻——全球治理委员会报告》,中国对外翻译出版公司 1995 年版。

［英］约翰·奥斯丁:《法理学的范围》,刘星译,中国法制出版社 2003 年版。

［英］安德鲁·海伍德,《政治学(第二版)》,张立鹏译,中国人民大学出版社 2006 年版。

Bryan Garner, Black's Law Dictionary, Standard Ninth Edition, West Group, pp. 1412-1413,转引自张清、武艳:《社会组织的软法治理研究》,法律出版社 2015 年版。

蔡守秋:《公众共用物的治理模式》,载《现代法学》2017 年第 5 期。

蔡星月:《人工智能的"标准之治"》,载《中国法律评论》2021 年第 5 期。

曹建峰、方龄曼:《欧盟人工智能伦理与治理的路径及启示》,载《人工智能》2019 年第 4 期。

陈春生:《"测不准原理"的认识论思想初探》,载《哲学研究》1986 年第 11 期。

陈海明:《国际软法在国际秩序中的作用》,载《新疆社科论坛》2010 年第 1 期。

陈景辉:《捍卫预防原则:科技风险的法律姿态》,载《华东政法大学学报》2018 年第 1 期。

陈兆誉:《互联网经济中炒信行为的规制路径》,载《浙江大学学报(人文社会科学版)》2018 年第 6 期。

程迈:《软法概念的构造与功能》,载《金陵法律评论》2009 年春季卷。

程显毅等:《大数据时代的人工智能范式》,载《江苏大学学报》(自然科学版)2017

年第 4 期。

崔俊杰:《个人信息安全标准化进路的反思》,载《法学》2020 年第 7 期。

戴昕:《重新发现社会规范:中国网络法的经济社会学视角》,载《学术月刊》2019 年第 2 期。

邓达奇:《科技发展中法律与伦理的双重变奏:案例、逻辑与建构》,载《伦理学研究》2019 年第 6 期。

丁晓东:《论算法的法律规制》,载《中国社会科学》2020 年第 12 期。

冯刚:《人工智能生成内容的法律保护路径初探》,载《中国出版》2019 年第 1 期。

冯洁:《人工智能体法律主体地位的法理反思》,载《东方法学》2019 年第 4 期。

甘晓晨:《互联网企业自治规则研究——以支付宝规则为例》,载《法律和社会科学》2010 年第 6 卷。

高阳:《我国行业协会参与标准化管理研究》,上海交通大学硕士学位论文,2014 年。

龚柏华:《上海自由贸易港"境内关外"概念和机制辨析》,载《海关与经贸研究》2018 年第 2 期。

光蓝网站:"淘宝消费者保障计划:打造个性化服务屏蔽搜索引擎",http://www.glaer.com/college/4428.aspx,2009-5-13,转引自陈逸婷:《网络交易规范法制化历程及其影响因素》,杭州师范大学硕士论文,2017 年。

桂萍:《重大行政决策的公众参与制度研究》,苏州大学出版社 2016 年版,第 162—164 页,转引自冯子轩、刘捷鸣:《环境标准治理的软法进路》,载《治理现代化研究》2020 年第 5 期。

何志鹏、尚杰:《国际软法作用探析》,载《河北法学》2015 年第 8 期。

贺栩溪:《人工智能的法律主体资格研究》,载《电子政务》2019 年第 2 期。

胡丽、齐爱民:《论"网络疆界"的形成与国家领网主权制度的建立》,载《法学论坛》2016 年第 2 期。

胡晓静:《论公司社会责任:内涵、外延和实现机制》,载《法制与社会发展》2010 年第 2 期。

何邦武:《数字法学视野下的网络空间治理》,载《中国法学》2022 年第 4 期。

黄国彬、黄恋、陈丽:《IEEE 人工智能社会伦理规范实施机制研究》,载《情报工程》2021 年第 7 期。

黄茂钦:《论产业发展的软法之治》,载《法商研究》2016 年第 5 期。

黄学贤、黄睿嘉:《软法研究:现状、问题、趋势》,载《公法研究》2012 年第 1 期。

黄学贤、黄睿嘉:《软法研究现状问题趋势》,载《公法研究》2012 年第 1 期。

黄志雄:《2011 年“伦敦进程”与网络安全国际立法的未来走向》,载《法学评论》2013 年第 4 期。

黄志雄:《网络空间国际规则制定的新趋向——基于〈塔林手册 2.0 版〉的考察》,载《厦门大学学报(哲学社会科学版)》2018 年第 1 期。

何志鹏、申天娇:《国际软法在全球治理中的效力探究》,载《学术月刊》2021 年第 1 期。

季亚丽:《行业协会自治的法律制度构建》,载《中北大学学报》(社会科学版)2005 年第 4 期,转引自温双阁:《以法治推进行业协会自治的体系构建——基于美国自治理念和实践的思考》,载《社会科学战线》2016 年第 10 期。

贾开、薛澜:《人工智能伦理问题与安全风险治理的全球比较与中国实践》,载《公共管理评论》2021 年第 1 期。

江必新、程琥:《论良法善治原则在法治政府评估中的应用》,载《中外法学》2018 年第 6 期。

江必新、郑礼华:《互联网、大数据、人工智能与科学立法》,载《法学杂志》2018 年第 5 期。

姜明安:《软法的兴起与软法之治》,载《中国法学》2006 年第 2 期。

蒋舸:《作为算法的法律》,载《清华法学》2019 年第 1 期。

蒋洁:《人工智能开发企业社会责任及其法律规制》,载《湖湘论坛》2019 年第 2 期。

金善明:《电商平台自治规制体系的反思与重构——基于〈电子商务法〉第 35 条规定的分析》,载《法商研究》2021 年第 3 期。

姜伟、裴炜:《数字治理亟待构建数字法学学科》,载《民主与法制》2021 年第 43 期。

李桂林:《论良法的标准》,载《法学评论》2000 年第 2 期。转引自王利明:《法治:良法与善治》,载《中国人民大学学报》2015 年第 2 期。

李伟民:《人工智能智力成果在著作权法的正确定性:与王迁教授商榷》,载《东方法学》2018 年第 3 期。

李雪娇:《网络交易平台自治规则探微——以淘宝网为例》,《西部学刊》2020 年 1 月上半学刊。

李炎卓:《行业标准的制定研究》,大连理工大学硕士论文,2018 年。

廖丽、程虹:《法律与标准的契合模式研究——基于硬法与软法的视角及中国实践》,载《中国软科学》2013 年第 7 期。

刘刚:《行业法治研究》,吉林大学博士学位论文,2019 年。

刘桂清:《产业政策实效法律治理的优先路径——“产业政策内容法律化”路径的反思》,载《法商研究》2015 年第 2 期。

刘平、陈建勋:《日本“国际战略综合特区”及其制度政策创新》,载《现代日本经济》2016 年第 2 期。

刘权:《网络平台的公共性及其实现——以电商平台的法律规制为视角》,载《法学研究》2020 年第 2 期。

刘云江:《人工智能对隐私权的影响与法律应对》,载《人民论坛》2020 年第 9 月中期。

龙龙:《论搜索引擎公司的社会责任》,载《学术探索》2018 年第 2 期。

龙卫球:《数据新型财产权构建及其体系研究》,载《政法论坛》2017 年第 4 期。

卢元芬:《国家治理现代化的法团主义路径探析》,载《治理研究》2018 年第 2 期。

罗豪才、宋功德:《认真对待软法——公域软法的一般理论及其中国实践》,载《中国法学》2006 年第 2 期。

罗豪才、周强:《软法研究的多维思考》,载《中国法学》2013 年第 5 期。

罗豪才:《公共治理的崛起呼唤软法之治》,载《政府法制》2009 年第 5 期

马永强:《正向刷单炒信行为的刑法定性与行刑衔接》,《法律适用》2020 年第 24 期。

马长山:《从国家构建到共建共享的法治转向——基于社会组织与法治建设之间关系的考察》,载《法学研究》2017 年第 3 期。

马长山:《互联网+时代“软法之治”的问题与对策》,载《现代法学》2016 年第 5 期。

马长山:《智能互联网时代的法律变革》,载《法学研究》2018 年第 4 期。

梅夏英:《数据的法律属性及其民法定位》,载《中国社会科学》2016 年第 9 期。

孟广文:《建立中国自由贸易区的政治地理学理论基础及模式选择》,载《地理科学》2015 年第 1 期。

莫纪宏:《数字法治困境与数字法学回应》,载《华东政法大学学报》2023 年第 4 期。

缪文升:《人工智能时代个人信息数据安全问题的法律规制》,载《广西社会科学》2018 年第 9 期。

宁红丽:《平台格式条款的强制披露规制完善研究》,载《暨南学报(哲学社会科学版)》2020 年第 2 期。

漆彤:《2020年的国际法:国际金融软法的效力及其趋势展望》,载《环球法律评论》2012年第2期。

齐爱民:《论网络空间的特征及其对法律的影响》,载《贵州大学学报(社会科学版)》2004年第2期。

邱遥堃:《论网络平台规则》,载《思想战线》2020年第3期。

上海市长宁区人民法院民事判决书,(2017)沪0105民初20204号,转引自刘权:《网络平台的公共性及其实现——以电商平台的法律规制为视角》,载《法学研究》2020年第2期。

沈岿:《"软法"概念正当性之新辩—以法律沟通论为视角》,载《法商研究》2014年第1期。

沈岿:《互联网经济的政府监管原则和方式创新》,载《国家行政学院学报》2016年第2期。

沈岿:《论软法的有效性与说服力》,载《华东政法大学学报》2022年第4期。

沈岿:《自治、国家强制与软法——软法的形式和边界再探》,载《法学家》2023年第4期。

石丹:《企业数据财产权利的法律保护与制度构建》,载《电子知识产权》2019年第6期。

石佑启、黄喆:《论法治社会建设中的软法之治》,载《法治社会》2016年第1期。

苏力:《法律与科技问题的法理学重构》,载《中国社会科学》1999年第5期。

王成:《人工智能法律规制的正当性、进路与原则》,载《江西社会科学》2019年第2期。

王国语:《外空、网络法律属性与主权法律关系的比较分析》,载《法学评论》2019年第5期。

王利明:《法治:良法与善治》,载《中国人民大学学报》2015年第2期。

王迁:《论人工智能生成的内容在著作权法中的定性》,载《法律科学》2017年第5期。

王瑞雪:《我国软法理论的溯源、建构与发展》,载《学习与实践》2017年第9期。

王圣诵:《中国行业自治及其立法》,载《东方论坛》2001年第2期。

王学辉、邵长茂:《"软法"是这样的一个童话吗?》,载于中国宪法行政法法律网,转引自黄学贤、黄睿嘉:《软法研究:现状、问题、趋势》,载《公法评论》2016年第1期。

王玉林、高富平:《大数据的财产属性研究》,载《图书与情报》2016年第1期。

王渊、王翔:《论人工智能生成内容的版权法律问题》,载《当代传播》2018年第

4 期。

吴汉东:《人工智能时代的制度安排与法律规制》,载《法律科学》2017 年第 5 期。

吴志攀:《“互联网+”的兴起与法律的滞后性》,载《国家行政学院学报》2015 年第 3 期。

吴建平:《理解法团主义——兼论其在中国国家与社会关系研究中的适用性》,载《社会学研究》2012 年第 1 期。

夏燕:《网络空间的法理分析》,西南政法大学博士论文,2010 年。

夏燕:《网络社区自治规则探究——以“新浪微博”规则考察为基础》,载《重庆邮电大学学报(社会科学版)》2017 年第 4 期。

肖季业:《人工智能软法治理的正当性探析》,载《湖北第二师范学报》2020 年第 4 期。

谢永江:《网络空间的法律属性》,载《汕头大学学报(人文社会科学版)》2016 年第 4 期。

邢鸿飞、韩轶:《中国语境下的软法治理的内涵解读》,载《行政法学研究》2012 年第 3 期。

熊娅岚、郎威、郑豪、黄雅坤、朱培武:《我国人工智能标准化发展现状及对策》,载《第十八届中国标准化论坛论文集》,中国广东佛山:第十八届中国标准化论坛,2021 年 10 月 21 日。

徐靖:《软法的道德维度——兼论道德软法化》,载《法律科学》2011 年第 1 期。

徐崇利:《跨国法律体系:硬法 与软法间的“中心—外围”之构造》,载罗豪才主编:《软法与治理评论》,法律出版社 2013 年版。

薛澜、赵静:《走向敏捷治理:新兴产业发展与监管模式探究》,载《中国行政管理》2019 年第 8 期。

杨海坤、张开俊:《软法国内化的演变及其存在的问题——对“软法亦法”观点的商榷》,载《法制与社会发展》2012 年第 6 期。

杨立新:《用现行民法规则解决人工智能法律调整问题的尝试》,载《中州学刊》2018 年第 7 期。

杨淑君:《从网购诚信走向网购信用——浅析淘宝信用评价机制》,载《重庆邮电大学学报(社会科学版)》2013 年第 5 期。

杨志军:《运动式治理悖论:常态治理的非常规化》,载《公共行政评论》2015 年第 2 期。

姚万勤:《大数据时代人工智能的法律风险及其防范》,载《内蒙古社会科学(汉文版)》2019 年第 2 期。

姚志伟:《“网规”若干基本问题初探》,载《科技与法律》2012 年第 2 期。

叶良芳:《刷单炒信行为的规范分析及其治理路径》,载《法学》2018 年第 3 期。

俞可平:《全球治理引论》,载《马克思主义与现实》2002 年第 1 期。

翟小波:《“软法”及其概念之证成—以公共治理为背景》,载《法律科学》2007 年第 2 期。

张斌、鲁路加、王法中:《国内人工智能标准化现状综述》,载《信息技术与信息化》2020 年第 8 期。

张吉豫:《智能时代算法专利适格性的理论证成》,载《当代法学》2021 年第 3 期。

张康之、向玉琼:《网络空间中的政策问题建构》,载《中国社会科学》2015 年第 2 期。

张凌寒:《算法权力的兴起、异化及法律规制》,载《法商研究》2019 年第 4 期。

张凌寒、于琳:《从传统治理到敏捷治理:生成式人工智能的治理范式革新》,载《电子政务》2023 年第 9 期。

张绍欣:《法律位格、法律主体与人工智能的法律地位》,载《现代法学》2019 年第 4 期。

张素华、李雅男:《数据保护的路径选择》,载《学术界》2018 年第 7 期。

张文显:《构建智能社会的法律秩序》,载《东方法学》2020 年第 5 期。

张欣:《我国人工智能技术标准的治理效能、路径反思与因应之道》,载《中国法律评论》2021 年第 5 期。

张新宝、许可:《网络空间主权的治理模式及其制度构建》,载《中国社会科学》2016 年第 8 期。

张龑:《网络空间安全立法的双重基础》,载《中国社会科学》2021 年第 10 期。

张龑:《软法与常态化的国家治理》,载《中外法学》2016 年第 2 期。

张洋:《论人工智能发明可专利性的法律标准》,载《法商研究》2020 年第 6 期。

张勇、刘爱莲:《人工智能治理精准化论要》,载《江汉大学学报(社会科学版)》2021 年第 8 期。

张玉洁:《国家所有:数据资源权属的中国方案与制度展开》,载《政治与法律》2020 年第 8 期。

张玉凯:《互联网国际治理的软法之维》,载《宁夏社会科学》2017 年第 4 期。

浙江省杭州市中级人民法院民事判决书,(2017)浙 01 民终 6401 号,转引自刘权:《网络平台的公共性及其实现——以电商平台的法律规制为视角》,载《法学研究》

2020 年第 2 期。

郑双玉:《破解技术中立难题——法律与科技关系的法理学再思》,载《华东政法大学学报》2018 年第 1 期。

郑文明:《互联网治理模式的中国选择》,载《中国社会科学报》2017 年 8 月 17 日。

中国电子技术标准化研究院、全国信息技术标准化技术委员会:《信息技术标准化指南(2019)》,电子工业出版社 2019 年版,第 4 页,转引自张欣:《我国人工智能技术标准的治理效能、路径反思与因应之道》,载《中国法律评论》2021 年第 5 期。

周汉华:《论互联网法》,载《中国法学》2015 年第 3 期。

周辉:《技术、平台与信息:网络空间中私权力的崛起》,载《网络信息法学研究》2017 年第 2 期。

周辉:《算法权力及其规制》,载《法制与社会发展》2019 年第 6 期。

周军华:《当代西方多元主义民主的理论与现实困境》,载《红旗文稿》2016 年第 15 期。

周围:《人工智能时代个性化定价算法的反垄断法规制》,载《武汉大学学报(哲学社会科学版)》2021 年第 1 期。

周晓盈:《基于电商平台视角的商家刷单行为监管策略研究》,湖南大学硕士学位论文,2018 年。

朱莉欣、闫倩:《网络空间的法律属性困境与信息安全立法》,载《中国信息安全》2015 年第 5 期。

周尚君:《习近平法治思想的数字法治观》,载《法学研究》2023 年第 4 期。

[德]卡尔·施密特:《陆地与海洋——古今之“法”变》,林国基、周敏译,华东师范大学出版社 2006 年版,转引自夏燕:《网络空间的法理分析》,西南政法大学博士论文,2010 年。

[美] 保罗·莱文森:《数字麦克卢汉:信息化新纪元指南》,何道宽译,社会科学文献出版社 2001 年版,转引自夏燕:《网络空间的法理分析》,西南政法大学博士论文,2010 年。

[美] 詹姆斯·罗西瑙:《没有政府统治的治理》,剑桥大学出版社 1995 年版。转引自俞可平:《全球治理引论》,载《马克思主义与现实》2002 年第 1 期。

[英] 格里·斯托克:《作为理论的治理:五个论点》,华夏风译,载《国际社会科学杂志》(中文版)1999 年第 1 期。

[英]格里·斯托克:《作为理论的治理五个论点》,华夏风译,载《国际社会科学杂志(中文版)》2019 年第 3 期。

冯晓青:《数据财产化及其法律规制的理论阐释与构建》,载《政法论丛》2021年第4期。

Canada's Cyber Security Strategy: for a Stronger and More Prosperous Canada, 2010, at http://www.publicsafety.gc.ca/cnt/rsrcs/pblctns/cbr-scrt-strtgy/cbrscrt-strtgy-eng.pdf, 2016-7-15,转引自谢永江:《网络空间的法律属性》,载《汕头大学学报(人文社会科学版)》2016年第4期。

Hillary Rodham Clinton, "Remarks on Internet Freedom", at https://www.ait.org.tw/remarks-on-internet-freedom-hillary-rodham-clinton-secretary-of-state/ last visited on October 8th 2021,转引自谢永江:《网络空间的法律属性》,载《汕头大学学报(人文社会科学版)》2016年第4期。

https://itif.org/publications/2019/06/17/what-evidence-shows-about-impact-gdpr-after-one-year,2021年10月1日最后登录,转引自曹建峰、方龄曼:《欧盟人工智能伦理与治理的路径及启示》,载《人工智能》2019年第4期。

ISO, Information technology-Security techniques-Guidelines for cybersecurity (ISO/IEC 27032:2012),转引自谢永江:《网络空间的法律属性》,载《汕头大学学报(人文社会科学版)》2016年第4期。

R.Alexy, Theorie der Grundrechte, S.75,转引自张嘉尹:《法律原则、法律体系与法概念轮——Robert Alexy法律原则理论初探》,载《辅仁法学》2002年第24期。

The White House: "International Strategy for Cyberspace—Prosperity, Security, and Openness in a Networked World", May 2011,转引自胡丽、齐爱民:《论"网络疆界"的形成与国家领网主权制度的建立》,载《法学论坛》2016年第2期。

United States. National Security Presidential Directive 54/Homeland Security Presidential Directive 23, 2008, at https://fas.org/irp/offdocs/nspd/nspd-54.pdf, 2016-7-15,转引自谢永江:《网络空间的法律属性》,载《汕头大学学报(人文社会科学版)》2016年第4期。

毕洪海:《软法的类型化》,载罗豪才、宋功德编:《软法与治理评论》(第一辑),法律出版社2013年版。

江必新:《论软法效力——兼论法律效力之本源》,载罗豪才、宋功德编:《软法与治理评论》(第一辑),法律出版社2013年版。

梁剑兵:《软法律论纲——对中国法治本土资源的一种界分》,载罗豪才等:《软法与公共治理》,北京大学出版社2006年版。

刘长秋:《作为软法的行业标准研究——以卫生行业标准为视角》,载罗豪才主编:

《软法与治理评论》(第一辑),法律出版社 2013 年版。

罗豪才:《中国行政法的平衡理论》,载罗豪才等著:《行政法平衡论讲演录》,北京大学出版社 2011 年版。

宋功德:《公域软法规范的主要渊源》,载罗豪才等:《软法与公共治理》,北京大学出版社 2006 年版。

喻少如、陈琳:《Web 3.0 时代下网络社会的软法治理》,载《哈尔滨工业大学学报(社会科学版)》2019 年第 3 期。

郑扬波:《网络治理:公共治理的新形态》,载《社科纵横》2010 年第 11 期。

成协中:《重视软法思维在自然人网店监管中的运用》,载《人民法治》2016 年第 4 期。

梁剑兵、彭菲:《未来的法律:软法的物化形态》,载《上海法学研究》集刊 2020 年第 17 卷。

翟小波:《"软法"及其概念之证成——以公共治理为背景》,载《法律科学》2007 年第 2 期。

陈惊天、耿振善:《互联网时代呼唤软法硬法的协同治理——专访罗豪才教授》,载《人民法治》2015 年第 12 期。

蔡长春:《公安部指挥 14 省市公安机关破获网络兼职刷单诈骗案》,《法制日报》2017 年 9 月 7 日。

浮婷:《智能的本质与"去魅"化》,载《中国经济时报》2017 年 7 月 28 日。

梁剑兵:《认识软法》,《检察日报》2014 年 4 月 3 日。

宋功德:《什么造就了软法的负面效应》,载《检察日报》2010 年 9 月 23 日。

杨于泽:《美国 AI 伦理是一种伪伦理》,载《长江日报》2019 年 11 月 4 日。

Soft-Law Governance of Artificial Intelligence, at https://lsi.asulaw.org/softlaw/, 2021 年 8 月 8 日访问。

"2014—2016 年度中国互联网行业自律贡献奖评选结果公示", https://www.isc.org.cn/hyzl/hyzl/listinfo-34935.html, 2021 年 8 月 8 日访问。

《全球人工智能治理倡议》,中央网信办,http://www.cac.gov.cn/2023-10/18/c_1699291032884978.htm, 2024 年 2 月 8 日最后登录。

"国家网信办统计:《全国现有 546 家网络社会组织》,载中国网信网,2015 年 8 月 27 日,http://www.cac.gov.cn/2015-08/27/c_1116395525.htm。

"拼多多"保证规则,见"拼多多隐私政策 V3.2.1", https://www.pinduoduo.com/pdd_privacy_policy.pdf(2021 年 7 月 1 日最后登录)。

“淘宝网规则”栏中“违规公示”下的“违法行为公示”,https://rule.taobao.com/punishList.htm? spm=a2177.12575716.1998145763.9.437f17eaQCYu2X,2021 年 7 月 29 日最后登录。

“网络主权:理论与实践(2.0 版)”,中国网信网,2020 年 11 月 25 日,http://www.cac.gov.cn/2020-11/25/c_1607869924931855.htm,2021 年 10 月 8 日登录。

“我国网络零售业 2008 年首次突破三个“1””,https://www.duoduoyin.com/yinshua-jishuinfo/174561.html,2021 年 4 月 25 日访问。

《“十三五”我国数字经济规模从 11 万亿增长到 35.8 万亿元,占 GDP 比重 36.2%》,载搜狐网,2020 年 10 月 24 日,https://www.sohu.com/a/427015401_354877。

《“刷单炒信”近 2000 单! 深圳某公司被处罚款 20 万元》,中国新闻网,https://baijiahao.baidu.com/s? id=1666384066098346992&wfr=spider&for=pc,2021 年 5 月 1 日访问。

《〈人工智能担当宣言〉在京发布,五项倡议共举科技担当》,新华网,2021 年 8 月 4 日,http://www.bj.xinhuanet.com/2021-08/04/c_1127727515.htm,2021 年 10 月 8 日最后登录。

《〈新一代人工智能发展规划〉政策解读》,国新网,2017 年 7 月 24 日,http://www.scio.gov.cn/34473/34515/document/1559231/1559231.htm,2021 年 8 月 16 日最后登录。

《2800 多个刷单平台被曝光,部分平台更名后仍在发布任务》,新京报,2018 年 11 月 14 日,转载新华网,http://www.xinhuanet.com/fortune/2018-11/14/c_1123708861.htm,2021 年 5 月 1 日最后登录。

《阿里巴巴起诉刷单平台成全国首例,拟组建反刷单联盟》,载《南方日报》2016 年 12 月 5 日,http://gd.sina.com.cn/news/s/2016-12-05/detail-ifxyiayq2362041.shtml?from=,2021 年 5 月 1 日最后登录。

《国家网络空间安全战略》,中国网信网,2016 年 12 月 27 日,http://www.cac.gov.cn/2016-12/27/c_1120195926.htm,2021 年 10 月 8 日登录。

《今日头条成立技术战略委员会　张一鸣:AI 企业要对未来负责任》,和讯新闻网,2017 年 12 月 1 日,http://news.hexun.com/2017-12-01/191838791.html,2021 年 10 月 8 日最后登录。

《屡禁难绝“刷单炒信”平台穿上伪装》,中国江苏网,2019 年 3 月 19 日,https://baijiahao.baidu.com/s? id=1628400832540760145&wfr=spider&for=pc,2021 年 5 月 1 日访问。

《全国 7 万协会商会超 70%官办　12 省试点去行政化》,https://finance.sina.com.

cn/china/20150127/092421406431. shtml,2021 年 8 月 18 日访问。

《人工智能六大原则发布:腾讯研究院院长司晓表示 AI 要规则先行》,搜狐新闻,2017 年 4 月 13 日,https://www.sohu.com/a/133801301_115035,2021 年 9 月 19 日最后登录。

《人工智能企业要组建道德委员会,该怎么做?》,新京报,2019 年 7 月 26 日,https://www.sohu.com/a/329496405_114988,2021 年 10 月 8 日最后登录。

《淘宝网市场管理与违规处理规范》,见 https://rule.taobao.com/detail-14. htm?spm=a2177. 7231193. 0. 0. 38dc17eaoG2l8R&tag=self,2021 年 5 月 1 日最后登陆。

《天津开展为期四个月的"剑网行动"重点打击刷单炒信等违法行为》,新华社,2018 年 8 月 4 日,http://www.gov.cn/xinwen/2018-08/04/content_5311787. htm,2021 年 5 月 1 日访问。

《委托协会调解一审涉互联网知识产权民事案》,人民网,2014 年 9 月 24 日,http://ip.people.com.cn/n/2014/0924/c136655-25727538. html。

《我国发布〈治理原则〉发展负责任的人工智能》,环球网,https://baijiahao.baidu.com/s? id=1636636654850892827&wfr=spider&for=pc,2021 年 10 月 8 日最后登录。

《增强自律意识,构建和谐网络文化》,中国互联网协会网,https://www.isc.org.cn/hyzl/hyzl/listinfo-1898. html,2021 年 8 月 1 日访问。

《中国互联网协会互联网法治工作委员会成立大会暨互联网法治论坛在我院召开》,中国信通院官方网站,2015 年 5 月 8 日,http://www.caict.ac.cn/xwdt/ynxw/201804/t20180426_156310. htm。

《中国互联网协会会员争议调解处理办法(试行)》,https://www.isc.org.cn/xhgk/glbf/listinfo-36980. html,2021 年 8 月 18 日访问。

《重庆云从科技人脸识别准确率达 99. 8%　2 秒钟能从上千万张人脸中识别出你》,华龙网新闻,http://www.qianjia.com/html,2018-03/16_287288. html,2021 年 11 月 1 日最后登录。

谭铁牛:《人工智能的创新发展与社会影响》,中国人大网,2018 年 10 月 29 日,

Eric Posner, Soft Law in Domestic and International Settings, 2005, http://www.j.u-tokyo.ac.jp/coelaw/download/material.htm last accessed on 30th Sep.2020.

Haitao Xu, Daiping Liu, Haining Wang, Angelos Stavrou, E-commerce Reputation Manipulation: The Emergence of Reputation-Escalation-as-a-Service, WWW'15: Proceedings of the 24th International Conference on World Wide Web, May 2015, Pages 1296-1306, https://doi.org/10. 1145/2736277. 2741650(accessed on 1 May, 2021).

http://www. npc. gov. cn/npc/c541/201810/db1d46f506a54486a39e3971a983463f. shtml,2021 年 10 月 8 日访问。

https://aic-fe. bnu. edu. cn/docs/20161015125142982431. pdf,2021 年 10 月 1 日最后登录。

https://ec. europa. eu/digital - single - market/en/news/ethics - guidelines - trustworthy-ai,2021 年 10 月 1 日最后登录。

https://ec. europa. eu/info/publications/white - paper - artificial - intelligence - european-approach-excellence-and-trust_en,2021 年 10 月 1 日最后登录。

https://legalinstruments. oecd. org/en/instruments/OECD - LEGAL - 0449,2021 年 10 月 1 日最后登录。

https://obamawhitehouse. archives. gov/sites/whitehouse. gov/files/documents/Artificial-Intelligence-Automation-Economy.PDF,2021 年 10 月 1 日最后登录。

https://wayback. archive - it. org/12090/3/https://ec. europa. eu/digital - single - market/en/news/communication - artificial - intelligence - europe, 2021 年 10 月 1 日最后登录。

https://www. consilium. europa. eu/media/21620/19 - euco - final - conclusions - en. pdf, 2021 年 10 月 1 日最后登录。

https://www.eesc.europa.eu/en/our-work/opinions-information-reports/opinions/artificial - intelligence - consequences - artificial - intelligence - digital - single - market - production-consumption-employment-and,2021 年 10 月 1 日最后登录。

https://www.europarl.europa.eu/doceo/document/A-8-2017-0005_EN.html? Redirect,2021 年 10 月 1 日最后登录。

https://www. europarl. europa. eu/stoa/en/document/EPRS_STU(2019)624262,2021 年 10 月 1 日最后登录。

https://www.nitrd.gov/news/national_ai_rd_strategic_plan.aspx,2021 年 10 月 1 日最后登录。

Paidai 派代网论坛帖子,“淘宝今天大面积提示虚假交易,你感觉到了吗?”,2015 年 5 月 20 日,https://bbs.paidai.com/topic/380984,2021 年 5 月 1 日最后登录。

United Nations Economic and Social Commission for Asia and the Pacific, What is Good Governance?, page 2-3, at https://www.unescap.org/sites/default/d8files/knowledge-products/good-governance.pdf(Last visited 1 May, 2021).

IEEE 官方网站的介绍,https://www.ieee.org/about/at-a-glance.html,2021 年 9 月

22日最后登录。

Partnership on AI 官方网站,https://partnershiponai.org/about/,2021年9月28日最后登录。

《开发高级人工智能系统的组织的国际指导原则》,https://www.mofa.go.jp/files/100573471.pdf,2024年2月8日最后登录。

《开发高级人工智能系统的组织的国际行为守则》,https://www.mofa.go.jp/files/100573473.pdf,2024年2月8日最后登录。

程莹、朱家豪:《世界经济论坛发布〈人工智能治理历程:发展和机遇〉报告》,信通院互联网法律研究中心微信公众号,2021年12月6日,https://mp.weixin.qq.com/s/2viDH7XHCZQRYsi58i8NoQ,2021年12月8日最后登录。

工业和信息化部专业标准化技术委员会管理办法,http://www.moj.gov.cn/news/content/2019-09/30/zlk_3233556.html。

行业标准信息服务平台,http://hbba.sacinfo.org.cn/stdList,2021年5月1日访问。

京东平台规则网站,"全渠道规则"项下"争议处理"项下"场景纠纷",https://rule.jd.com/rule/list.action? btype=7&bid=626255699424448512&useId=1,2021年5月16日访问。

淘宝规则部:《淘宝宣言》,https://www.taobao.com/go/act/public/dataobao.php?spm=a2177.7231205.0.0.69d617eaDsumj2,2021年4月25日访问。

淘宝网《虚假交易实施细则》,https://rule.taobao.com/detail-533.htm? spm=a2177.7231205.0.0.f1b217eazbiAmi&tag=self,2021年5月1日最后登录。

淘宝网站,"关于《淘宝规则》中新增'销量、评价、SKU'等相关处理措施公开征求意见结果反馈",https://rule.taobao.com/detail-5533.htm? spm=a2177.7712275.0.0.6c1917eaTVplMf&tag=self,2021年5月1日登录。

淘宝网站,"关于《淘宝网评价规范》规则变更公开征集意见(2020年4月11日)结果反馈",https://rule.taobao.com/detail-11002427.htm? spm=a2177.7712275.0.0.686317eaV4RB31&tag=self,2021年5月1日最后登录。

淘宝网站,"关于《淘宝网评价规则(修订意见征集稿)》公开征集意见结果反馈",https://rule.taobao.com/detail-2788.htm? spm=a2177.7712275.0.0.181117eaAxJwPF&tag=self&cId=161,2021年5月1日最后登录。

淘宝网站,"关于《虚假交易的认定和处罚的规则与实施细则》(修订意见征集稿)公开征集意见结果反馈",https://rule.taobao.com/detail-2951.htm? spm=a2177.7712275.0.0.1f7517ea2XjqOq&tag=self&cId=161,2021年5月1日最后登录。

淘宝网站,“关于评价规则修订公开征求意见结果反馈”,https://rule.taobao.com/detail-9292.htm? spm=a2177.7712275.0.0.441517eaUFsr0f&tag=self,2021 年 5 月 1 日最后登录。

淘宝网站,“关于删除售后评价规则条款的公开意见征集结果反馈”,https://rule.taobao.com/detail-6137.htm? spm=a2177.7712275.0.0.2ff917eaCz0tKX&tag=self,2021 年 5 月 1 日登录。

淘宝网站,在“《淘宝网评价规范》规则调整公开征求意见 2020 年 8 月 4 日版本”的页面右侧“查看详情”,点击未有页面跳转,https://rule.taobao.com/rulecycleDetail.htm? spm=a2177.7712275.0.0.279717ea1S02Kw&taskId=494,2021 年 5 月 1 日最后登录。

腾讯研究院:《智能时代的技术伦理观——重塑数字社会的信任》,2019 年 7 月 8 日,https://baijiahao.baidu.com/s? id=1638484356360631835&wfr=spider&for=pc,2021 年 10 月 8 日最后登录。

天猫网《虚假交易的规则及实施细则》,https://rule.tmall.com/tdetail-11000256.htm? spm=a2177.7731966.0.0.56dec32f6W8ZrI&tag=self,2021 年 5 月 1 日最后登录。

天猫网站,“关于《天猫评价管理规范》规则调整公开征求意见”,https://rule.tmall.com/trulecycleDetail.htm? spm=a2177.7731966.0.0.3df5c32fdCrKdP&taskId=481,2021 年 5 月 1 日最后登录。

天猫网站,《天猫评价管理规范》2020 年 5 月 20 日修订版本,https://rule.tmall.com/tdetail-11000225.htm? spm=a223k.10052707.0.0.1168496dSL0Pzh&tag=self,2021 年 5 月 1 日最后登录。

天猫网站,《虚假交易的规则及实施细则》“规则解读”之“十、虚假交易行为如何排查和判定?”,https://rule.tmall.com/tdetail-11000256.htm? spm=a2177.7731966.0.0.56dec32f6W8ZrI&tag=self,2021 年 5 月 1 日最后登录。

王林、张均斌:《“刷量”“买粉”“伪创作”:数据造假成“套路”,最终受伤的是谁》,中国青年报,2018 年 11 月 6 日,http://zqb.cyol.com/html/2018-11/06/nw.D110000zgqnb_20181106_1-09.htm,2021 年 5 月 1 日最后登录。

网易科技新闻,“商务部:再不管刷单 就严惩阿里巴巴”,2015 年 4 月 3 日,https://news.duote.com/30/87950.html,2021 年 5 月 1 日访问。

唯品会网站,见“唯品会”网首页中的“客户服务”栏下的“知识产权投诉”,https://ips.corp.vipshop.com:8443/Login.aspx? ReturnUrl=%2f,2021 年 7 月 1 日最后

登录。

新华网网站,“第三期刷单炒信失信名单和重点监测名单出炉”,http://cx.news.cn/2017-02/04/c_136030627.htm,2021 年 5 月 1 日访问。

浙江在线新闻网站,《200 刷单商家被罚 600 万元 淘宝与多地工商建立电子证据协查机制》,http://biz.zjol.com.cn/system/2016/07/07/021217963.shtml,2021 年 5 月 1 日访问。

中国互联网协会官方网站,https://www.isc.org.cn/xhgk/xhjj/,2021 年 5 月 1 日访问。

中国互联网协会章程,https://www.isc.org.cn/xhgk/xhzc/,2021 年 5 月 1 日访问。

中央网络安全和信息化委员会印发《提升全民数字素养与技能行动纲要》,中国网信网,2021 年 11 月 5 日,http://www.cac.gov.cn/2021-11/05/c_1637708867331677.htm,2021 年 12 月 8 日最后登录。

“多名违法失德艺人被‘封杀’后重返网络平台,不让演戏就能直播带货吗?”,上观网,2021 年 9 月 7 日,https://export.shobserver.com/baijiahao/html/403052.html,2021 年 10 月 8 日登录。

《中共中央关于全面推进依法治国若干重大问题的决定》,新华社,2014 年 10 月 28 日,http://cpc.people.com.cn/n/2014/1028/c64387-25926125-2.html,2018 年 10 月 2 日登录。

《2016 阿里巴巴平台治理年报》。

《哔哩哔哩隐私政策》第十一条“联系我们”。

《人工智能标准化白皮书(2018 版)》。

《新时代中国网络法治建设》(白皮书)。

《在全国网络安全和信息化工作会议上的讲话》。

《在第二届世界互联网大会开幕式上的讲话》,载《人民日报》2015 年 12 月 17 日。

《新民快评 整治“刷单炒信”要精准有力打击》,载《新民晚报》2021 年 3 月 15 日。

《同心打造网络空间命运共同体》,载《人民日报》2015 年 12 月 17 日。

《塔林手册 2.0 版》。

《淘宝平台争议处理规则》第十三条。

《淘宝网市场管理与违规处理规范》第三条。

《淘宝网市场管理与违规处理规范》第十二条。

《网络零售第三方平台交易规则制定程序规定(试行)》第六条。

《微信个人账号使用规范》第二条“内容规范”。

《最高人民法院关于审理使用人脸识别技术处理个人信息相关民事案件适用法律若干问题的规定》法释〔2021〕15 号。

阿里巴巴研究中心、中国电子商务法律网:《新商业文明的治理规则——2010 年网规发展研究报告》。

阿里巴巴研究中心、中国电子商务法律网:《新商业文明的治理规则——2010 年网规发展研究报告》。

常文韬诉许玲、第三人马锋刚网络服务合同纠纷案,北京互联网法院(2019)京 0491 民初 2547 号判决书。

国家标准化委员会、中央网信办、国家发展改革委、科技部、工业和信息化部:《国家新一代人工智能标准体系建设指南》,国标委联[2020]35 号。

江苏省南京市雨花台区人民法院刑事判决书,(2015)雨刑二初字第 29 号。

江苏省南京市中级人民法院刑事判决书,(2016)苏 01 刑终 33 号。

网规研究中心、阿里巴巴集团政策研究室:《2013 年网规研究报告》。

浙江省杭州市余杭区人民法院刑事判决书,(2016)浙 0110 刑初 726 号。

最高人民法院《关于准确理解和适用刑法中"国家规定"有关问题的通知》。

vri Doria,"Use [and Abuse] of Multistakeholderism in the Internet"2013,available at: https://psg.com/~avri/papers/Use%20and%20Abuse%20of%20MSism-130902.pdf., 2024 年 2 月 2 日最后登录。

Andrew Murray, *The Regulation of Cyberspace: Control in the Online Environment*, Oxon: Routledge-Cavendish, 2007.

Andreas Munzel, "Assisting consumers in detecting fake reviews: The role of identity information disclosure and consensus", *Journal of Retailing and Consumer Services* 32 (2016): 98.

Andrew Guzman, Timothy Meyer, International Soft Law, 2 *Journal of Legal Analysis* (2010).

Beginner's Guide to Participating in ICANN, ICANN website (Nov.8, 2013), www.icann.org/resources/files/participating-2013-11-08-en.

Daniel Chirot, The Corporatist Model and Socialism: Notes on Romanian Development, *Theory and Society*, SEP.2, 1980.

David R. Johnson and David G. Post, "Law and Borders—The Rise of Law in Cyberspace", *Stanford Law Review*, 1996, Vol.48, 1367, 1378-9, 1390-1.

David Collingridge, *The Social Control of Technology*, New York: Palgrave

Macmillan,1980.

Francis Snyder,Soft Law and Institutional Practice in the European Community,in Steve Martin(ed.) *The Construction of Europe: Essays in Honour of Emile Noel*, Kluwer Academic Publishers.

Frank Easterbrook,"Cyberspace and the Law of the Horse",University of Chicago Law Forum,207,1996.

Gary Marchant,"Soft Law Governance of Artificial Intelligence",https://escholarship.org/content/qt0jq252ks/qt0jq252ks.pdf? t=po1uh8,25th Jan.2019.

See Gary Marchant,Carlos Ignacio Gutierrez,A Global Perspective of Soft Law Programs for the Governance of Artificial Intelligence,Arizona State University,2021.

Guston David,"Understanding anticipatory governance",*Social Studies of Science*,2014,44(2):218-242.

Lawrence Lessig,"Code version 2.0",New York:Basic Books,2006.

Lawrence Lessig,"The Law of Horse: What Cyberlaw Might Teach",113 *Harvard Law Review* 501(1999),at pp.509-510.

L.E. Davis, Douglass C. North, *Constitutional Change and American Economic Growth.* London:Cambridge University Press,1971.

Lome Sossin,The Rule of Policy:Baker and the Impact of Judicial Review on Administrative Discretion, in David Dyzenhaus (ed.) *The Unity of Public Law*, Oxford: Hart Publishing,2004.

Matthew Barish,Reaching for the Stars:A Proposal to the FTC to Help Deter Astroturfing and Fake Reviews,*Cardozo Arts & Entertainment Law Journal* 36,No.3(2018):831-832.

Orly Lobel,"The Renew Deal:The Fall of Regulation and the Rise of Governance in Contemporary Legal Thoughts",in *Minnesota Law Review*,Vol.89,2004.

Resolution adopted by the General Assembly,World Summit on the Information Society, UN General Assembly Documents A/RES/56/183,31 January,2002.

Patrick Franzese,Sovereignty in Cyberspace: Can It Exist? *Air Force Law Review*, Vol. 64,2009.

Ryan Hagemann,Jennifer Huddleston Skees,Adam Thierer,"Soft Law for Hard Problems: The Governance of Emerging Technologies in an Uncertain Future", *Colorado Technology Law Journal* 17,No.1(2018):37-130.

Thomas Hobbes, Leviathan,*from Jurisprudence-Text and Reading on the Philosophy of*

Law, edited by G.C.Christie, West Publishing Company, 1973.

Timothy Wu, "Cyberspace Sovereignty? ——The Internet and the International System", *Harvard Journal of Law & Technology*, Vol.10, No.3, 1997.

Wendell Wallach, A Dangerous Master: How to Keep Technology from Slipping Beyond Our Control, New York: Basic Books 2015.

Word Economic Forum, White Paper "Agile Governace: Reimagining Policy-making in the Fourth Industrial Revolution", January 2018.

Yochai Benkler, "Don't let industry write the rules for AI", *Nature*, 2019, 569 (7754): 161.

Yochai Benkler, "From Consumers to Users: Shifting the Deeper Structures of Regulation Toward Sustainable Commons and User Access", 2000, 52 *Federal Communications Law Journal* 561.

后　　记

本书是笔者主持的国家社科基金项目“网络空间的软法治理研究”(编号:16CFX022)之研究成果。本书的形成源自笔者留学读博期间对网络空间内生规范的关注与思考。

在写作《虚拟财产与虚拟世界治理》博士学位论文期间,笔者对虚拟世界的代码/软件、最终用户协议(EULA)、内部习惯等展开过研究,发现这些内生规范对用户行为有着较强的约束效力。它们虽不是正式法律,但却是虚拟世界实际上的“法律”,直接影响着用户的行为举止。但笔者那时还不具备软法的视野,研究多以内生规范与正式法律在约束机制、实际效果等方面的比较为主,缺乏协同治理的理念。直到回国之后,因偶然机会拜读了罗豪才教授有关软法方面的著作,猛然发现之前的研究对象可以归类于软法范畴,并且软法视野能够给此前的研究提供更高的眼界和更深的洞见。从此,笔者便努力提高自己的软法理论素养,尝试在软法视野下开展网络法治研究,并有幸以此为选题获得国家社科基金项目立项。

然而,笔者的课题研究之路却是异常艰辛! 在研究期间,笔者先是荣升父亲身份,喜得一对龙凤胎宝贝。但没成想几个月的时间,笔者的家庭犹如过山车一般,经历了从大喜到大悲的转变,让人猝不及防。笔者的岳父、家父在半年之内先后被确诊不治之症。希望极其渺茫之时,笔者和家人仍竭尽全力寻医访药，以求能让两位父亲延长生命，多享天伦之乐。最窘迫之时，笔者曾于半天之内在长沙两所医院来回奔波，为两位父亲的治疗提供人力协助。但笔者和家人的努力并未得到上天的垂怜，两位父亲的治疗收效甚微。在不得不面对两位至亲不久于人世的至暗时刻，养育了笔者的仁慈外婆竟先走一步，因偶然意外突然离世。不啻为晴天霹雳，悲上加悲！就这样，笔者在2019年的3个月内接连遭遇3位亲人离世，真是不堪回首！一段时间里，笔者既要与妻子一同养育两个1岁多的宝宝，又要安抚陪伴悲伤过度的母亲，分身乏术，只能疲于应付日常的教学工作，而课题研究已成奢望，前后累计中止了2年之久。那段时间国内的网络法治理论研究和实践探索发展迅速。身心俱疲之下，笔者一度想到过放弃。但父亲生前的殷切期望、国家课题立项之不易又很快使笔者打消了念头。历经磨难，重新出发！笔者申请到中国社科院法学所做访问学者，有幸在我国网络与信息法学领域的权威专家周汉华老师的指导下继续自己的课题研究。也因为访学的缘故，结识周辉老师等我国网信法领域的青年学者翘楚，参加多场高档次的学术会议，参与法学所网信法研究室文献综述工作，开阔眼界，增长见识，收获颇丰，有力地促进了课题研究。最终，课题得以在截止期之前完成，并顺利通过专家鉴定，准予结项，也为本书的完成奠定了坚实的基础。

回首艰辛曲折的研究之路，笔者深感若无众人的指导、帮助、支持，本书绝无可能顺利问世。我要对一直以来从精神和物质上竭尽全力支撑我坚持学术研究的“严母”道一声感谢！感谢自己的家人们，承担了养育2个孩子的重任，让笔者得以腾出时间安心撰写专著，这是莫大的理解和支持！感谢周汉华老师、刘小珉老师、王雪梅老师、张锦贵老师、周辉老师等社科院的领导、专家，给予笔者宝贵的访学机会，让笔者获得了专业的指导和帮助，这对本书的完成起到了重要作用！感谢杨小云书记等长沙学院校领导、科技处长陈艳教授和法学院领导对我科研工作的鼓励和支持。感谢沛佳、颖栋、晓哲、陈玎、卢元、李志刚大哥、琼瑶姐、佘姐、湘湘、立彦等老同学和同事们，在笔者遭遇重大人生变故和生活上的困难之时给予了宝贵的慰问、开导、帮助和支持，每每回想起，心中依旧温暖！感谢国家社科规划办的匿名评审专家，对课题研究成果提出了不少真知灼见，笔者得以进一步修改完善书稿。感谢相关领域的专家学者，笔者在撰写书稿中参阅和借鉴了他们的研究成果。感谢胡杰、李秋梅、颜瑞等同学帮助笔者校对书稿文字和整理参考文献。此外，要表达对罗豪才教授的缅怀和敬意。正是受到罗豪才教授软法名著的启发和影响，笔者才能以软法的全新视角进行网络法治的研究。

感谢陈亮大哥对本书出版的指导和大力支持！感谢人民出版社的领导和各位工作人员对本书出版的支持和所付出的辛勤劳动。

由于笔者才疏学浅，又非行政法学专业出身，书中的某些观点和论述难免流于粗浅，也未必精当，所掌握的文献资料也未必完全准确，敬请读者批评指正。

《左传》有云："立德、立功、立言"，乃人生"三不朽"，这是古人眼里为人处世的最高标准。笔者学识有限，不奢望本书能为读者带来多少获益，更不敢妄自尊大，以"立言"来标榜自己人生第一部学术专著的出版。但愿本书能够起到抛砖引玉的作用，提醒学界和实务界关注网络空间软法之治。本书写作过程也是笔者个人成长的历程。"学非易事，贵在有恒"！这是笔者在写作研究过程中的深刻体会，愿与读者共享共勉！

龙　龙

2024 年 8 月 19 日于长沙

责任编辑:忽晓萌

图书在版编目(CIP)数据

网络空间的软法治理研究/龙龙 著. —北京:人民出版社,2024.10
ISBN 978-7-01-026549-0

Ⅰ.①网… Ⅱ.①龙… Ⅲ.①计算机网络-法治-研究-中国
Ⅳ.①D922.174

中国国家版本馆 CIP 数据核字(2024)第 104607 号

网络空间的软法治理研究

WANGLUO KONGJIAN DE RUANFA ZHILI YANJIU

龙 龙 著

人民出版社 出版发行
(100706 北京市东城区隆福寺街 99 号)

北京中科印刷有限公司印刷 新华书店经销

2024 年 10 月第 1 版 2024 年 10 月北京第 1 次印刷
开本:710 毫米×1000 毫米 1/16 印张:19
字数:261 千字

ISBN 978-7-01-026549-0 定价:99.00 元

邮购地址 100706 北京市东城区隆福寺街 99 号
人民东方图书销售中心 电话 (010)65250042 65289539